Der Kajak – das Lehrbuch des Kanusports

Jürgen Gerlach

Der Kajak –

das Lehrbuch des Kanusports

BUSSESEEWALD

Die in diesem Buch enthaltenen Zeichnungen wurden
angefertigt nach Vorlagen von *Ron Brown*
aus *White Water Kayaking* von *Ray Rowe.*
Mit freundlicher Genehmigung von
Salamander Books Ltd., London, © 1988.

Die Deutsche Bibliothek - CIP-Einheitsaufnahme

Gerlach, Jürgen:
Der Kajak - das Lehrbuch des Kanusports / Jürgen Gerlach. -
Herford : Busse und Seewald, 1996
ISBN 3-512-03128-5
NE: HST

Herstellung und Gestaltung: Birgit Pauleikhoff, Bielefeld
Fotos: Jürgen Gerlach, Mainz
Zeichnungen: AW Grafik und Text, Detmold
Druck: Busse Druck, Herford
ISBN 3-512-03128-5

Inhalt

Vorwort

Büchermachen erinnert mich an das Werden eines Flusses. Irgendwann und irgendwo entspringt die Idee, nimmt Inhalt und Form an. Von der Quelle aus geht es zunächst ungestüm los. Die grobe Richtung ist zwar schon erkennbar, festgelegt ist man allerdings noch nicht. Ungeahnte Hindernisse treten plötzlich auf, manchmal geht es turbulent daher. Dann ist das Kapitel Wildwasser mit einem Mal doch fertig.
Der Fluß wird langsam ruhiger; Naturgenuß und Naturerleben treten für die Anhänger des Kanusports in den Vordergrund. Aus dem Wildwasserbach ist ein Wanderbach geworden. Das, was der Mensch im Oberlauf bereits begonnen hat, die Regulierung des Flusses nach seinen Maßstäben, hier bringt er es zur Perfektion. Kultiviert geht es angeblich zu, Gewässer werden gar gesperrt, um der Natur zu ihrem Recht zu verhelfen. Die Hintergründe sind oft unklar. Das Kapitel Zahmwasser ist auch ein Kapitel über Flußverbauungen, Gewässersperrungen und Nutzung unserer frei fließenden Gewässer für die Energiewirtschaft, als kostenlose Müllhalde für Industrie und Kommunen.
Irgendwann findet auch das Zahmwasser seinen Weg in die See. Noch scheinen die Selbstreinigungskräfte der Ozeane zu funktionieren. Wie lange noch fahren wir auf grünklarem Salzwasser entlang den Küsten der Inseln und Kontinente? Wie lange noch sehen wir von unserem schmalen Kajak aus Delphine, Wale und Robben? Es kann rauh werden im Salzwasser. Hier läßt sich die Natur nicht reglementieren. Unsere Kenntnisse von Wind, Wetter und Navigation helfen uns zwar, die Naturvorgänge besser zu verstehen. Es bleibt aber die Einsicht, daß wir nur im Einklang mit der Natur überleben werden. Vielleicht trägt die Natursportart Kanufahren ein wenig dazu bei, diese Einsicht zu vertiefen.
Das Wasser der Ozeane verdunstet und kondensiert zu Wolken, die sich irgendwann und irgendwo abregnen und eine Quelle speisen werden. Der Kreislauf des Wassers schließt sich. Dieses Buch wird früher oder später einmal antiquarisch sein, eines Tages wird es nicht mehr existieren. Ob dann noch der Kanusport existiert?
Bild rechts: Kanuspiele auf der Sanna

Danksagung

Kennzeichnend für den Kanusport war und ist für mich immer noch die Erfahrung von Hilfsbereitschaft, Kameradschaft und Freundschaft. Mögen diese Begriffe in unserer heutigen Zeit ein wenig angestaubt erscheinen: mir bedeuten sie noch etwas. Und sie füllen sich auch mit Personen – Menschen, die mir geholfen haben, das Kajakfahren zu erlernen und dieses Buch zu gestalten.

Daher gilt an dieser Stelle ein besonders herzliches »Dankeschön« *Arno Müller,* der mir den Einstieg in den Kanusport ermöglichte. *Bert Linden* verdanke ich das Erlernen des Wildwasserslaloms. Ein Dank auch an *Udo Beier* und *Günter Siebke,* die mich in die Geheimnisse des Salzwasserfahrens einwiesen und mir so manchen wertvollen Tip gaben. Ich bedanke mich bei *Susanne Haug, Dieter Singer, Stefan Herrmann, Richard Rath, Peter Tümmers* und *Günter Schröter* vom Verband Deutscher Kanuschulung (VDKS), die mir bei der Überarbeitung der Kapitel Einbooten und Paddelschläge, Kentern und Rollen, Fahren im Wildwasser behilflich waren. *Jan Kellner* stellte mir seine Erfahrungen aus den Bereichen Kajakakrobatik und Walzenreiten zur Verfügung. Auch hierfür möchte ich mich bedanken.

Arnd Schäftlein und *Schorschi Schauf* haben sich mit viel Geduld mit meinen Ansprüchen zur Gestaltung der Bildserien im Bereich der Schlagtechniken und der Befahrung von Wildwasser auseinandergesetzt. *Toni Prijon jr.* danke ich nicht nur für die gemeinsamen Erlebnisse im und mit dem Kajak. Ihm verdanke ich auch mein Wissen über Paddel, Ausrüstung, Bootsformen und Bootsmaterial. Schließlich und ganz besonders herzlich bedanke ich mich an dieser Stelle bei den zahlreichen ungenannten Freunden, mit denen ich im Laufe der letzten dreißig Jahre gemeinsam auf dem Wasser war. Der größte Teil dessen, was ich in diesen Jahren erleben durfte, ist ohne sie nicht denkbar. Ohne sie wäre daher auch dieses Buch nicht zu realisieren gewesen.

Das Bild oben rechts zeigt eine Kanutour in Grönland, das Bild unten gibt einen Eindruck von der landschaftlichen Schönheit an der Melezza.

Vor dem Einbooten

Paddeln im Kajak

Eine sehr alte Geschichte

Der Gedanke, auf schwimmenden Gegenständen, wie ausgehöhlten Baumstämmen und Booten aus Papyrosbündeln, Wasser zu überqueren, führt zurück bis in die Anfänge der Menschheit.

Weit vor unserer Zeitrechnung begann die Geschichte des Kanufahrens. Unter dem Begriff »Kanu« werden übrigens alle in Blickrichtung gepaddelten Boote verstanden. Wann der erste Mensch im Einbaum ein Gewässer querte, wissen wir nicht, aber die Sumerer kannten vor etwa 5000 Jahren bereits Kanus. Man bediente sich ihrer zum Transport oder zur Jagd. Englische Archäologen entdeckten ein aus Silber gefertigtes Modell als Grabbeilage eines sumerischen Königs. Auch die alten Ägypter kamen auf dem Nil und seinen Nebenflüssen meisterhaft mit ihren Kanus aus Papyros zurecht. Die Azteken wiederum befuhren Seen und Sümpfe stehend in einem Kanu aus Schilfrohr. Als Antriebsmittel benutzten sie Stangen oder Stechpaddel.

Daß wir heute in Kajaks sitzend mit einem Doppelpaddel die Gewässer der Welt befahren, verdanken wir den Eskimos Sibiriens, Nordamerikas und Grönlands. In Jahrtausenden entwickelten sie den Kajak immer weiter zu einem hochspezialisierten Gerät. Die Eskimos benutzten ihre Kajaks fast ausschließlich zur Jagd. Schnell und seetüchtig waren die fellbespannten Boote. Um auch nach einer Kenterung auf See überleben zu können, entwickelten die Eskimos eine Technik, mit der sie ihren Kajak nach einer Kenterung wieder aufrichten konnten: die Eskimorolle.

Zwischen 1851 und 1863 befuhr Gustav Hennigke aus Leipzig in einem teilbaren Boot die Gewässer im Einzugsbereich seiner Heimatstadt. Später paddelte er in seinem Flachkajak auch auf der Saale und Elbe. Bei diesem Boot handelte es sich um einen geklinkerten Kajak mit einem Leinenverdeck.

Dem schottischen Rechtsanwalt John MacGregor (1825–1891) ist es zu verdanken, daß Kajakfahren in Europa bekannt wurde. Als erster befuhr er in seinem »Rob Roy« eine Reihe von Flüssen, Wildwasserbächen und Seen in Mitteleuropa und Afrika. Dabei handelte es sich um einen aus Holz gefertigten Kajak mit 4,57 Meter Länge und einer Breite von 71 Zentimeter, der mit einem 2,16 Meter langen Doppelpaddel angetrieben wurde. Es ist auffällig,

Vielleicht sah Kolumbus die Indios in solchen Kanus paddeln.

In arktischen Gewässern entwickelten die Eskimos den Kajak.

Der Kajak war für die Eskimos in erster Linie Jagdgerät.

Der Schotte John Mac Gregor betrieb ab Mitte des 19. Jahrhunderts Kanusport.

wie sehr die Abmessungen seines Bootes mit denen unserer modernen Tourenkajaks übereinstimmen. In mehreren abenteuerlichen Reiseberichten erzählte er mit authentischer Eindringlichkeit von seinen Unternehmungen, von seiner kontrollierten Risikobereitschaft in der damals noch unberührten Natur.
Im Jahre 1867 lud Napoleon III. den paddelnden Rechtsanwalt nach Paris ein. Dort sollte er anläßlich der Weltausstellung eine Regatta auf der Seine organisieren. Aber erst um 1880 setzte sich in Europa und Nordamerika der Kanusport durch. Die »American Canoe Association« wurde der erste Kanu-Verband der Welt. 1905 gründeten einige Gleichgesinnte den »Alster Canoe-Club« in Hamburg. Er ist heute noch ältester bestehender Kanu-Verein Deutschlands. Im gleichen Jahr fuhr der in München lebende Alfred Heurich in seinem selbstgebauten Faltboot auf der Isar von Bad Tölz bis München. Zwei Jahre später erwarb der Rosenheimer Schneidermeister Johann Klepper die Lizenz von Heurich und brachte sein erstes Faltboot heraus. In der Folge setzten sich Faltboote mehr und mehr durch, bis Anfang der sechziger Jahre die ersten Boote aus Polyester auf dem Markt erschienen. Diese wiederum wurden in den achtziger Jahren teilweise abgelöst durch Kajaks aus Polyethylen, einem Thermoplast. Besonders im Wildwassersport fanden diese nahezu unverwüstlichen Boote schnell viele begeisterte Anhänger.

Im Kajak unterwegs

Eine immer wieder neue Geschichte

Das Kanufahren auf Zahmwasser, Wildwasser und Salzwasser ist eine ursprüngliche und romantische Art der Fortbewegung. Paddeln im Kajak ist zudem eine ideale Freizeit- und Urlaubsbeschäftigung abseits der ausgetretenen Touristenpfade. Immer mehr Menschen suchen nach der Ursprünglichkeit, nach der verlorengegangenen Natürlichkeit. Solange das in Mini-Gruppen unter kompetenter Anleitung geschieht, ist nichts dagegen zu sagen. Es gibt inzwischen eine Menge Veranstalter, die sich einem umweltverträglichen Konzept verschworen haben. Sie wissen, daß nur ökologisch stimmige Freizeitkonzepte auf Dauer Bestand haben werden. Meiden wir die Anbieter, die nur den kommerziellen Aspekt unserer Natursportart sehen.
Dieses Buch versteht sich als eine Anleitung zum einsichtigen und rücksichtsvollen Umgang mit der Natur. Nur wer die grundlegenden Techniken beherrscht, die manchmal komplizierten Zusammenhänge durchschaut, wird in seinem Kajak voller Genuß und mit offenen Augen und Ohren auf dem Wasser dahingleiten.

Kajaktypen

Die Form folgt der Funktion

Größe und Art der Kajaks hängen vom Verwendungszweck ab. Derzeit werden etwa 160 höchst unterschiedliche Typen im Handel angeboten. Will man diese Typenvielfalt unterteilen, kann man sie als Tourenkajaks, Seekajaks und Wildwasserkajaks bezeichnen. Entweder werden sie als handlaminierte Kajaks angeboten, dann sind sie aus Glasfaser, Diolen, Carbon oder Kevlar hergestellt – im Fachjargon werden sie auch unter dem Oberbegriff Kunststoffboote zusammengefaßt –, oder sie werden als Thermoplastboote gefertigt; der Werkstoff ist dann immer Polyethylen. Es gibt auch aufblasbare Kajaks, die jedoch windempfindlich sind und nur über wenig Stauraum verfügen. Schließlich wären noch die bewährten Faltboote zu nennen. Alle genannten Versionen werden als Einer- oder Zweierkajaks angeboten.
Vor dem Erwerb eines Bootes sollten wir uns die grundsätzliche Frage stellen, welchen Zweck es zu erfüllen hat. Welche Gewässer wollen wir damit befahren?

- Binnenseen
- beschauliche Flüsse
- Wildwasser
- Salzwasser

Welche Fahrten wollen wir damit machen?

- Tagesfahrten
- Wochenendfahrten
- Urlaubsfahrten
- Abenteuerfahrten
- Expeditionsfahrten

Die folgende Tabelle kann dem Einsteiger eine Entscheidungshilfe bieten. Wer eine Grundsatzentscheidung getroffen hat, kann sich weitergehend in einem Kanuverein, in einer qualifizierten Kanuschule oder bei einem Fachhändler erkundigen und beraten lassen. Der Deutsche Kanu-Verband in Duisburg nennt übrigens gerne die Adresse des in Ihrer Nähe liegenden Vereins und des Fachhändlers.

Entscheidungshilfe Kajak

		Binnensee	Meer oder Küste	Zahmwasser	Wildwasser	
					bis Stufe II	darüber
Tourenkajak	Einer	gut	bedingt*	gut	gut	bedingt**
	Zweier	gut	bedingt*	gut	bedingt**	bedingt**
Wildwasserkajak	Einer	brauchbar	bedingt***	brauchbar	gut	gut
	Zweier	brauchbar	bedingt***	brauchbar	gut	gut**
Seekajak	Einer	gut	gut	brauchbar	bedingt**	ungeeignet
	Zweier	gut	gut	brauchbar	bedingt**	ungeeignet
Faltkajak	Einer	gut	gut*	gut	brauchbar	bedingt**
	Zweier	gut	gut*	gut	brauchbar**	ungeeignet
Schlauchkajak	Einer	bedingt***	bedingt***	brauchbar	brauchbar	bedingt**
	Zweier	bedingt***	bedingt***	brauchbar	bedingt**	bedingt**

* nur mit Steueranlage ** nur für routinierte Fahrer *** nur in Ufernähe

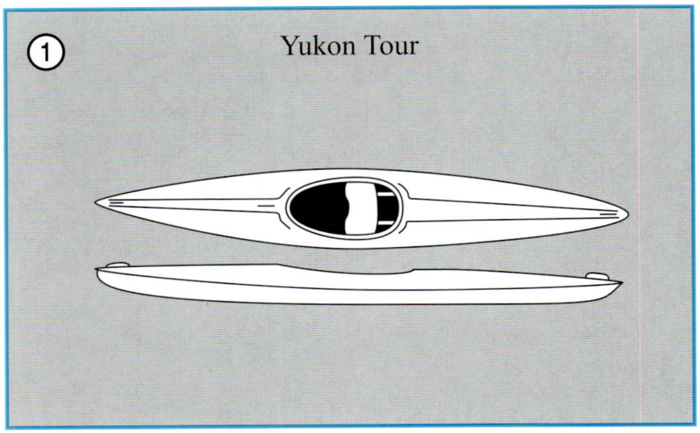

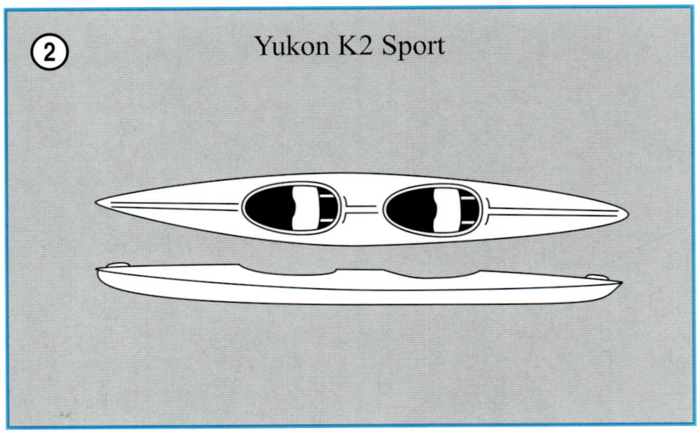

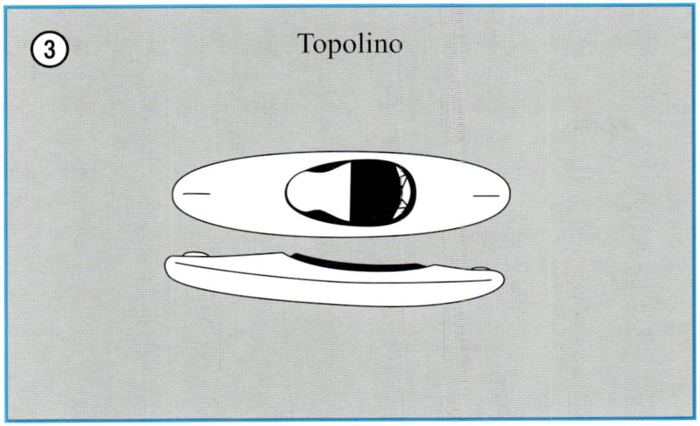

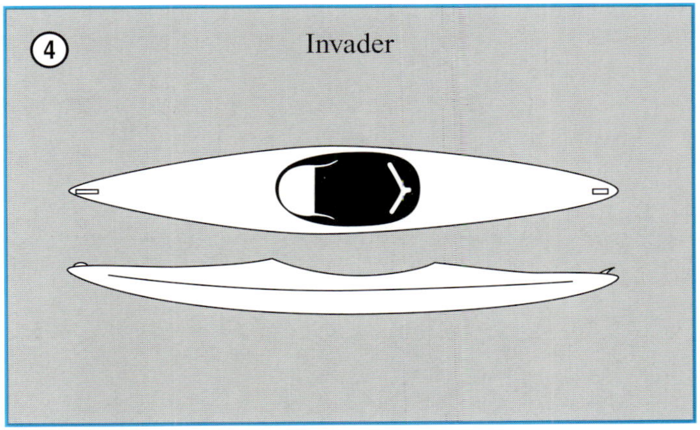

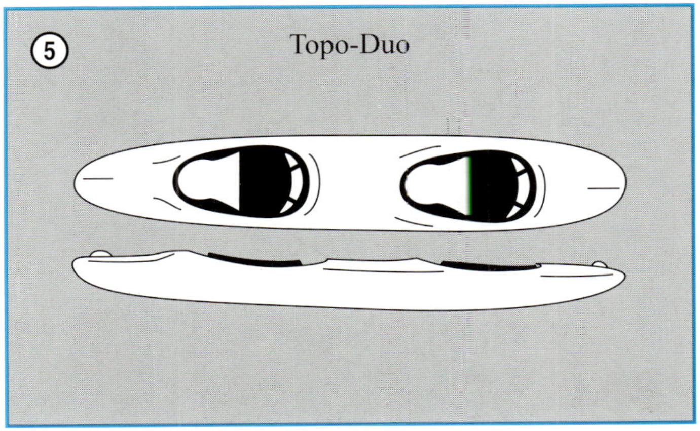

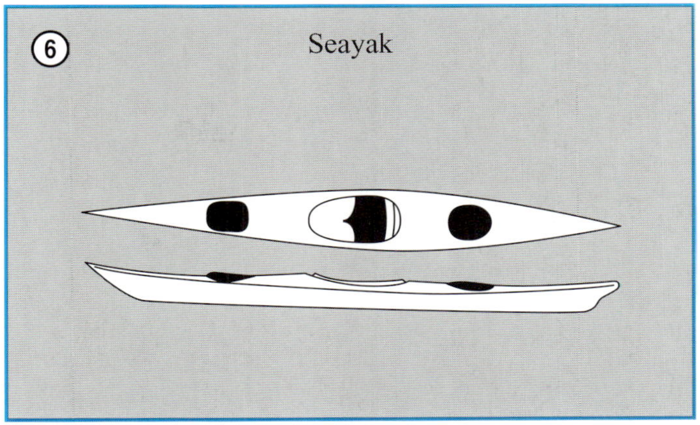

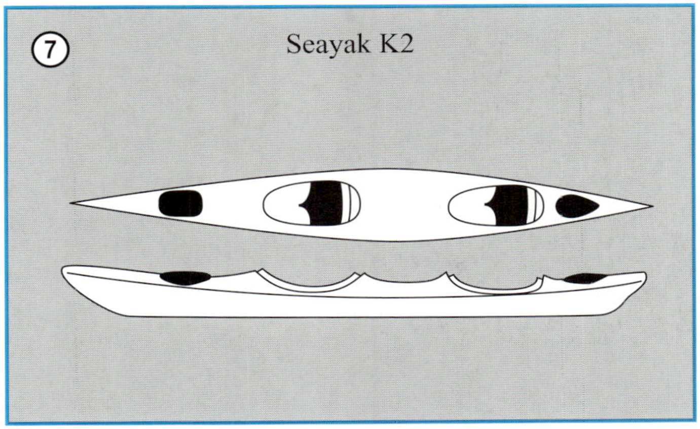

① Tourenkajak-Einer »Yukon Tour«
② Tourenkajak-Zweier »Yukon K2 Sport«

③ Wildwasser-Kurzboot »Topolino«
④ Wildwasser-Einer »Invader«
⑤ Wildwasser-Zweier »Topo-Duo«

⑥ Seekajak-Einer »Seayak«
⑦ Seekajak-Zweier »Seayak K2«

Paddel

Holz oder Kunststoff

Wie bei den Kajaks wird auch bei den Paddeln eine kaum überschaubare Anzahl verschiedener Ausführungen angeboten. Die Unterschiede liegen in erster Linie im verwendeten Material, in der Form und in der Länge.
Neben den gelenkschonenden, »warmen« Holzpaddeln werden die robusten Kunststoffpaddel angeboten. Diese haben meist einen Schaft aus Aluminium. Sie finden ihren Einsatz überwiegend beim Wildwasserfahren. Holzpaddel werden gerne beim Tourenpaddeln benutzt. Sie liegen gut in der Hand, sind einfach »sympathisch«, aber auch pflegeintensiv. Man sollte sie einmal im Jahr schleifen und lackieren. Mit einem Holzpaddel bin ich zweimal das längste Marathonrennen der Welt gefahren. Die 534 Kilometer lange Strecke während des Arctic Canoe Race in Finnland ist ein echter Test für die Ausdauer der Handgelenke. Mit dem Rennsportpaddel aus Holz hatte ich (fast) keine Probleme.

Beim Wildwasserfahren hingegen benutze ich ausschließlich Kunststoffpaddel. Diese bieten eine enorm hohe Sicherheitsreserve gegen den Bruch des Blattes oder des Schafts. Verschiedentlich haben wir schon Paddel, die zwischen Blöcken verkeilt und verbogen waren, wieder geradegebogen. Der Aluminiumschaft ist bei guten Paddeln immer mit einem griffigen Kunststoff überzogen. Neben dem rutschfesten Griff ergibt diese Ausstattung auch einen guten Schutz gegen kalte Finger. Die Paddel der Wild- und Salzwasserfahrer verdienen ein besonderes Kapitel. Daher habe ich dort genauere Angaben gemacht.
Paddel aus den Materialien Karbon oder Kevlar benutze ich nur bei Wettkämpfen. Diese Paddel sind superleicht und recht stabil. Wenn es auf eine Zehntelsekunde Zeitgewinn ankommt, sind sie erste Wahl. Wegen der aufwendigen Bauweise sind sie dementsprechend teuer. In letzter Zeit finden diese Paddel ebenfalls Liebhaber im Bereich des Wildwasserfahrens.

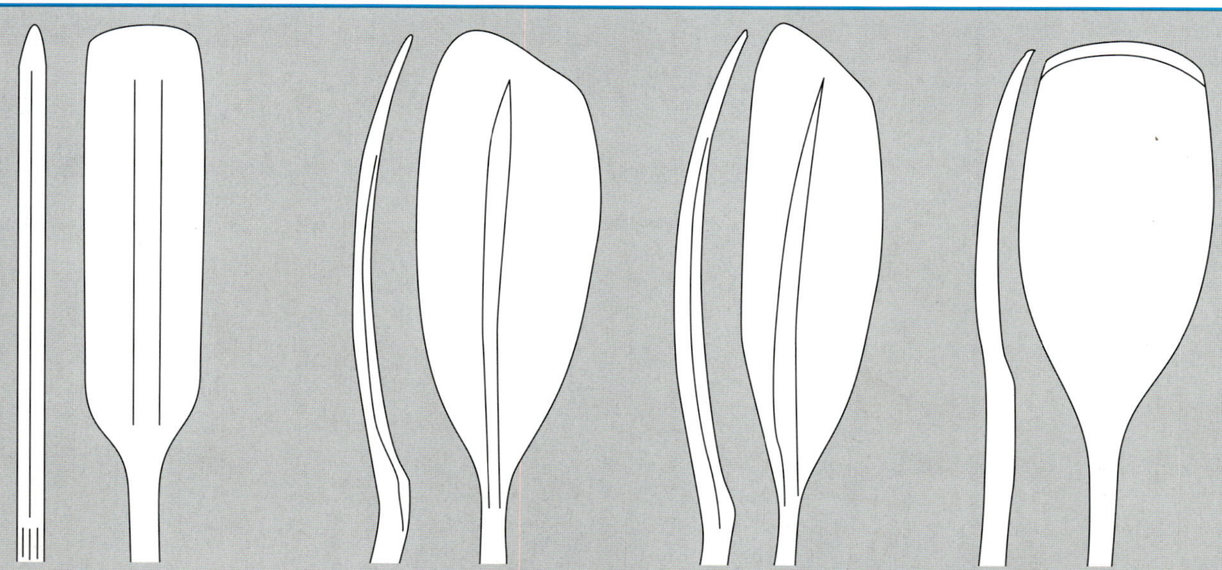

Seekajakpaddel Tourenpaddel Rennsportpaddel Wildwasserpaddel

Unteilbar oder teilbar?

Wer sich für ein Kunststoffboot entscheidet, wird in aller Regel ein unteilbares Paddel wählen. Ein teilbares Paddel wird dann möglicherweise als Reservepaddel benutzt. Anders verhält es sich bei Faltbootfahrern. Da ihr Boot gelegentlich komplett zerlegt mit auf Reisen geht, muß auch das Paddel in den meisten Fällen teilbar sein.

Ungedreht, rechts- oder linksgedreht?

Viele Anfänger machen ihre ersten Schläge mit einem rechts- oder linksgedrehten Paddel. Bei gedrehten Paddeln ist ein Paddelblatt um 70–85 Grad gedreht zum anderen Blatt angeordnet. Dadurch ist gewährleistet, daß beim Paddeln gegen den Wind immer das durch die Luft geführte Blatt den geringsten Windwiderstand bietet. Diesen Effekt erreicht man, wenn man den Schaft mit der rechten oder der linken Hand dreht. Der überwältigend große Teil der Kajakfahrer benutzt rechtsgedrehte Paddel.
Beim Wildwasserfahren ist ein weniger stark gedrehtes Paddel (55–70 Grad) von Vorteil. Es wirkt gelenkschonender und ist leichter zu handhaben.
In letzter Zeit diskutiert man zunehmend die Vorzüge eines ungedrehten Paddels. Es bringt auf Zahm- und Salzwasser Vorteile bei Rücken- und Seitenwind. Ferner überträgt es bei Langfahrten die Kraft ökonomischer auf das Blatt. Seekajakfahrer benutzen ungedrehte Paddel in ganz unterschiedlichen Längen und mit schmaleren Blättern. Aber auch der Tourenfahrer auf Zahmwasser freundet sich immer öfter mit dem ungedrehten Paddel an.

Wie lang, wie breit?

Besonders wichtig ist, daß wir die Länge des Paddels auf unsere Bedürfnisse abstimmen. In erster Linie ist die Länge des Paddels von der Körpergröße abhängig. Als Faustregel gilt für den Zahm- und Salzwasserfahrer: Aufrecht stehend wird ein Arm nach oben gestreckt; berühren die Fingerspitzen die obere Kante des Paddels, hat das Paddel die richtige Länge. Oft genug werden zu lange Paddel benutzt. Denken Sie daran: Je länger ein Paddel ist, um so stärker wirkt die Hebelkraft, um so eher werden Sie ermüden.
Im Wildwasser geht der Trend (mehr oder weniger unabhängig von der Körpergröße) zu relativ kurzen Paddeln mit einer Länge zwischen 195 und 205 Zentimeter. Welche Paddellänge letztlich besonders geeignet ist, probieren Sie am besten eigenhändig aus.
Abweichend von diesen Regeln gilt allerdings folgendes: Im Zweier benötigt man generell etwas längere Paddel als im Einer. Faustregel hier: je länger das Boot, um so länger das Paddel. Bei mir differiert die Paddellänge bei einer Körpergröße von 178 Zentimeter zwischen 205 Zentimeter für ein WW-Paddel und 220 Zentimeter für ein Paddel, das ich im Tourenzweier benutze.
Je breiter ein Blatt ist, um so mehr Kraft werden wir beim Paddeln aufwenden müssen. Ich habe die Erfahrung machen können, daß auf langer Strecke ein schmales Blatt von Vorteil ist. Die Ermüdung tritt nicht so schnell ein. Beim Wildwasserfahren hingegen muß man in der Lage sein, in kurzer Zeit, manchmal mit nur einem Schlag, die ganze zur Verfügung stehende Kraft umzusetzen. Hier ist ein breiteres Blatt angebracht. Die meisten Hersteller von Paddeln haben diese Erkenntnis bereits berücksichtigt. Vergewissern Sie sich trotzdem, ob das bei Ihrem Paddel auch wirklich der Fall ist.

Entscheidungshilfe Doppelpaddel	Kunststoffpaddel ungeteilt	Holzpaddel ungeteilt	teilbares Paddel aus Holz oder Kunststoff
Tourenkajak	gut	gut	brauchbar
Wildwasserkajak	gut	brauchbar	als Ersatzpaddel geeignet
Seekajak	gut	gut	brauchbar
Faltboot	brauchbar	brauchbar	gut
Schlauchkajak	brauchbar	brauchbar	gut

Spritzdecke

Zuverlässig dicht

Die Spritzdecke besteht aus der über den Süllrand gespannten Decke und dem am Körper anliegenden Kamin. Die Decke muß faltenfrei am Süllrand sitzen, um dicht zu halten. Der gute Sitz wird durch an die Decke genähte Rundgummis erreicht. Zum sicheren Öffnen ist vorne eine Schlaufe angenäht. Die Decke besteht aus geschmeidigem, doppelseitig beschichtetem Kunststoff oder aus Neopren. Neopren hält schön warm, trocknet aber langsam. Neopren-Decken werden meist beim Wildwasserfahren verwendet.

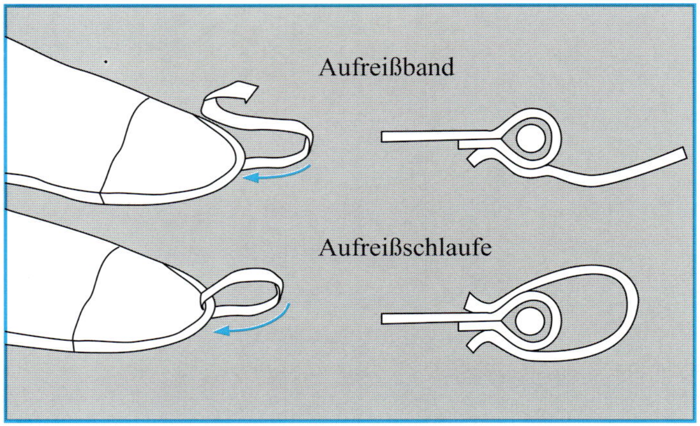

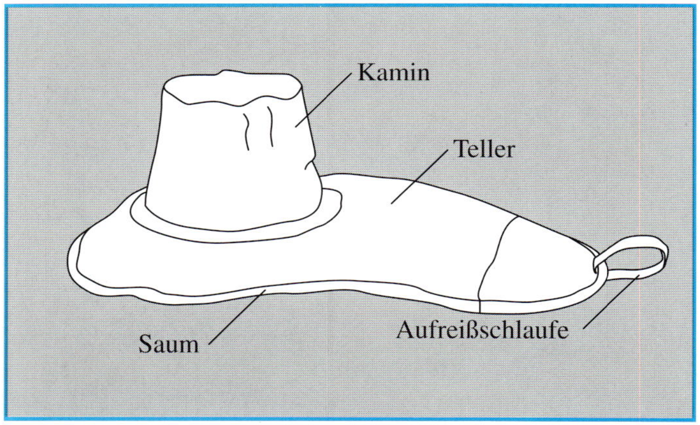

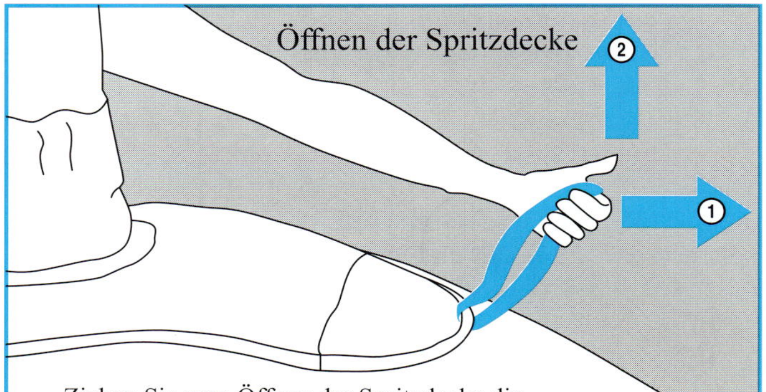

Ziehen Sie zum Öffnen der Spritzdecke die Abreißschlaufe erst nach vorn, dann nach oben

Verschiedene Säume

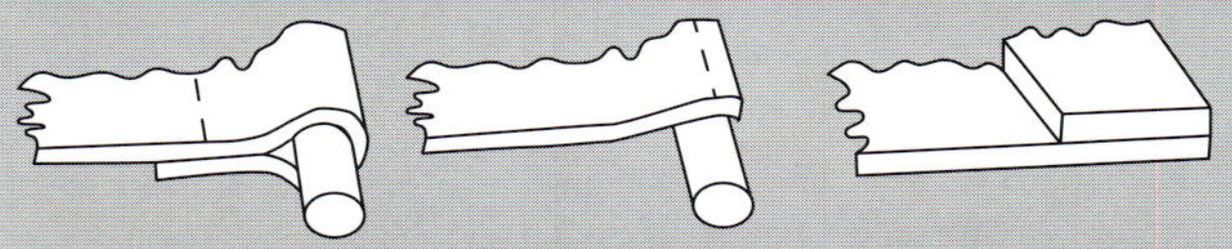

Ein Gummiband ist eingenäht.

Das Gummiband ist direkt mit dem Stoff vernäht.

Ein breiter Gummistreifen ist auf den Stoff geklebt

Drucksicherung

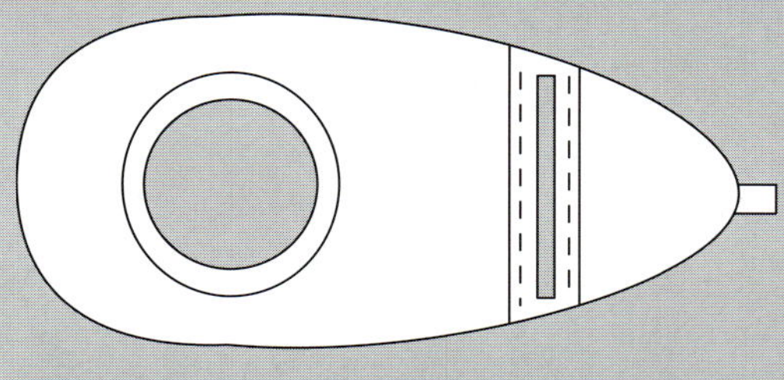

Die Drucksicherung verläuft quer über das Cockpit

Schwimmweste

Auftrieb für alle

Eine Schwimmweste erleichtert das Schwimmen im Wildwasser und auf großen Flüssen und Seen. Sie ist aber kein Schutz vor Ertrinken. Für Anfänger sollte sie obligatorisch sein. Die Schwimmweste hält über Wasser, schützt vor harten Stößen und z. T. auch vor der oft unterschätzten Unterkühlung. Bei Bewußtlosigkeit erleichtert sie die Bergung. Schwimmwesten werden in sehr differenzierten Ausführungen angeboten. Grundsatz: Je glatter ihre Oberfläche, um so besser läßt sich in ihr Strecke schwimmen. Aufgesetzte Taschen machen sie zum Bremsfallschirm.

Auftriebskörper

Sicherheit im Boot

Ein gekenterter Kajak sinkt, wenn er nicht von Auftriebskörpern getragen wird. Daher verfügen Kajaks sinnvollerweise immer über aufgeblasene Spitzenbeutel oder Luftschläuche. Seekajaks weisen oft eingebaute Abschottungen auf. Manche Boote verfügen auch über fest installierte Keile aus porösem Kunststoff. Wie auch immer: Auftrieb bedeutet Sicherheit. Ohne Auftriebskörper im Boot zu fahren ist leichtsinnig.

Ein kalter Tag in einem Februar Anfang der sechziger Jahre auf dem Rhein. Ich bin als Anfänger, der die Eskimorolle nur zur Hälfte beherrscht, allein in meinem Kunststoffkajak unterwegs. Eine Schwimmweste besitze ich zu dieser Zeit noch nicht. Ebenso verhält es sich mit den Auftriebskörpern. Etwa dreißig Meter vom Ufer entfernt ist eine Boje in der Strömung befestigt. Wieder und wieder fahre ich diese Boje an und versuche, im letzten Moment auszuweichen. Beim vierten oder fünften Versuch treibe ich allerdings quer vor die Boje und kentere. Ein halbherziger Versuch, das Boot aufzurollen, mißlingt. Ich steige aus. Das Wasser ist eiskalt. Im Nu läuft das Boot voll und ich versuche, es an Land zu ziehen. Ich schaffe kaum einige Meter, da merke ich, wie mir die Kälte zusetzt. Der Verlust des Bootes ist nicht mehr abzuwenden. Jetzt geht es nur noch darum, irgendwie Land zu erreichen. Schon werden die Bewegungen immer schwerer. Das rettende Ufer will nicht näherkommen. Ich mobilisiere die letzten Kräfte und spüre endlich Grund unter den Füßen. Fix und fertig robbe ich aufs Ufer. Nachdem ich mich ein klein wenig erholt habe, bringt mich ein Dauerlauf unter die heiße Dusche des nächsten Bootshauses.

Bekleidung

Trocken und warm

Solange uns bei einer Binsenbummelei die Sonne scheint, ist die Bekleidung eigentlich kein Thema. Das ändert sich mit dem Wetter. Wichtiges Bekleidungsstück und sozusagen Grundausstattung eines Kajakfahrers ist bei rauhem Wetter eine funktionelle Paddeljacke. Sie sollte selbstverständlich wasserdicht, haltbar und bequem geschnitten sein. Auf dem Markt befindet sich eine ganze Reihe brauchbarer Exemplare. Die meisten sind an den Armen mit Neoprenbündchen versehen. Diese verhindern das Eindringen von Wasser. Ein Neoprenbund am Hals ist wohl nur bei Wildwasserfahrten erforderlich. Eine in den Kragen eingearbeitete Kapuze ist während Wanderfahrten bei Regen und Wind sehr angenehm. Wenig überzeugt haben mich bisher die sogenannten atmungsaktiven Materialien. Sie sind zwar extrem teuer, verhindern das Schwitzen bei Anstrengung natürlich trotzdem nicht. Bei Temperaturen unter dem Gefrierpunkt stellen sie ihre Funktion fast völlig ein.

Was trägt man bei kühlem Wetter unter der Paddeljacke? Bewährt haben sich da fast alle Jacken, Hemden und Hosen aus entsprechend dünnem oder dickem Faserpelz. Dieses Material nimmt kaum Wasser auf und trocknet daher sehr schnell. Die wärmeisolierende Wirkung ist beeindruckend. Wenn wir darunter noch Thermo-Unterwäsche anziehen, sind wir sicher gut bekleidet.

Sind wir bei sehr kaltem Wetter oder im Wildwasser unterwegs, werden wir an einem Neopren-Anzug kaum vorbeikommen. Mit Stoff beschichtetes (kaschiertes) Material wird wegen der längeren Lebensdauer bevorzugt. Neopren-Anzüge schützen zuverlässig vor Unterkühlung. Die Aufenthaltsdauer im kalten Wasser wird durch das Tragen dieses Anzugs etwa verzehnfacht. Bewährt hat sich für Kanuten die ärmellose Version, weil sie größte Bewegungsfreiheit im Schultergelenk bietet.

Immer häufiger werden Trockenanzüge benutzt, insbesondere bei niedrigen Lufttemperaturen. Gegenüber den Neopren-Anzügen bieten sie eine noch bessere Kälteisolation und etwas mehr Bewegungsfreiheit. Auf Langfahrt und im Salzwasser konnte ich mit einem Trockenanzug immer zufrieden sein. Die Manschetten an den Handgelenken, Fesseln und am Hals sind aber besonders empfindlich und erfordern vorsichtige Handhabung, damit sie nicht einreißen.

Die Finger reagieren besonders sensibel auf Kälte. Niedrige Temperaturen in Verbindung mit Wind und Wasser machen unsere Hände in kürzester Zeit zu unbeweglichen, gefühllosen Krallen. Die einfachsten Handgriffe können dann nicht mehr erledigt werden. Sogenannte »Paddelpfötchen« bringen Hilfe. Sie werden mittels Klettband im Griffbereich des Paddels angebracht. Sodann schlüpfen wir mit den Händen hinein.Wir sind jetzt gut vor Wind und Wasser geschützt. Auch bei sehr niedrigen Temperaturen scheinen sie mir ausreichend, solange wir auf Zahm- und Salzwasser unterwegs sind. Im Wildwasser empfehle ich allerdings Fäustlinge oder besser noch Fingerhandschuhe aus Neopren. Die brauchbaren Versionen sind vorgekrümmt und passen sich dem Paddelschaft bequem an. Gegenüber Paddelpfötchen verfügen sie über den unschätzbaren Vorteil, daß sie auch nach einer Kenterung noch vollen Kälteschutz bieten. Allerdings ist bei Fäustlingen die Fingerfertigkeit erheblich eingeschränkt. So kann das Schließen der Spritzdecke unter Umständen sehr schwierig werden.

Ähnlich sensibel wie unsere Finger reagiert auch unser Kopf auf Kälte. Wir schützen ihn daher bei entsprechendem Wetter mit einer Mütze oder einer Sturmhaube aus Neopren oder Polarfleece. Während unserer Querung der Beringstraße von Alaska nach Sibirien verwendeten wir Sturmhauben aus Fleece. Obwohl sie durch die Gischt und das vom Paddel abtropfende Wasser ständig naß waren, vermittelten sie uns doch ein warmes und windgeschütztes Gefühl am Kopf. Da der Fleece das Wasser nicht aufsaugt, sammelte sich das Spritzwasser am unteren Saum der Haube und tropfte dort ab. Im Falle einer Kenterung bieten allerdings Neoprenhauben noch mehr Schutz. Andererseits beeinträchtigen sie das Hörvermögen. Wir müssen also im Einzelfall vorher abwägen, welches Material gerade am sinnvollsten ist.

Und die Schuhe? Auch da ist vieles vom Wetter und von der Art des Gewässers abhängig. Reichen uns bei sonnigem Himmel und Sandufer noch Badesandalen, so benötigen wir bei Umtragungen über felsiges Gelände einen knöchelhohen, festen Schuh. Insbesondere bei der Befahrung schwieriger Wildwasserbäche sind Neopren-Füßlinge in Verbindung mit festen Bergschuhen oder spezielle Schuhe zu empfehlen. Mehr darüber im Kapitel »Wildwasser«.

Wasserdicht verpacken
Kleidersäcke und Fototaschen

Jeder Kajakfahrer schwört auf sein Rezept, das Gepäck einer Wochenend- oder Ferienfahrt im schmalen Einer wasserdicht zu verstauen. Seit geraumer Zeit sind Nylonsäcke auf dem Markt. Sie verfügen über einen runden oder ovalen, verstärkten Boden und sind wasserdicht verschweißt. Die Öffnung wird mit einem Rollbügel geschlossen. Dieser Bügel ergibt nach dem Schließen einen handlichen Tragegriff. Die Säcke werden in unterschiedlichen Größen hergestellt, so daß man in Bug und Heck kleinere Säcke verwenden kann, um den Raum optimal zu nutzen.
Ganz wichtig für Kajakfahrer mit Kamera: Fototaschen aus kräftigem PVC-beschichtetem Gewebe und mit angeklebten, absolut luft- und wasserdichten Reißverschlüssen. Sie sind für verschiedene Kameratypen, aber auch für andere empfindliche Geräte und Wertgegenstände gedacht. Auch hier stehen verschiedene Größen zur Auswahl. Zusätzlich werden für diese Fototaschen praktische Schultergurte angeboten. Plastikcontainer bzw. tonnenförmige Behälter aus PVC ergänzen das Angebot.

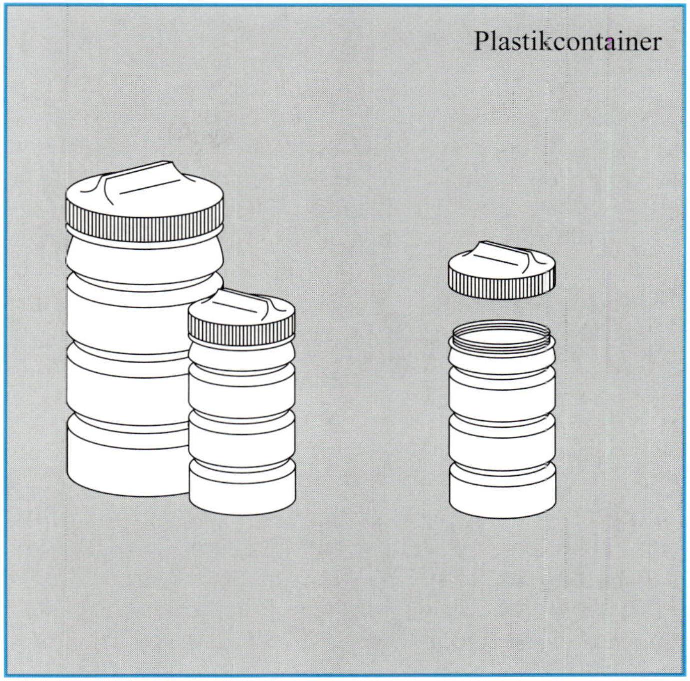
Plastikcontainer

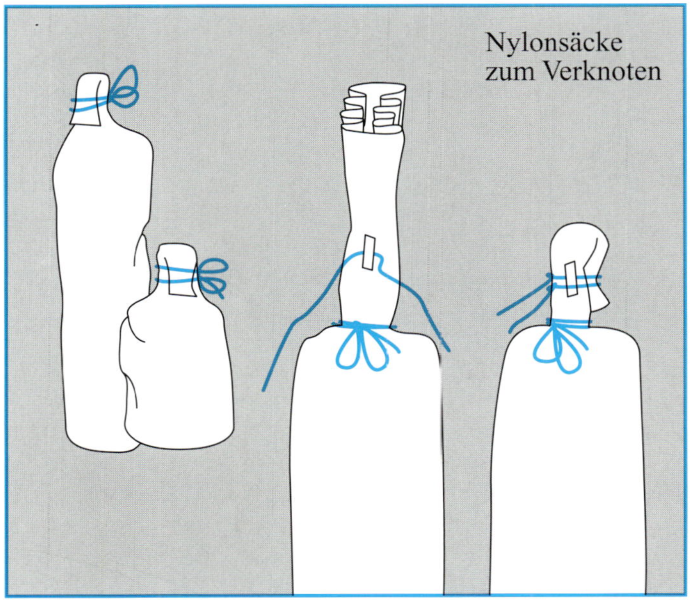
Nylonsäcke zum Verknoten

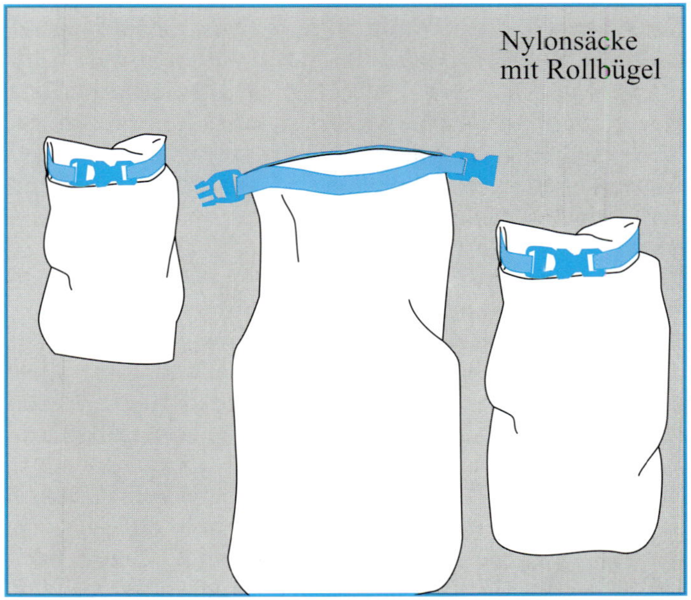
Nylonsäcke mit Rollbügel

Flicken und Reparieren

Ein Band für alle Fälle

Unbedingtes »Muß« für alle Kanusportler ist eine Rolle breites Textilklebeband. Damit kann man fast jeden Defekt beheben. Sowohl am Boot als auch am Paddel oder an der Spritzdecke: Das Klebeband ist Retter in der größten Not. Außerdem können wir mit diesem Universalhelfer auch Löcher im Zelt oder am Schlafsack abkleben. Wie bei den PE-Booten gilt auch hier: nicht in der Sonne liegen lassen.

Bootstransport

Mit Auto und Bootswagen

Wer seinen Kajak im Bootshaus lagert und nie auf Tour geht, wird sich über Transportprobleme sicher keine Gedanken machen müssen. Wer hingegen seine Freizeit nutzt, um unterschiedliche Gewässer kennenzulernen, wird sein Boot mit Hilfe von Dachträgern auf dem Autodach transportieren müssen. Aus Gründen der Sicherheit ist in puncto Dachträger das Beste gerade gut genug. Ein Kajak übersteht den Transport ganz gut, wenn er flach auf dem Dachgepäckträger oder hochkant befestigt wird. Wird er flach auf dem Oberdeck liegend transportiert, ist keine zusätzliche Halterung notwendig. Soll jedoch ein Kajak (oder mehrere) hochkant transportiert werden, sind Spezialhalterungen sinnvoll. Liegt der Kajak hochkant, wird er materialschonend transportiert. Benutzen Sie spezielle Transportgurte mit Rollschnallen aus Edelstahl. Stehen keine Transportgurte zur Verfügung, können auch feste Seile verwendet werden. Der nebenstehend in zwei Schritten abgebildete Knoten hat sich dabei immer gut bewährt. Der beste Dachträger nützt nichts, wenn die Kajaks nicht einwandfrei verzurrt sind. Bug und Heck werden stets mit Seilen an der Stoßstange oder den Abschleppösen gesichert.

Durch eine hohe Dachlast ändert sich das Fahrverhalten des Wagens beträchtlich. Ebenso verlängert sich der Bremsweg. Ich kann daher nur an alle autofahrenden Paddler appellieren, die Fahrweise der entsprechenden Dachlast anzupassen und seinen Kajak so sicher wie möglich zu verzurren.

Wer ein Faltboot hat, wird auch über einen brauchbaren Bootswagen verfügen. Zum Umfahren von Staustufen, für den Transport vom oder zum Bahnhof ist der Bootswagen aber auch für Kunststoffkajaks ausgesprochen nützlich.

Gut konstruierte Bootswagen sind leichtgewichtig und einfach zusammenzulegen. Außerdem sind sie so zerlegbar, daß sie in die Luke eines Seekajaks hineinpassen, man kann sie so mit auf seine Tour nehmen. Die verwendeten Materialien sind korrosionsbeständig, so daß Sie sich auch nach Jahren noch nicht über Rost oder quietschende Lager ärgern müssen. Kugellager aus Kunststoff sind allerdings wenig belastbar und daher ungeeignet. Die Tragkraft eines Bootswagens reicht von 60 Kilogramm für einen Einerkajak mit Gepäck bis zu 150 Kilogramm für einen vollgepackten Zweier.

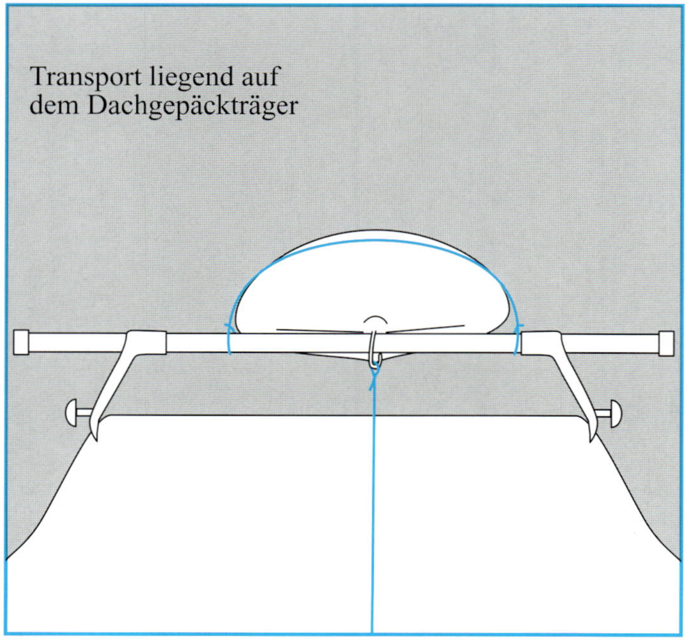

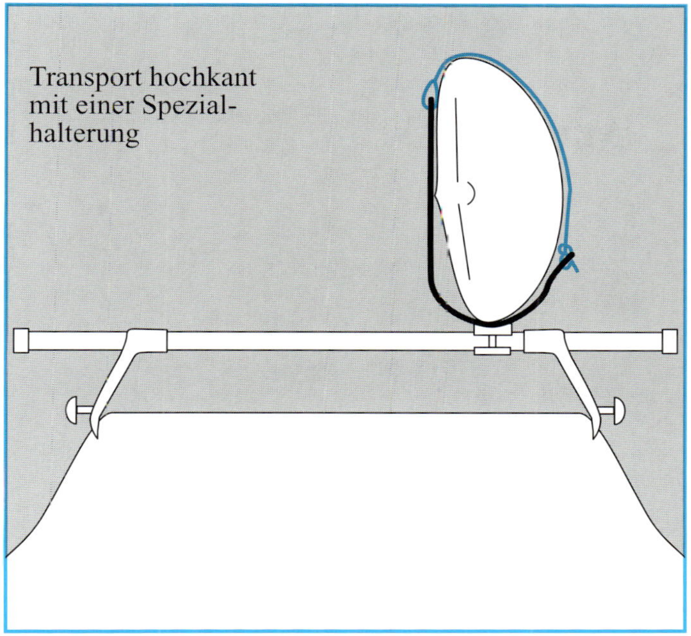
Transport hochkant
mit einer Spezial-
halterung

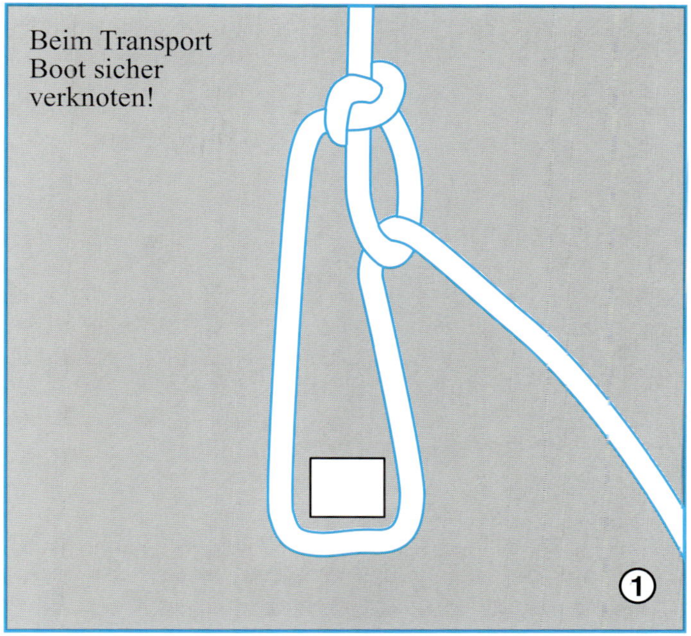
Beim Transport
Boot sicher
verknoten!
①

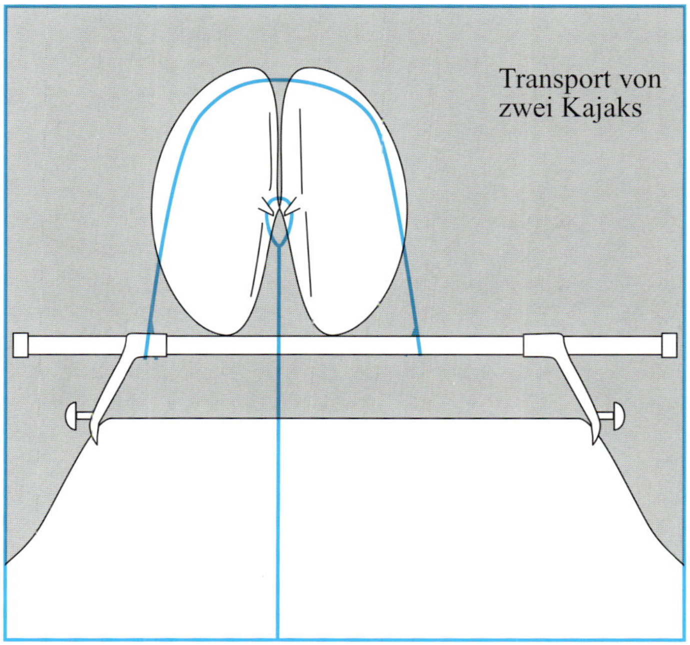
Transport von
zwei Kajaks

②

Einbooten und Paddelschläge

Tragen des Kajaks

Allein oder mit Partner

Auf dem kurzen Weg vom Bootshaus zum Steg oder vom Auto zum Flußufer wird man seinen Kajak üblicherweise wie einen Koffer tragen. Man packt das Boot am Süllrand; irgendwo dort liegt der Schwerpunkt des Kajaks. Ein kurzer Griff nach vorn oder hinten – schon ist das Boot ausbalanciert (unten links). Bei kräftigem Wind ist diese Methode allerdings weniger angebracht.
Auf längeren Strecken oder im unwegsamen Gelände ist die Koffergriff-Methode nicht zu empfehlen. Hier ist es besser, das Boot zu schultern (oben). Selbstverständlich wird auch diesmal der Schwerpunkt auf der Schulter aus-

balanciert. Die freie Hand greift das Paddel. Im schwierigen Gelände dient das Paddel als nützliche Gehhilfe.
Ist die Strecke sehr lang oder das Boot schwer beladen, werden wir mit einem Partner das Boot tragen. Jeder nimmt sich eine Tragschlaufe – und schon geht's los (S. 22 unten rechts). Natürlich können wir, wenn es uns nicht zu schwer wird, auch zwei Boote auf einmal transportieren. Bei schwer beladenen Booten und auf besonders langen Strecken tut eine Bandschlinge gute Dienste. Sie wird um die Schulter gelegt und an der Tragschlaufe befestigt.
Ist man allein mit einem sehr schweren Kajak unterwegs, kann man ihn zur Not auch über den Weg ziehen. Man muß in diesem Fall Kratzer am Rumpf einkalkulieren. Das Ziehen wird erleichtert, wenn eine Bandschlinge verfügbar ist. Sie wird an der Tragschlaufe befestigt.
Wird das Boot alleine über sehr lange Strecken getragen, kann die Gepäckträgermethode angewendet werden. Allerdings setzt bei dieser Methode starker Wind Grenzen.
Auf abschüssigem Terrain kann der Kajak mit Hilfe einer Bandschlinge sicher herabgelassen werden. Das Paddel ist dabei eine zusätzliche Hilfe.

Gepäckträgermethode

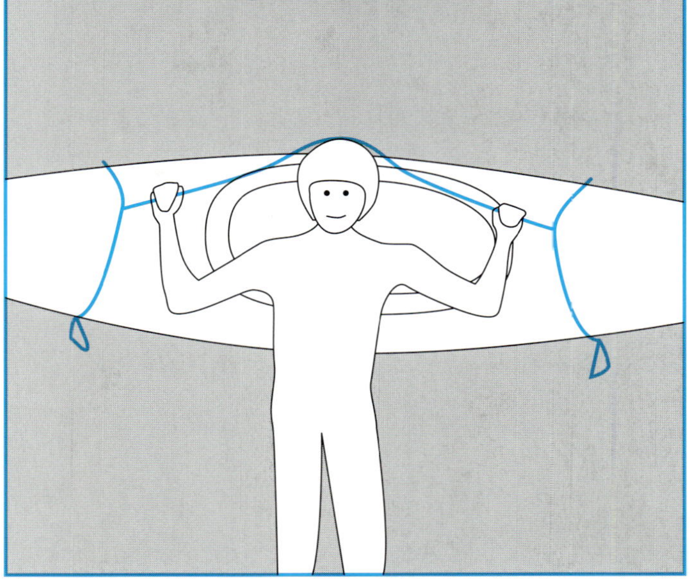

Tragen mit Hilfe einer Bandschlinge

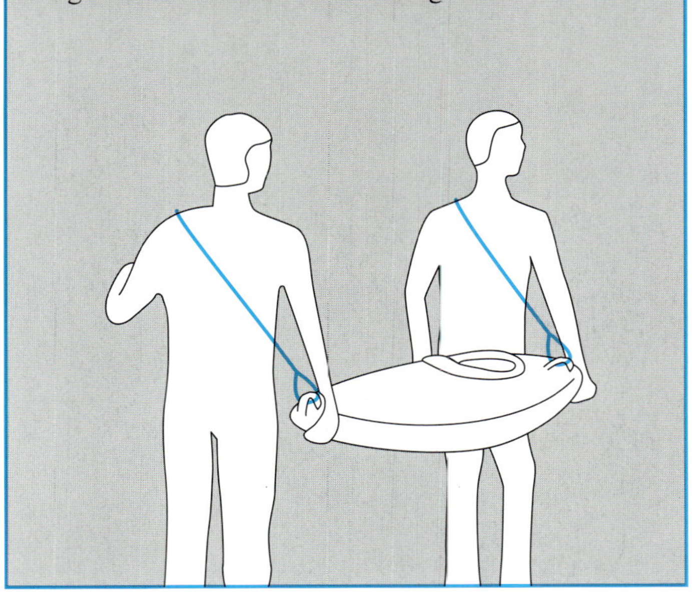

Herablassen mit Hilfe einer Bandschlinge

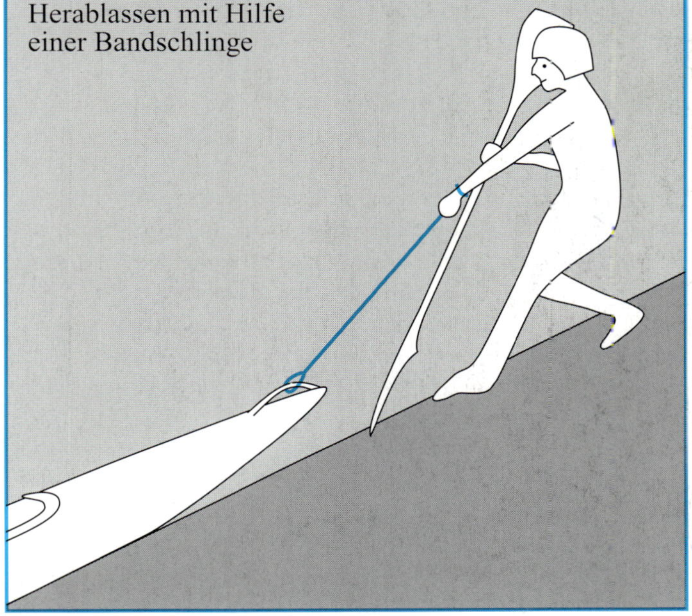

Ein- und Aussteigen

Sichere Paddelbrücke

Auf Fließgewässern wird das Boot grundsätzlich mit dem Bug gegen die Strömung eingesetzt. Für den Anfänger empfiehlt es sich, eine Stelle mit einem flachen Uferverlauf aufzusuchen. Sicheres und wackelfreies Einsteigen gewährt die Paddelbrücke:

① Das Paddel flach aufs Ufer und quer hinter den Süllrand legen.
② Mit einer Hand Süllrand **und** Paddel fassen ②a, mit der anderen Hand am landseitigen Schaft abstützen.
③ Den bootsseitigen Fuß in die Bootsmitte setzen, Körper zum Ufer neigen und zur Luke rutschen.
④ Den anderen Fuß nachholen und in das Boot hineinsetzen.
⑤ Das Paddel vor den Süllrand legen und die Spritzdecke schließen.

Das Schließen der Spritzdecke beginnt hinter dem Rücken. Dann hakt man sie an der Spitze des Süllrandes ein und schließt danach die Seiten. Die Aufreißschlaufen müssen außen bleiben.
Ohne Paddelbrücke klappt das Einsteigen auch; nur wird die ganze Angelegenheit etwas kippliger. Vom hohen Steg oder vom steilen Ufer aus zunächst mit beiden Füßen in das Boot steigen, dann schnell hinsetzen und gleichzeitig die Hände mit dem Paddel nach vorne zum Süllrand strecken.
An den sehr flachen Ufern eines Binnensees oder an der Küste wird man zunächst mit seinem Kajak in das tiefere Wasser waten. Dann setzen wir uns quer hinter dem Süllrand auf das Boot und drehen die Beine rasch ins Boot.
Das Einsteigen in den Zweier ist problemlos. Zunächst steigt immer der vorn Sitzende ein, während Hintermann/-frau das Boot sichert.
Das Aussteigen erfolgt in allen Fällen in umgekehrter Richtung. Wie die anderen Techniken des Kanusports sollten wir es einige Zeit üben, bis es auch unter erschwerten Bedingungen sicher beherrscht wird. Spezielle Techniken des Einbootens an steilen und hohen Ufern werden im Kapitel »Wildwasser« beschrieben.

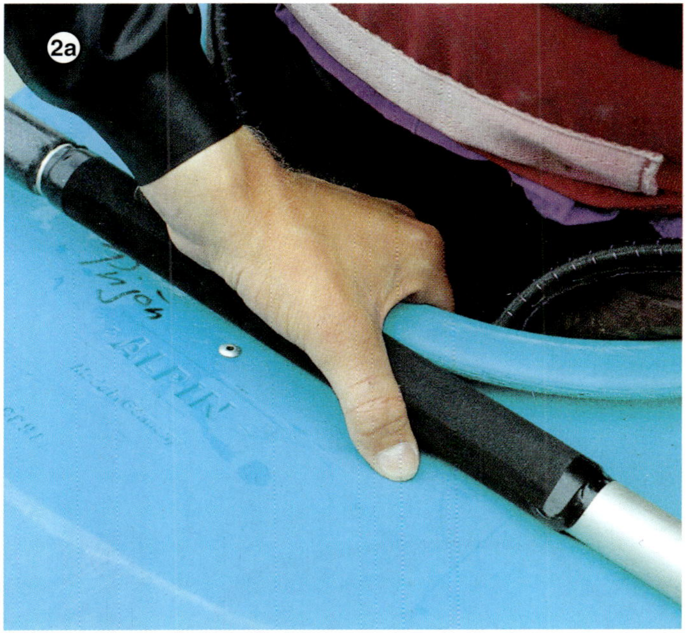
2a

3

4

5

Die Paddeltechnik

Richtig sitzen, entspannt paddeln

Voraussetzung für entspanntes Fahren und effektives Umsetzen der Schläge ist die richtige Sitzposition im Kajak. Wir vergewissern uns deshalb, daß

- der Sitz nicht zu eng oder zu weit für uns ist,
- der Rückengurt uns ausreichende Unterstützung im Bereich der Lendenwirbel bietet,
- die Kniegelenke gebeugt und nach außen/oben anliegen,
- die Fersen zueinander stehen,
- die Fußstütze die Füße ausreichend unterstützt und unsere Knie und Oberschenkel in guten Kontakt mit den Schenkelstützen bringt,
- wir aufrecht oder leicht nach vorn geneigt im Kajak sitzen,
- Schwimmweste, Spritzdecke und Paddeljacke unsere Bewegungen nicht behindern.

Gleich ob auf Zahmwasser, Wildwasser oder Salzwasser: Bei einer guten Paddeltechnik paddelt der ganze Körper. Die Rücken-, Schulter- und Bauchmuskulatur ist stärker als die der Arme. Also müssen wir diese Muskelpartien auch gezielt einsetzen, um ökonomisch und kraftvoll zu fahren. Der gute Kajakfahrer paddelt kraftvoll immer da, wo es sein muß. Kräftesparend fährt er da, wo es möglich ist.

Bedenken wir: Auf einem langen Tagestrip setzen wir oft mehr als zehntausend Schläge. Da liegt es auf der Hand, daß wir unsere Energie möglichst effizient nutzen wollen.

Auch wenn es uns zunächst seltsam anmutet: Das Geheimnis eines runden, rhythmischen und gleichzeitig effektiven Paddelns liegt in der Phase der Entspannung. Wer dauernd angespannt fährt, ist nach kurzer Zeit auch verspannt. Wer aber in der Lage ist, sich während der kurzen Zeit, in der das Blatt aus dem Wasser gehoben wird, zu entspannen, wird auch über längere Zeit locker fahren.

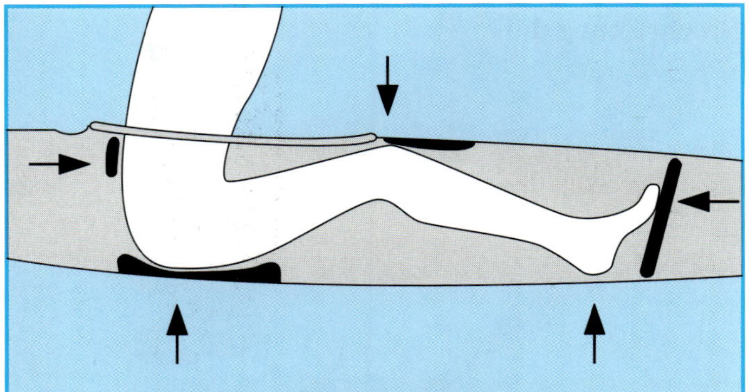
Entspanntes Fahren durch richtiges Sitzen

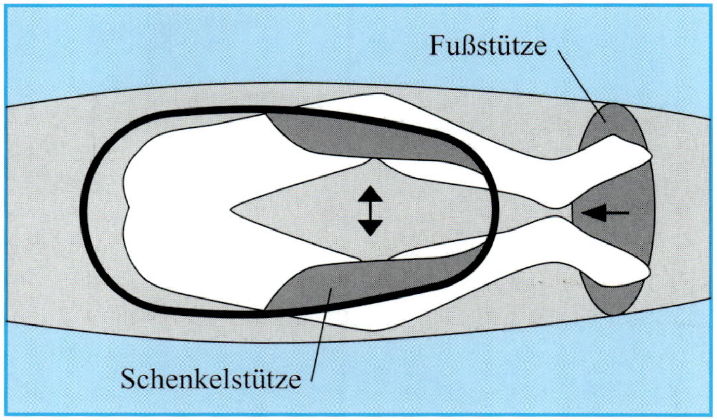

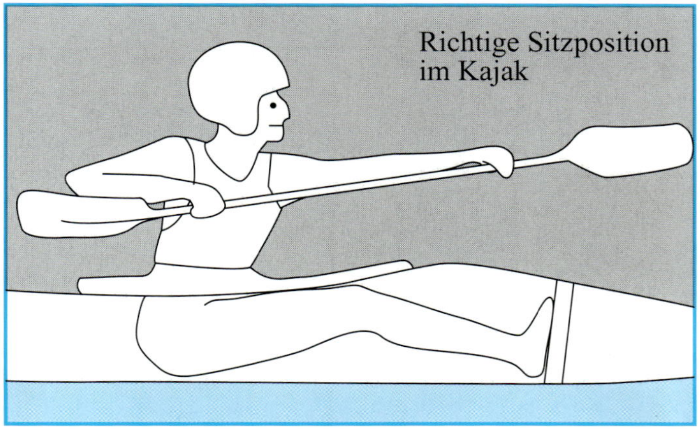
Richtige Sitzposition im Kajak

Beschreibung der Paddeltechnik

Kante, Position, Aktionsseite

Die präzise Beschreibung der einzelnen Paddelschläge kann nur sinnvoll dann erfolgen, wenn wir alle die gleiche Sprache sprechen. Der Vollständigkeit halber und zum besseren Verständnis der folgenden Kapitel werden an dieser Stelle einige Begriffe, die Boot und Paddel betreffen, kurz erwähnt.
Stellen wir uns die Ausgangsposition beim Vorwärtsschlag vor: Als Vorderseite wird die Seite des Blattes bezeichnet, die zum Bug gerichtet ist. Die andere Seite des Blattes wird Ziehseite genannt. Beide Blätter sind durch den Schaft miteinander verbunden. Die gedachte Verbindungslinie von Blatt zu Blatt bezeichnen wir als Schaftachse.
Die übliche Bezeichnung links und rechts kann bei der Beschreibung der verschiedenen Schläge nicht übernommen werden, da diese Beschreibung jeweils für beide Seiten zutreffen muß. Um die Beschreibungen zu präzisieren, werden die Begriffe Aktionsseite (Aktionsellbogen, Aktionsarm) und Gegenseite (Gegenellbogen, Gegenarm) benutzt. Der Begriff Aktionsseite wird für die Seite verwendet, auf der mit dem Blatt aktiv im Wasser gearbeitet wird.

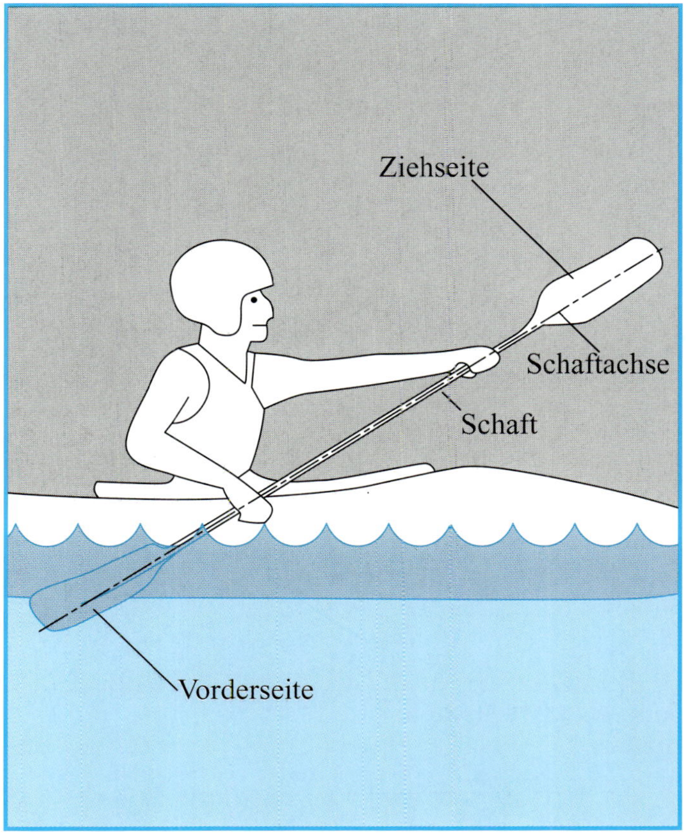

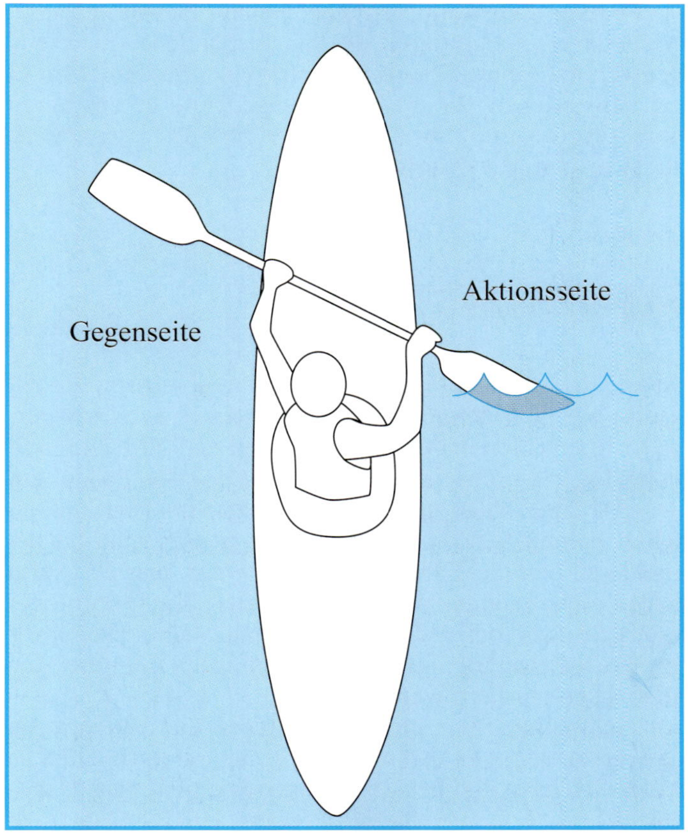

Die Grundform der Schläge
Variationen sind erlaubt

Auf den folgenden Seiten sind alle wichtigen Schläge in ihrer Grundform dargestellt. Abweichungen von der Grundform ergeben sich durch unterschiedliche Bootslagen, Körperhaltungen und Bewegungsaufgaben. Die einzelnen Paddelschläge werden selten isoliert ausgeführt. Besonders auf fließendem Wasser und erst recht auf Wildwasser wenden wir stets Varianten dieser Grundschläge und Schlagkombinationen an.
Der Kajakanfänger wird Schwierigkeiten haben, sein Boot einigermaßen geradeaus zu steuern. In der Anfängerschulung auf Zahmwasser hat es sich als vorteilhaft erwiesen, zunächst sogar auf das Paddel zu verzichten. Die Hände oder kleine Schwimmbrettchen dienen als Antrieb. Der Anfänger erreicht durch den damit verbundenen niedrigen Schwerpunkt eine sichere Wasserlage. Außerdem wird er gut sensibilisiert für die Bewegungen, die er ausführen muß, um das Boot vorwärts oder rückwärts anzutreiben, zu drehen und zu steuern.

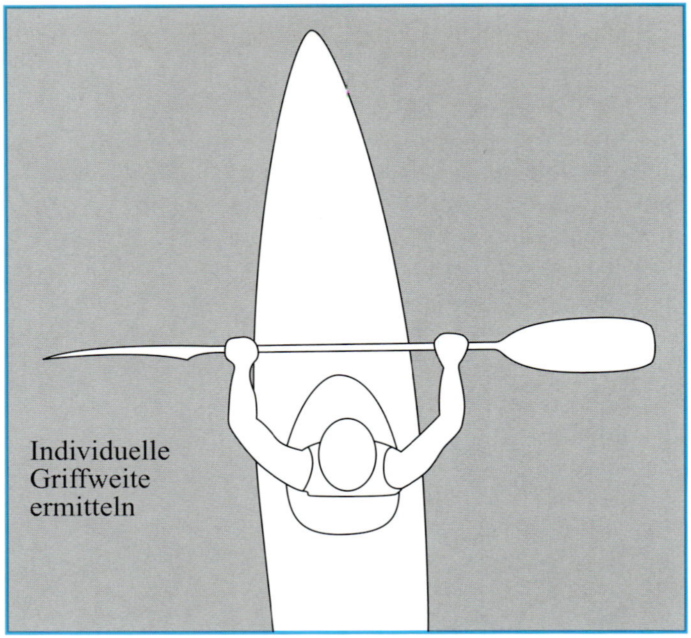

Individuelle Griffweite ermitteln

Paddeln an Land
Griffweite und Bewegungsgefühl

Wenn wir das Paddel in die Hand nehmen, müssen wir zunächst auf die richtige Griffweite achten. Zweckmäßigerweise überprüfen wir das schon einmal an Land. Die individuelle Griffweite finden wir, indem wir das Paddel auf unseren Kopf legen und mit beiden Händen den Paddelschaft halten. Bei korrekter Haltung ist der Abstand der Hände zu den Paddelblättern gleich. Ober- und Unterarm bilden einen rechten Winkel zueinander. Die Haltung gewährleistet die optimale Griffweite und damit ein günstiges Hebelverhältnis. Diese Position kann mit farbigem Klebeband markiert werden.
An Land können wir auch schon einmal die Bewegungen des Handgelenks in Verbindung mit den unterschiedlichen Paddelschlägen einüben. Normalerweise bleibt das Handgelenk gestreckt (gebunden). Jedoch wird es manchmal nach oben gewinkelt, wie es bei den Ziehschlägen zu beobachten ist. Oder es wird, wie bei der Paddelstütze, nach unten gewinkelt (überstreckt).
Um eine ungefähre Bewegungsvorstellung von den Paddelschlägen zu haben, können wir an Land schon einmal die einzelnen Schläge üben. Dieses »Trockentraining« macht noch mehr Spaß, wenn wir damit eine Aufwärmgymnastik verbinden. In spielerischer Weise wird so ein Gefühl für das Drehen des Paddels und die Schläge vermittelt.

Ankanten, Wegkanten, Auslage
Körper- und Gewichtsverlagerung

Durch aktiven Hüft- und Oberschenkeleinsatz können wir

Veränderungen der Bootslage werden als Kanten oder Auslage bezeichnet. Der jeweilige Grad des Kantens hängt vom beabsichtigten Paddelschlag, aber auch von der Kippstabilität des Kajaks ab.
Beim Ankanten (oben links) erfolgt die Drehung des Bootes zur Aktionsseite hin. Das ist bei den Ziehschlägen so, aber auch bei der Einfahrt in ein Kehrwasser.
Beim Wegkanten (oben rechts) erfolgt die Drehung des Bootes zur Gegenseite. Das Wegkanten wird ebenfalls angewendet, um Richtungsänderungen zu bewirken. Wir können es beim Wildwasserslalom gut beobachten. Auch bei der Eskimorolle wird es verlangt.
Bei der Auslage (unten rechts) wird der Körper des Fahrers seitwärts über die Bootskante verlagert. Das ist zum Beispiel der Fall bei der Paddelstütze oder beim Paddelhang. Die Auslage kann nur so lange erhalten werden, wie auf der Aktionsseite ein dynamischer Auftrieb durch das Paddelblatt erfolgt.

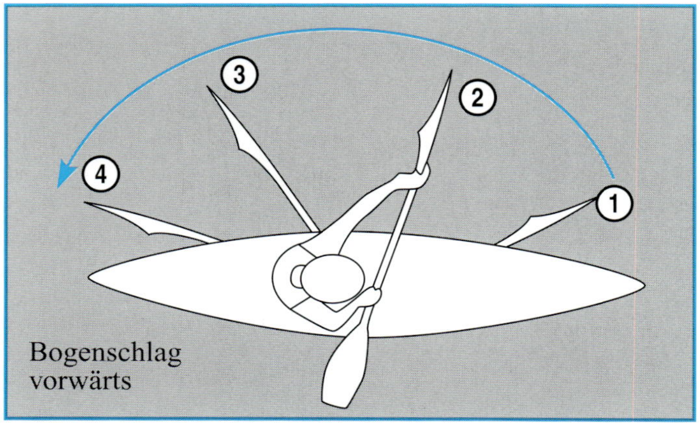

blatt erfolgt.

Bogenschlag vorwärts

Drehen und Korrigieren

Es hat sich herausgestellt, daß in der Anfängerschulung zunächst die Bogenschläge vermittelt werden sollten: Beherrscht der Anfänger erst einmal die Grobform der Bogenschläge, kann er jederzeit das Boot drehen und somit die Richtung korrigieren.
Die nebenstehende sechsteilige Bildfolge verdeutlicht den gesamten Bogenschlag vorwärts.

Ausgangsposition

Paddelblatt:	am Bug, annähernd senkrecht zur Wasseroberfläche
Paddelschaft:	möglichst parallel zur Wasseroberfläche
Aktionsarm:	leicht gebeugt
Aktionshandgelenk:	gestreckt
Gegenarm:	stark gebeugt
Gegenhandgelenk:	gestreckt
Körper:	leicht nach vorne gebeugt, Schulterachse parallel zum Schaft
Boot:	leicht zur Aktionsseite angekantet

Aktionsphase

Paddelblatt:	beschreibt einen großen Bogen um die Längsachse des Oberkörpers
Aktionsarm:	bleibt leicht gebeugt
Gegenarm:	bleibt stark gebeugt
Handgelenke:	bleiben gestreckt
Körper:	Schulterachse dreht in Aktionsrichtung
Paddelschaft:	bleibt annähernd parallel zur Schulterachse
Ausheben:	bootsnah
Wirkung:	Der Bogenschlag vorwärts ist ein sehr effektiver Steuerschlag, der das Boot zur Gegenseite dreht und zusätzlich stabilisiert.

Bogenschlag rückwärts

Stabiles Drehen

Auch beim Bogenschlag rückwärts beschreibt man mit dem Paddel einen großen Bogen (Bildfolge S. 32). Mehr noch als der Bogenschlag vorwärts dient dieser Schlag der Kurskorrektur und der Stabilisierung des Kajaks. Man achte darauf, mit größtmöglicher Hüftdrehung zu beginnen.

Ausgangsposition

Paddelschaft:	möglichst parallel zur Wasseroberfläche
Paddelblatt:	am Heck, im spitzen Winkel zur Wasseroberfläche
Aktionsarm:	stark gebeugt
Aktionshandgelenk:	leicht angewinkelt
Gegenarm:	leicht gebeugt
Gegenhandgelenk:	leicht angewinkelt
Körper:	leicht nach hinten gebeugt, Schulterachse parallel zum Schaft
Boot:	leicht zur Aktionsseite angekantet

Aktionsphase

Paddelblatt:	beschreibt einen großen Bogen um die Längsachse des Oberkörpers
Aktionsarm:	bleibt gebeugt
Gegenarm:	bleibt gebeugt
Handgelenke:	bleiben leicht angewinkelt
Körper:	Schulterachse dreht in Aktionsrichtung
Paddelschaft:	bleibt annähernd parallel zur Schulterachse
Ausheben:	bootsnah
Wirkung:	der Kajak dreht zur Aktionsseite

Paddelstütze

Hilfe in kippligen Situationen

Die Paddelstütze ist eine nahe Verwandte des Bogenschlags rückwärts. In kippligen Situationen bewahrt sie uns aufgrund ihrer stützenden Wirkung vor einer Kenterung. Die Fähigkeit, mitten in einer verzwickten Situation eine passable Paddelstütze anwenden zu können, ist äußerst nützlich.
Setzen Sie sich einmal auf den Fußboden, Arme in die Luft. Wenn Sie jetzt jemand anstößt, werden Sie sich instinktiv mit der flachen Hand auf dem Boden abstützen wollen. Die Paddelstütze zeigt auf dem Wasser eine ähnliche Wirkung. Kurzzeitig können wir unser ganzes Körpergewicht auf das Blatt legen, ohne zu kentern. Nach dem Auslegerprinzip ist die stützende Wirkung um so größer, je weiter das Blatt vom Boot entfernt eingesetzt wird. Im wesentlichen lassen sich zwei Varianten unterscheiden.

Variante 1
Die Ausgangsposition entspricht im wesentlichen der Position beim Bogenschlag rückwärts.
Das Blatt befindet sich allerdings nicht so weit in Richtung Heck, es ist auch weiter von der Bootskante entfernt. Diese Variante setzt eine aktivere Bewegung voraus als die zweite Variante.

Ausgangsposition

Paddelblatt:	zwischen Heck und Körper, im spitzen Winkel zur Wasseroberfläche
Paddelschaft:	möglichst parallel zur Wasseroberfläche
Aktionsarm:	leicht gebeugt
Gegenarm:	stark gebeugt
Handgelenke:	gestreckt
Körper:	aufrecht, Schulterachse parallel zum Schaft
Boot:	leicht zur Aktionsseite angekantet

Aktionsphase

Paddelblatt:	wird nach vorne geführt
Aktionsarm:	bleibt gebeugt
Gegenarm:	bleibt gebeugt
Handgelenke:	bleiben gestreckt
Körper:	Schulterachse dreht in Aktionsrichtung
Paddelschaft:	bleibt annähernd parallel zur Schulterachse
Ausheben:	bootsfern
Wirkung:	Diese Variante der Paddelstütze gewährleistet die stabile Lage des Bootes. Da sie aktiv eingesetzt wird, dreht sie das Boot zur Aktionsseite. Diese Paddelstütze wird oft beim Ein- und Ausschwingen im Kehrwasser angewendet.

Variante 2
Die Endphase des Bewegungsablaufs in der Variante 1 entspricht der Ausgangsposition in dieser zweiten Variante. Die Vorderseite des Aktionsblattes liegt flach auf dem Wasser.

Ausgangsposition

Paddelschaft:	möglichst parallel zur Wasseroberfläche
Paddelblatt:	auf Höhe des Körpers, flach auf der Wasseroberfläche
Aktionsarm:	leicht gebeugt
Gegenarm:	stark gebeugt
Körper:	aufrecht, Schulterachse parallel zum Schaft
Boot:	leicht zur Aktionsseite angekantet

Aktionsphase

Paddelblatt:	wird auf das Wasser gedrückt
Aktionsarm:	bleibt gebeugt
Gegenarm:	bleibt gebeugt
Körper:	bleibt aufrecht
Paddelschaft:	bleibt parallel zur Schulterachse
Ausheben:	bootsfern
Wirkung:	Diese Variante der Paddelstütze stellt die Normallage von Boot und Fahrer wieder her. Sie gewährleistet die stabile Lage des Bootes. In Wellen und Walzen, beim Ein- und Ausschwingen im Kehrwasser ist diese Art der Paddelstütze Freund und Helfer des Kajakfahrers. Sie ist eher passiv und wird oft zum reflexhaften Stützen eingesetzt.

Tip:
Wir dürfen nur ganz kurz drücken, weil wir sonst doch die Kenterlage erreichen. Wenn wir den Körper wieder in die Normallage gebracht haben, drehen wir die Kante des Blattes nach oben und heben das Blatt wieder über die Wasseroberfläche.

Grundschlag vorwärts

Zügig zum Ziel

Der Grundschlag vorwärts wird am häufigsten eingesetzt. Er hilft, »Strecke« zu machen. Zwar sieht es auf den ersten Blick so aus, als ob das Blatt durch das Wasser gezogen wird. Beim genauen Hinschauen wird allerdings klar: Vorwärtspaddeln bedeutet, das Blatt im Wasser zu »verankern« und sich daran nach vorne zu ziehen.
Auch das Vorwärtspaddeln setzt ein kompliziertes Kräftespiel in Gang: Über Paddel und Körper überträgt man den Widerstand des Wassers auf das Boot. Die Hüftarbeit ermöglicht die Drehbewegung des Oberkörpers und kontrol-

liert das Auf- und Wegkanten. Sie ist ganz wesentlich für eine gute Bootsbeherrschung. Knie, Oberschenkel und Füße halten durch den ausgeübten Druck den Fahrer fest in seiner Position.
Es ist völlig absurd anzunehmen, daß man nur mit den Armen paddelt. Es sind vielmehr die kräftigen Rücken- und die Bauchmuskeln, die den Hauptteil der Kraft für den Vortrieb liefern. Daher ist die Drehung aus der Hüfte heraus so wesentlich. Selbst wenn man keine leistungssportlichen Ambitionen hat: Die rationelle Anwendung des Vorwärtsschlages schützt vor schneller Ermüdung.

Ausgangsposition

Paddelblatt:	bootsnah
Aktionsarm:	fast gestreckt
Aktionshandgelenk:	gestreckt
Gegenarm:	gebeugt
Gegenhandgelenk:	gestreckt
Gegenhand:	in Augenhöhe
Körper:	aufrecht, Schulterachse annähernd parallel zum Schaft

Aktionsphase

Paddelblatt:	wird parallel zur Bootslängsachse geführt
Aktionsarm:	zieht und wird gebeugt
Gegenarm:	drückt bis in eine gestreckte Stellung
Gegenhandgelenk:	gestreckt
Körper:	aufrecht, Schulterachse bewegt sich parallel zum Paddelschaft
Ausheben:	wenn sich die Aktionshand auf Körperhöhe befindet
Wirkung:	Der Grundschlag vorwärts treibt das Boot annähernd geradlinig nach vorn.

Tip:
Der Grundschlag vorwärts wird durch den kraftvollen Einsatz des Oberkörpers eingeleitet. Wir sprechen dann von einem »Anriß«. In dieser Phase wird ein Großteil der Kraft übertragen. Nach dem Abschluß dieser Phase wird schon mit dem Ausheben begonnen. Die Gegenhand übernimmt die Funktion der Aktionshand und umgekehrt. Dieser Wechsel erfolgt schnell, trotz der in diesem Moment eintretenden Entspannungsphase. Gleichzeitig erfolgt die Drehung des Schafts aus dem Handgelenk.

Grundschlag rückwärts

Ein Schlag für alle Fälle

Es wird bestimmt einige Situationen geben, in denen Sie rückwärts paddeln wollen. Im Wildwasser kommt es auch oft genug vor, daß man sich unfreiwillig dreht und rückwärts paddelnd eine Stelle befahren muß. Daher sollten wir auch dem Rückwärtsschlag einige Aufmerksamkeit schenken. Ist er auf Zahmwasser noch leicht zu erlernen und auszuführen, so ist das Erlernen im Wildwasser auf jeden Fall übungsintensiv. Rückwärtspaddeln ist außerdem auch eine ausgezeichnete Übung für die Beweglichkeit der Hüfte. Der wirklich gute Kajakfahrer beherrscht auch den Grundschlag rückwärts »aus dem Handgelenk«.

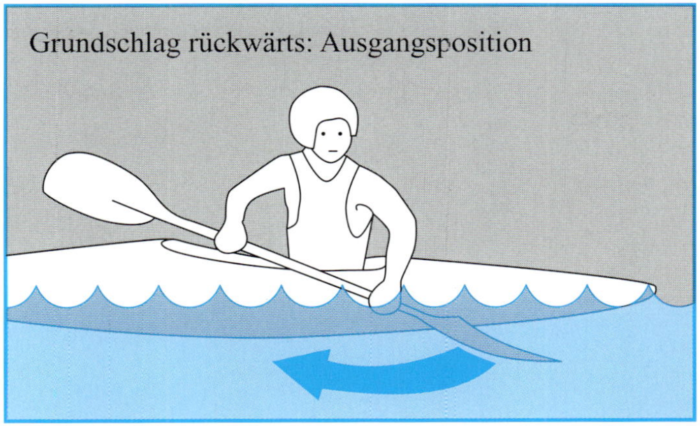

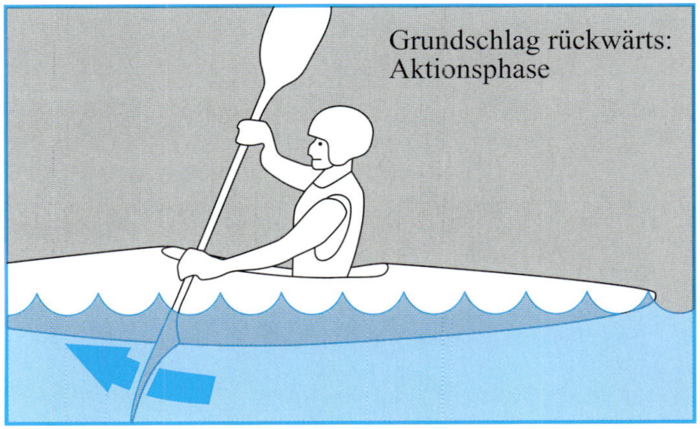

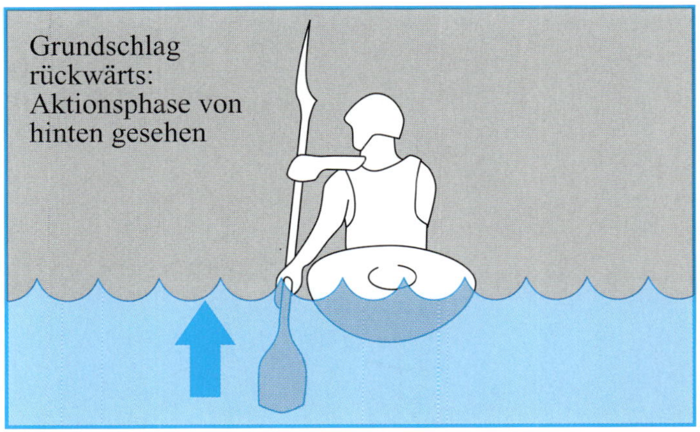

Ausgangsposition

Aktionsarm:	gebeugt
Aktionshandgelenk:	gestreckt
Paddelblatt:	bootsnah
Gegenarm:	leicht gebeugt
Gegenhandgelenk:	gestreckt
Gegenhand:	in Augenhöhe
Körper:	aufrecht, Schulterachse annähernd parallel zum Schaft

Aktionsphase

Paddelblatt:	wird parallel zur Bootslängsachse geführt
Aktionsarm:	drückt und wird gestreckt
Aktionshandgelenk:	gestreckt
Gegenarm:	zieht bis in eine gebeugte Stellung
Gegenhandgelenk:	gestreckt
Körper:	aufrecht, Schulterachse bewegt sich parallel zum Paddelschaft
Ausheben:	wenn sich die Aktionshand vor dem Körper befindet
Wirkung:	Der Grundschlag rückwärts treibt das Boot geradlinig rückwärts.

Ziehschlag Mitte

Wichtiges Manövrierelement

Auf bewegten Gewässern stellen kräftige Seitwärtsbewegungen ein wichtiges Manövrierelement dar. Der Schlag, der ein seitliches Versetzen des Kajaks bewirkt, wird als Ziehschlag Mitte bezeichnet. Aus diesem Schlag hat sich – durch seine Varianten – eine ganze Familie von Schlägen entwickelt, die insbesondere die Paddeltechnik auf Wildwasser revolutioniert haben. Bei enger Verblockung und schneller Strömung muß darauf geachtet werden, daß der Kajak möglichst gerade in der Strömung gefahren wird, um das Quertreiben vor Blöcken zu vermeiden. Dies können wir erreichen, wenn wir den Ziehschlag Mitte anwenden.

Ausgangsposition

Paddelblatt:	parallel zur Bootslängsachse, bootsfern auf Körperhöhe
Aktionsarm:	gebeugt, Unterarm in Stirnhöhe
Aktionshandgelenk:	angewinkelt
Gegenarm:	leicht gebeugt
Gegenhandgelenk:	angewinkelt
Körper:	leicht zur Aktionsseite gebeugt

Aktionsphase

Paddelblatt:	wird parallel zur Ausgangsstellung des Paddelblattes geradlinig in Richtung Körper geführt
Aktionsarm:	zieht und wird gebeugt
Aktionshandgelenk:	bleibt gebeugt
Gegenarm:	drückt bis in eine fast gestreckte Stellung
Gegenhandgelenk:	bleibt gebeugt
Körper:	wird aufgerichtet
Ausheben:	kurz vor dem Boot nach hinten
Wirkung:	Der Ziehschlag Mitte versetzt den Kajak zur Seite.

Tip:
Das Aktionsblatt darf nicht zu dicht an das Boot herangeführt werden; dies führt zu instabilem Verhalten. Bei der Anwendung des Schlages achten wir auch darauf, daß das Boot leicht weggekantet wird. Dadurch wird das Wasser während der Anwendung des Schlages unter dem Boot durchgedrückt.

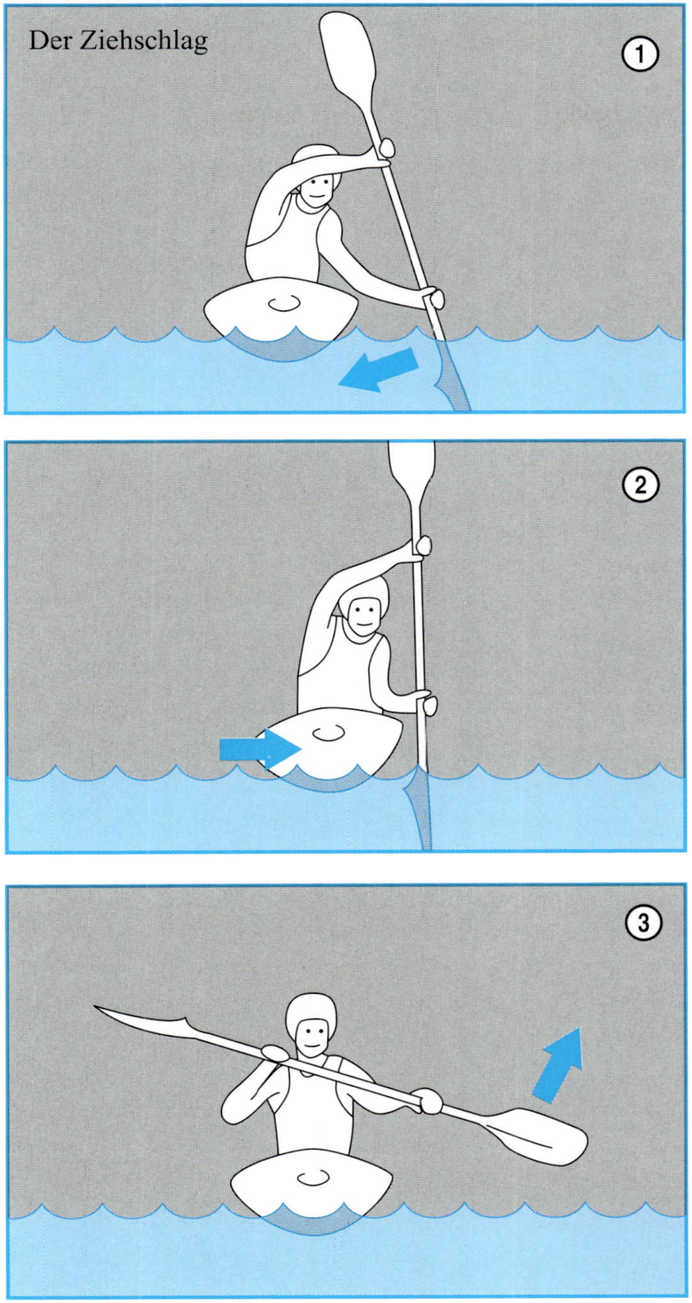

Der Ziehschlag

Wriggen

Stetiger seitlicher Zug

Das Wriggen kann als ein Aneinanderreihen von Ziehschlägen Mitte bezeichnet werden. Richtig angewendet, hat es ein stetiges seitliches Versetzen des Bootes zur Folge. Es wird vorwiegend im Stand oder bei niedrigen Geschwindigkeiten angewendet. Der Aktionsarm beschreibt mit dem Blatt fortwährend liegende Achten. Zwei Varianten stehen uns beim Wriggen zur Verfügung: Die Zugwirkung ist um so besser, je steiler das Blatt geführt wird. Umgekehrt wird die stützende Wirkung ausgeprägter, je flacher das Blatt eingesetzt wird.

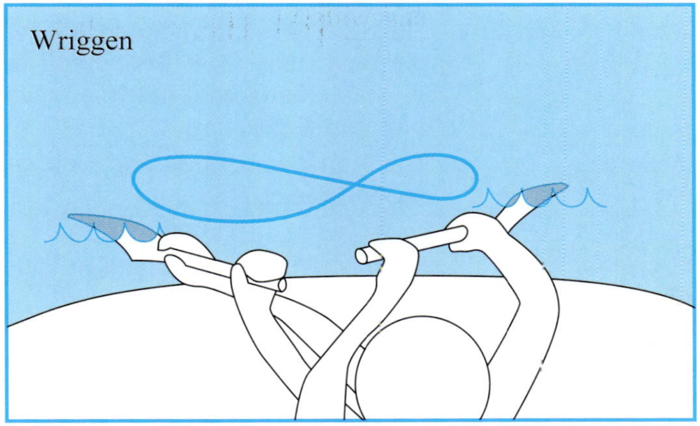
Wriggen

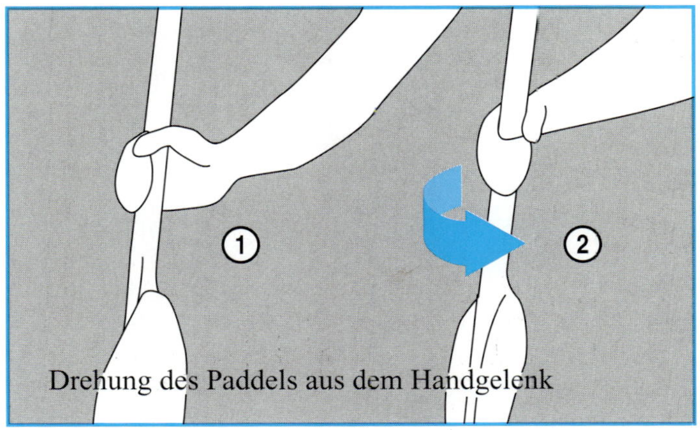

Drehung des Paddels aus dem Handgelenk

Variante 1

Ausgangsposition

	In etwa wie beim Ziehschlag seitwärts. Der Schaft steht allerdings steiler. Wesentlicher Unterschied: Die Innenkante des Blattes ist leicht nach vorne geöffnet.

Aktionsphase

	Das Blatt wird zunächst nach vorne bewegt. Am Endpunkt dieser Bewegung wird das Paddel aus dem Handgelenk so gedreht, daß jetzt die Innenkante zum Boot zeigt. In dieser Stellung wird das Blatt nach hinten gezogen.
Wirkung:	Der Kajak wird stetig und ruckfrei seitlich versetzt.

Die Variante 1 des Wriggens mit dem steil gestellten Paddelschaft sorgt für eine gute Zugwirkung.

Variante 2

Ausgangsposition

	Entspricht der Variante 1, der Winkel Schaftachse/Wasseroberfläche ist allerdings wesentlich flacher.

Aktionsphase

	Der Bewegungsablauf entspricht der Variante 1.
Wirkung:	Der Kajak wird seitlich versetzt; die stützende Wirkung ist ausgeprägt.

Ziehschlag vorne

Variationen zum Thema

Der soeben beschriebene Ziehschlag seitwärts wird je nach Situation variiert. Er kann auch weiter vorne eingesetzt werden. Wird er vorne eingesetzt, bewirkt er zusätzlich einen drehenden Effekt (Abbildung links und unten).

Paddelhang

Die letzte Möglichkeit

Der Paddelhang gehört zur großen Familie der Ziehschläge, weist aber überwiegend stützende Elemente auf. Ebenso wie die Paddelstütze ist er in turbulenten und kippligen Situationen hilfreich. Da, wo die Paddelstütze uns nicht mehr vor einer Kenterung rettet, wird uns der Paddelhang vielleicht noch vor diesem Dilemma bewahren können. Aus dem Paddelhang heraus wechseln wir leicht und flüssig wieder in einen Vorwärts- oder Rückwärtsschlag.

Doch Vorsicht: Der Paddelhang hat seine Tücken. Hängt man quer in einer hohen Walze oder will man überschlagende, große Wellen quer abreiten, droht Verletzungsrisiko. Bei keiner anderen Schlagtechnik ist die Gefahr einer Schulterluxation so ausgeprägt wie beim Paddelhang. Daher: Den Paddelhang nur dann anwenden, wenn mit der Paddelstütze nichts mehr geht.

Das Geheimnis eines gut ausgeführten Paddelhangs ist die Koordination zwischen aktiver Hüftarbeit, Paddelschlag und sensiblem Gleichgewichtsgefühl (Bildfolge Seite 44).

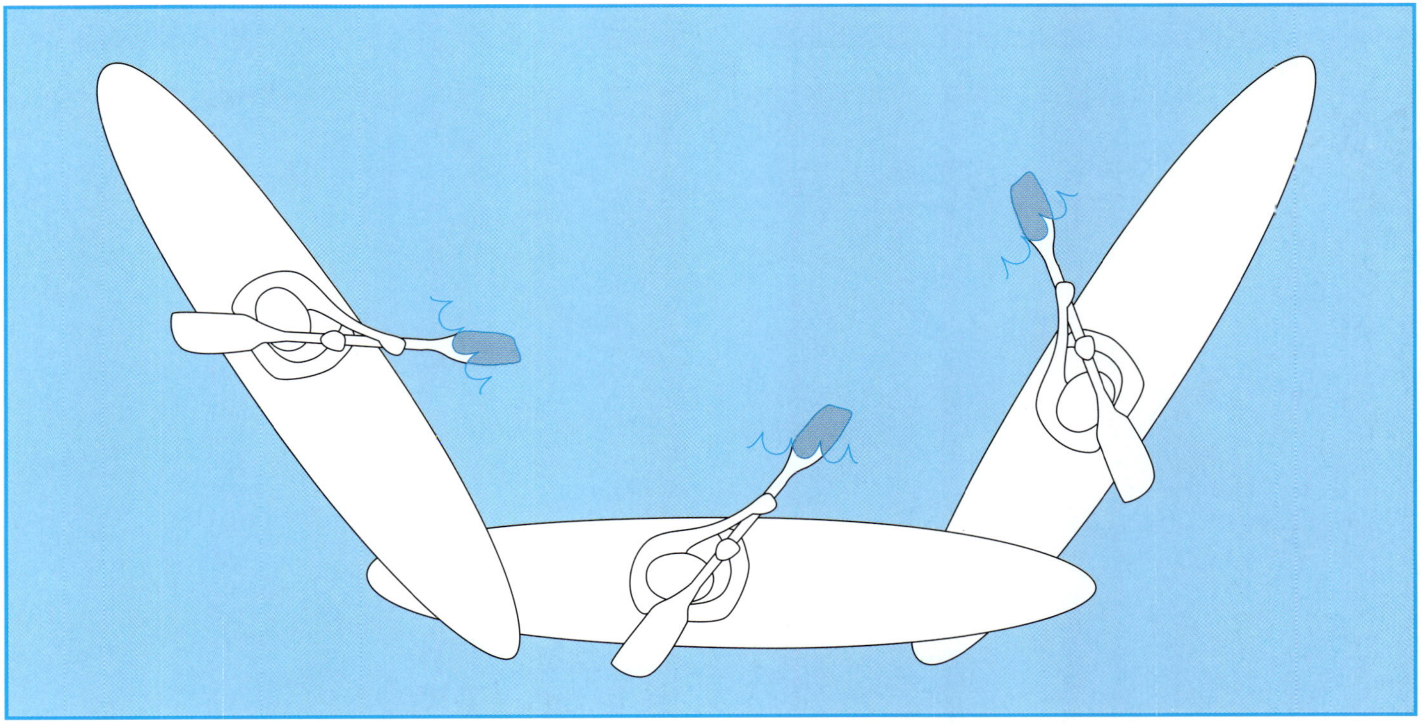

①

②

③

④

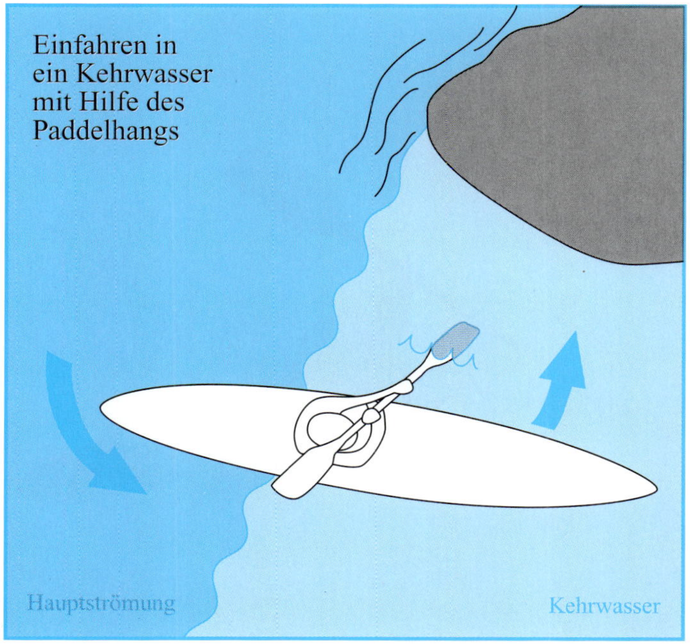

Ausgangsposition

Paddelblatt:	parallel zur Bootslängsachse, bootsfern auf Körperhöhe
Aktionsarm:	fast gestreckt, Unterarm in Stirnhöhe
Aktionshandgelenk:	angewinkelt
Gegenarm:	leicht gebeugt
Gegenhandgelenk:	angewinkelt
Körper:	leicht zur Aktionsseite gebeugt

Aktionsphase

Paddelblatt:	wird parallel zur Ausgangsposition auf Körperhöhe geführt
Aktionsarm:	bleibt fast gestreckt
Aktionshandgelenk:	bleibt gebeugt
Gegenarm:	bleibt gebeugt
Gegenhandgelenk:	bleibt gebeugt
Körper:	wird aufgerichtet
Wirkung:	Mit dem Paddelhang stabilisieren Sie Kajak und Körper in Walzen und überschlagenden Wellen.

Duffekschlag

Präzision in der Kurve

Moderne Paddeltechnik im Kanusport ist ohne den Duffekschlag unvorstellbar. Gelegentlich wird der Duffekschlag auch als Kanadierschlag oder Hangtechnik bezeichnet. Milo Duffek ist der »Erfinder« dieser Technik. Eigentlich Kanadierfahrer, brachte er in den fünfziger Jahren Elemente aus der Stechpaddeltechnik in die Kajaktechnik mit ein. Die Einführung dieses Schlages hat seinerzeit die Paddeltechnik im Kajak geradezu revolutioniert.

Der Duffekschlag ist als ein Komplex von Bewegungselementen zu verstehen, die sich aus den Ziehschlägen und dem Paddelhang entwickelt haben; die Verwandtschaft ist so offensichtlich, daß in manchen Publikationen Hangtechnik, Paddelhang und Ziehschlag als ein und dasselbe angesehen werden. Wir werden aber sehen, daß sich einige Merkmale dieser Schlagtechniken ganz klar voneinander unterscheiden.
Die unterschiedlichsten Situationen auf dem Wasser können mit dem Duffekschlag variantenreich gemeistert werden. Mit dieser Technik sind Drehbewegungen präzise und schnell auszuführen. Die konventionelle Technik des Kurvenpaddelns bestand bis zur Einführung des »Duffeks«, wie er in der Kurzform genannt wird, aus Bogenschlägen vorwärts und rückwärts. Durch den Duffekschlag ist es einerseits möglich, das Boot ohne größeren Geschwindigkeitsverlust auf einer Kurve zu fahren, jedoch ist es andererseits auch machbar, den Kajak fast auf der Stelle zu drehen. Dies allerdings nur unter fast völligem Verlust des Vortriebs.
Beobachtungen von Weltklassefahrern lassen grundsätzlich drei verschiedene Varianten erkennen, die im folgenden beschrieben werden und bei deren Anwendung eine Vielzahl weiterer situationsbedingter Abwandlungen möglich ist. Die isolierte Anwendung dieser Varianten kommt nur beim Üben vor, in der Praxis geht sie immer einher in Kombination mit anderen Schlagtechniken.

Variante 1
Voraussetzung hierfür ist ausreichend tiefes Wasser.

Ausgangsposition

Paddelblatt:	die Innenkante des Paddelblattes zeigt nach vorne
Aktionsarm:	fast gestreckt
Aktionshandgelenk:	gebeugt
Gegenarm:	gebeugt
Gegenhandgelenk:	gebeugt über dem Kopf
Körper:	leicht nach vorne gebeugt

Aktionsphase

	Im Gegensatz zu den Vorwärtsschlägen und den Bogenschlägen, bei denen das Paddel erkennbar bewegt wird, verbleibt man nunmehr in dieser Stellung am Paddel. Und zwar so lange, wie der Vortrieb des Bootes ausreicht, um am Paddelblatt genügend Auftrieb zu erzeugen. Läßt der Druck am Paddel nach, wird der nächste Schlag eingeleitet.
Wirkung:	Der Kajak dreht sich ohne erkennbaren Geschwindigkeitsverlust.

Variante 2 (Bild unten)
Anwendung im flachen oder verblockten Wasser.

Ausgangsposition

	Der Aktionsellbogen ist nicht so nah am Körper wie bei der Variante 1. Der Arm auf der Aktionsseite zielt fast gestreckt schräg nach vorn. Die Gegenhand befindet sich vor der Gegenschulter. Der stark angewinkelte Gegenellbogen zeigt nach unten. Der Kajak ist zur Arbeitsseite angekantet.

Aktionsphase

	Im Gegensatz zur Variante 1, bei der man mit der Innenkante des Paddels durch das Wasser schneidet wie mit dem Messer durch die Butter, hat dieser Schlag zusätzlich eine stützende Wirkung. Und zwar solange, wie der Vortrieb des Bootes ausreicht, um am Paddelblatt genügend Auftrieb zu erzeugen. Läßt der Druck am Paddel nach, wird der nächste Schlag eingeleitet.
Wirkung:	Der Kajak dreht sich mit geringem Geschwindigkeitsverlust zur Aktionsseite.

Variante 3 (Bild rechts)
Ziel ist die Ausführung enger Drehungen.

Ausgangsposition

	Der Oberkörper ist leicht nach hinten geneigt. Der Aktionsellbogen ist nah am Körper. Der Unterarm auf der Aktionsseite zielt schräg nach vorn. Die Außenkante des Paddels zeigt zur Bootskante, die Ziehfläche nach vorn. Die Gegenhand befindet sich hinter dem Kopf. Der stark angewinkelte Gegenellbogen zeigt in Richtung Gegenseite.

Aktionsphase

	Im Gegensatz zu den Variationen 1 und 2 schneidet und stützt das Paddel weniger. Es verdrängt vielmehr das anströmende Wasser. Läßt der Druck am Paddel nach, wird der nächste Schlag eingeleitet.
Wirkung:	Der Kajak dreht unter großem Geschwindigkeitsverlust fast auf der Stelle.

Tip: Beim Einüben der Varianten wird die Ausgangsposition zunächst im ruhenden Boot eingenommen. Wenn sich die Position eingeprägt hat, wird die Hangtechnik aus der Vorwärtsfahrt heraus geübt. Die Drehung wird jeweils mit einem Vorwärtsschlag auf der Gegenseite eingeleitet.

1

2

3

4

Schlagkombinationen

Fließender Bewegungsablauf

Wir haben zwar jetzt alle möglichen Paddelschläge getrennt kennengelernt, wissen aber, daß das in der Praxis so isoliert nicht abläuft. Es ist falsch anzunehmen, daß ein Kajak durch scharf voneinander getrennte Schläge angetrieben und gesteuert wird. Sollten Sie einmal einem guten Wildwasserfahrer oder Slalomfahrer zusehen, werden sie feststellen, daß alle Schlagtechniken fließend ineinander übergehen. Die einzelnen Schläge werden so effektiv kombiniert, daß es fast spielerisch aussieht.
Bei den Schlagkombinationen werden zwei verschiedene Möglichkeiten häufig angewandt:

- Kreisel: Drehen des Bootes auf der Stelle mit abwechselndem Bogenschlag vorwärts und Bogenschlag rückwärts.
- S-Schlag: Ein S-förmiger Fahrverlauf des Kajaks wird mit der Kombination von Ziehschlag vorne mit anschließendem Bogenschlag vorwärts auf der gleichen Seite erzielt (Bildfolge links).

Führen

Steter Wasserkontakt

Wenn Sie wirklich gute Fahrer im Wildwasser beobachten, werden Sie folgendes feststellen: Das Paddel wird oft im Wasser von einem Schlag zum nächsten geführt. Dabei schneidet das Paddelblatt durch das Wasser in die neue Ausgangsposition.
Das Führen des Paddels spielt gerade im Wildwasser eine wichtige Rolle. Man kann sagen, daß der Fahrer seinen Kajak nur dann beherrscht, solange sich das Paddel im Wasser befindet. Gerade im Wildwasser ändert sich die Situation ständig und man muß angemessen darauf reagieren. Die Fähigkeit das Paddel fließend von einer Position in die andere zu bringen, ist also grundlegende Voraussetzung für »geländeangepaßtes« Fahren. Diese Veränderungen der Paddelposition wird als Führen bezeichnet.
Tip: Das Führen des Paddels erlernen Sie zunächst am besten auf stehendem oder langsam fließendem Wasser.

Paddelschläge im Zweierkajak

Der »Kapitän« im Heck

Der Paddler im Heck ist im Zweier normalerweise der »Kapitän«. Er wendet Bogen- oder Ziehschläge an, wenn kleinere Kurskorrekturen notwendig sind. Die Steueranlage (falls vorhanden) wird meistens über Pedale bedient, die ebenfalls dem im Heckteil des Zweiers sitzenden Paddler zur Verfügung stehen.
Soll der Zweier exakt seitlich versetzt werden, wenden beide Paddler beziehungsweise Paddlerinnen gleichzeitig den Ziehschlag Mitte an. Mit Wriggen erzielen wir die gleiche Wirkung.①
Wollen wir größere Kurven fahren, ist es notwendig, daß der Vordermann mit Bogen- oder Ziehschlägen die Arbeit des Kapitäns unterstützt. Wenn wir auf diese Weise paddeln, verliert unser Zweierkajak kaum an Geschwindigkeit. Allerdings ist die Strecke wegen der großen Kurve etwas länger.

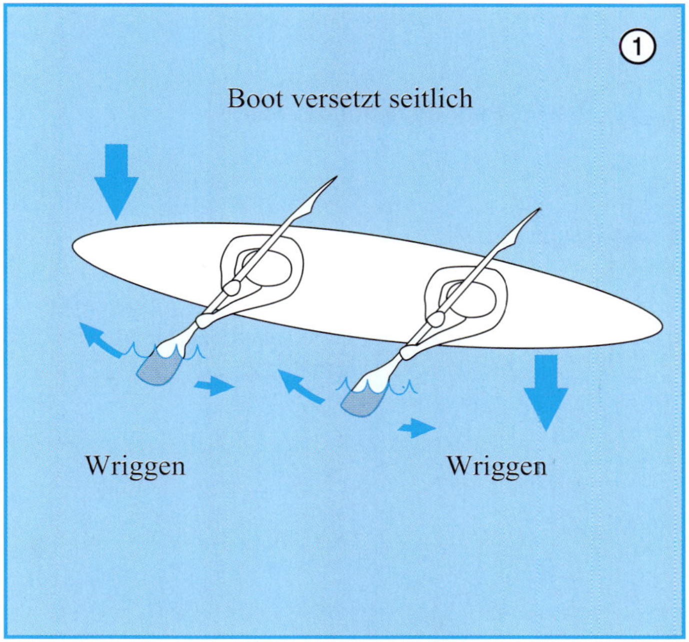

Wollen wir den Zweier hingegen fast auf der Stelle drehen, setzt der Vordermann Bogenschläge vorwärts ein, der Hintermann Bogenschläge rückwärts auf der entgegengesetzten Seite.②
Eine besonders schnelle Drehung erzielen wir, wenn beide Paddler die Paddelstütze anwenden und das Boot dabei ankanten.③ Diese Technik setzt allerdings voraus, daß sich das Boot in schneller Vorwärtsfahrt befindet. Sobald die Geschwindigkeit nachläßt, entwickeln wir aus der Paddelstütze den Bogenschlag vorwärts. Damit stabilisieren wir uns und bringen das Boot wieder in die Normallage.
Zum Einfahren in ein Kehrwasser oder zum schnellen Drehen im Wildwasser kann vom Paddler im Bug auch der Duffekschlag eingesetzt werden, während der Hintermann auf der gleichen Seite einen Bogenschlag rückwärts praktiziert.④ In einigen Fällen kann der Hintermann auf der Gegenseite auch einen Bogenschlag vorwärts setzen. Das beschleunigt den Zweier und gibt ihm noch einen kleinen »Kick« nach vorn.

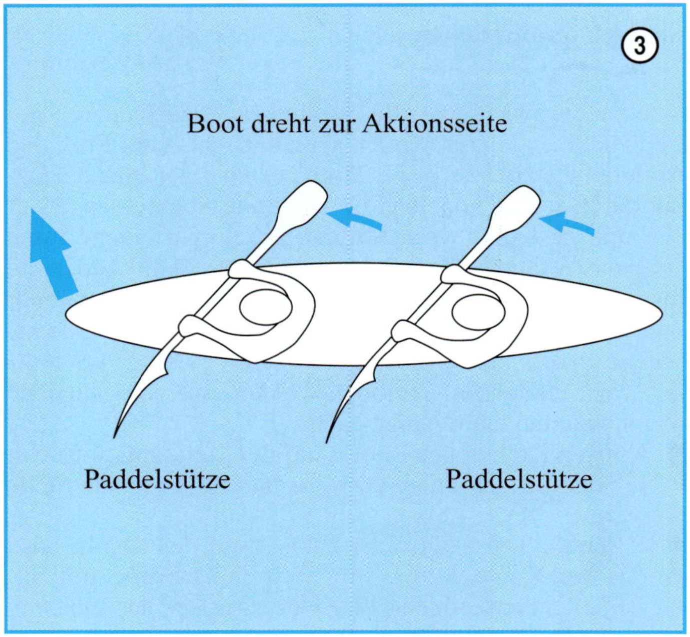

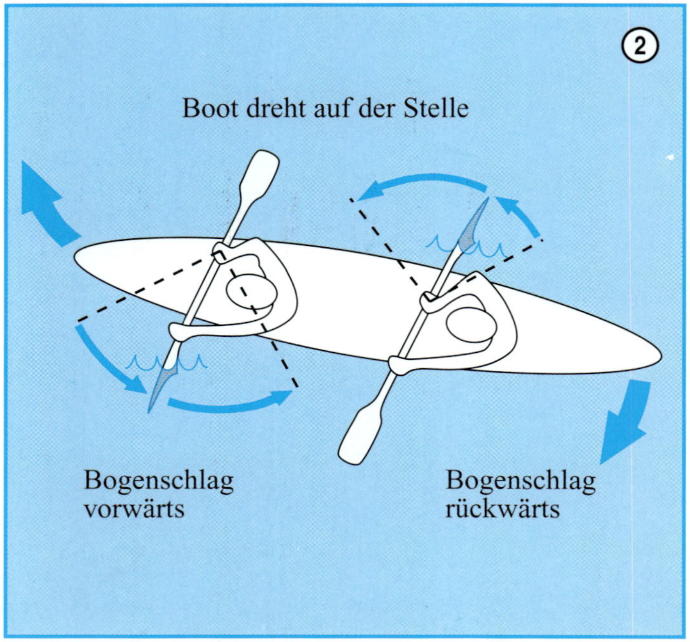

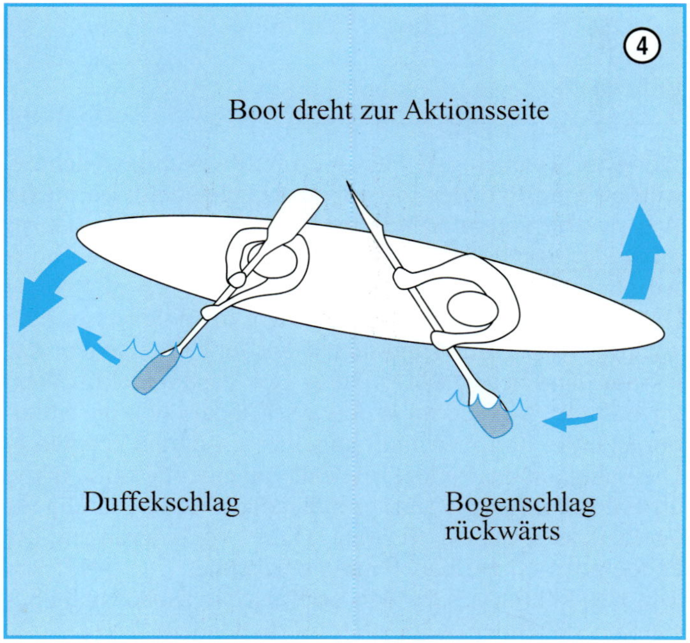

Kentern und Rollen

Kentern im Kajak

Verdrehte Welt

Entscheidenden Einfluß auf die weitere Motivation vieler Kajakeinsteiger hat die erste Kenterung. Häufig ist zu beobachten, daß Anfänger einfach in ein Boot gesetzt und ihrem Schicksal überlassen werden. Tritt dann unverhofft und unvorbereitet eine Kenterung ein, hat dies erhebliche psychische Folgen. Dies liegt darin begründet, daß der Gekenterte eine völlig neue Umwelterfahrung macht. Der Oberkörper taucht auf ungewohnte Weise ins Wasser ein. Vertraute Orientierungskriterien gehen plötzlich verloren. Verdrehte Welt: Oben ist unten und unten ist oben. Die Sinnesorgane und die Atemwege werden beim Untertauchen des Kopfes ausgeschaltet. Durch den engen Sitz der Spritzdecke und dadurch, daß sich der Unterkörper im Boot befindet, ist der Gekenterte in seinen Bewegungen eingeschränkt. Er fühlt sich regelrecht eingeschlossen. Platzangst und Atemnot treten ein. Diese Empfindungen können durch bewegtes und kaltes Wasser noch verstärkt werden. Oft genug ist Panik die Folge.

Schwimmen und Tauchen

Basis für Kenterübungen

Es klingt geradezu banal: Eine ausreichende Wassergewöhnung als Grundlage guter Schwimm- und Tauchfertigkeiten ist Voraussetzung für erfolgreiches und lustvolles Erlernen des Kajakfahrens. Vor Beginn des eigentlichen Lernens muß also im Verein oder in der Kanuschule auf die wichtigen Lernvoraussetzungen Schwimmen und Tauchen eingegangen werden. Darunter ist zu verstehen, daß der Schwimmer in der Lage ist, sich auch längere Zeit ohne Atemnot unter Wasser aufzuhalten und zu orientieren.
Nicht jeder Schwimmer hat gelernt, die unbedingten Reflexe seines Körpers zu überwinden. Da diese Reflexe aber auch bei einer Kenterung auftreten, soll an dieser Stelle kurz darauf eingegangen werden.
Es kann beobachtet werden, daß Anfänger nach einer Kenterung sofort mit einer Verwringung des Körpers nach hinten oben reagieren. Ursache hierfür ist ein Reflex, der dafür sorgt, daß der Kopf aus einer ungewohnten Stellung in die aufrechte Stellung mit dem Scheitel nach oben zurückgebracht wird. In dieser Lage ist jedoch kontrolliertes Aussteigen oder Eskimotieren nicht möglich.
Eine weitere reflexartige Reaktion ist das Schließen der Augen unter Wasser. Dieser Lidschutz-Reflex muß zur besseren Orientierung unter Wasser durch einen bedingten Reiz ersetzt werden, der das willkürliche Öffnen der Augen unter Wasser ermöglicht.
Die oft vorhandene Angewohnheit, vor dem Abtauchen möglichst viel Luft einzuatmen und diese anzuhalten, sollte ebenfalls abgebaut werden. Besser ist es, vor dem Abtauchen ganz normal einzuatmen und die Luft unter Wasser langsam auszuatmen. Dann kann man nach dem Auftauchen sofort wieder Luft holen.
Den Kenterübungen sollten also bei Bedarf Übungen zur Wassergewöhnung vorangestellt werden. Diese dienen gleichzeitig dazu, sich mit dem Sportgerät Kajak vertraut zu machen. Ein warmer Badesee oder ein Lehrschwimmbecken bieten optimale Lernbedingungen für Kenterübungen. In spielerischer Form werden Kanueinsteiger angstfrei an die ungewohnte Situation des Kenterns herangeführt. Tauchbrille sowie Nasenklammer werden am Anfang gute Verwendung als Hilfsmittel finden. Einige Übungsbeispiele:

Übungen zur Wassergewöhnung

Tauchspiele ohne Boot:	Handstand unter Wasser.
	Gegenstände vom Grund heraufholen.
	Zwischen den gegrätschten Beinen des Partners hindurchtauchen.
	Rolle vorwärts und rückwärts.

Tauchspiele mit Boot:	In die Luke eines umgedrehten Kajaks hineintauchen.
	In der Luftblase des umgedrehten Kajaks atmen.
	Mehrere umgedrehte Kajaks verteilen und von Luke zu Luke tauchen.

Übungen zum Kentern und kontrollierten Aussteigen

Kentern und Aussteigen ohne Spritzdecke:	Mit angezogenen Knien kentern, unter Wasser bis drei zählen, mit beiden Händen am Süllrand aus dem Boot drücken.
	Mit im Boot verspreizten Beinen kentern, unter Wasser bis drei zählen, Beine anhocken und aus dem Boot drücken.
	Nach dem Kentern mit den Händen auf das Unterschiff klopfen, dann aussteigen.
Kentern und Aussteigen mit Spritzdecke (Bildfolge rechts):	Mehrmaliges Öffnen und Schließen der Spritzdecke an Land, auch mit geschlossenen Augen.
	Mit angelegter Spritzdecke kentern, Hände bereits an der Aufreißschlaufe, Spritzdecke ruhig lösen, Beine anhocken und mit den Händen am Süllrand aus dem Boot drücken.
	Nach dem Kentern im Boot sitzend zum Beckenrand oder Partner schwimmen und sich dort aufrichten.

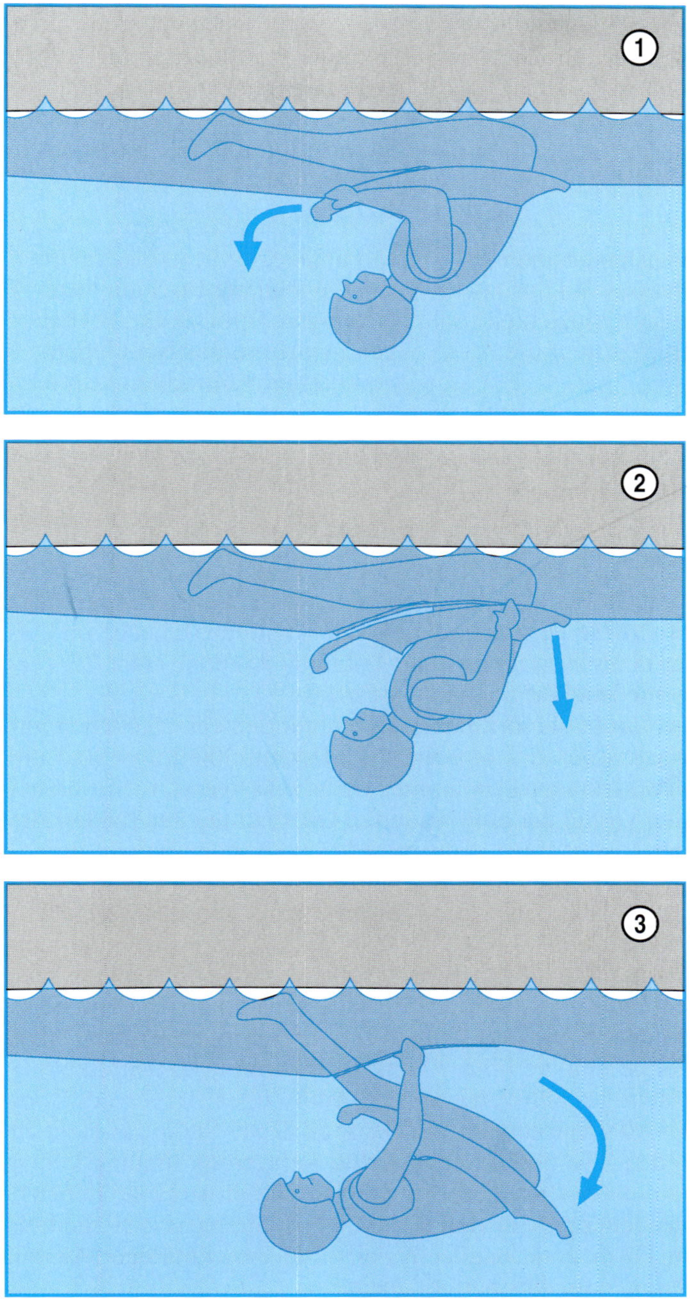

Einsteigen und Aussteigen unter Wasser ohne Spritzdecke:	Ohne Spritzdecke unter das um gekippte Boot tauchen, in der Luftblase atmen, zunächst die Beine, dann den Rumpf in die Sitzposition bringen, Beine anhocken und aus dem Boot drücken.
Einsteigen unter Wasser mit Spritzdecke, aufrichten mit Partnerhilfe:	Mit angelegter Spritzdecke unter das umgekippte Boot tauchen, einsteigen, Spritzdecke befestigen, Arme um das Boot legen, von Partnern aufrichten lassen.

Die Eskimorolle

Aktive Sicherheit im Kajak

Die Eskimorolle wurde von den Eskimos Nordamerikas und Grönlands erfunden. Im Eiswasser des hohen Nordens war diese Fertigkeit die einzige Überlebenschance im Falle einer Kenterung. Die Eskimos kannten etwa 25 verschiedene Variationen der Rolle.
Im Laufe der Zeit haben sich unter den verschiedenen Varianten der Eskimorolle die »Bogenschlagrolle« und die »Paddelhangrolle« immer mehr durchgesetzt. Sie bieten den Vorteil der unveränderten Griffhaltung am Paddel. Bei der sogenannten »Bauernrolle« muß unter Wasser umgegriffen werden. Das ist kompliziert und kostet unnötig viel Zeit. Nach dem Aufrollen muß dann erneut umgegriffen werden.
Heute stellt die Eskimorolle eine wichtige Technik des modernen Kanusports dar. Sie bedeutet aktive Sicherheit beim Kajakfahren. Das schnelle Wiederaufrichten nach einer Kenterung verhindert unkontrolliertes und verletzungsträchtiges Schwimmen. Vom mühseligen Bergen des Bootes oder von seinem Verlust ist an dieser Stelle gar nicht zu reden. Die perfekt beherrschte Kenterrolle in allen Lagen und unter allen Bedingungen ist schlichtweg eine Lebensversicherung für den Kajakfahrer. Die passive Sicherheit in Form funktioneller Kajaks und zweckmäßiger Ausrüstung kann dies nur ergänzen.

Tip: Von Vorteil ist es für den Gekenterten, wenn ihm die äußeren Bedingungen vor der Kenterung bewußt waren. Gleich, ob Felsen oder Wellen: Welche Hindernisse auch immer die schnelle Rolle behindern könnten, sie sollten für die Rollrichtung berücksichtigt werden.

Rollen lernen

Partner erwünscht

Beim Erlernen der Rolle sollte man etwas Geduld aufbringen. Der Bewegungsablauf ist so komplex, daß er schrittweise geübt werden muß. Obendrein befindet sich der Gekenterte in einer ungewohnten Lage, die mit keiner normalen Alltagssituation zu vergleichen ist. Es dauert einige Zeit, bis er sich mit diesem neuen Zustand vertraut gemacht hat.
Es bietet sich an, die im Folgenden beschriebenen Übungen partnerunterstützt durchzuführen. Dies ermöglicht Korrekturhilfen und die nötigen Pausen zwischen den Übungen. Ein Lehrschwimmbecken oder das flache Ufer eines Sees sind ideale Lernorte. Der Einsatz einer Taucherbrille als Orientierungshilfe unter Wasser hat sich bestens bewährt.
Die Eskimorolle setzt sich aus zwei Teilbewegungen zusammen, die gleichzeitig ausgeführt werden:

- der Hüftschwung,
- die Bewegung des Paddels.

Um den Lernprozeß zu vereinfachen, können sie getrennt voneinander gelernt und geübt werden. Anschließend können sie zur komplexen Bewegung der Rolle zusammengefügt werden.

Der Hüftschwung

Vorübung zur Eskimorolle

Im perfekten Hüftschwung liegt das Geheimnis der erfolgreichen Rolle. Unter einem Hüftschwung wird hier die rasche Beugung des Beckens von einer Seite zur anderen mit

gleichzeitigem Anziehen des aktionsseitigen Knies verstanden. Dies bewirkt eine Drehung des Kajaks um die Bootslängsachse. Dabei hat das Boot fast die stabile Schwimmlage erreicht, während Kopf und Oberkörper sich noch unter Wasser befinden. Beherrschen Sie die Hüftbewegung zum Aufrichten des Kajaks, so ist das schon »die halbe Miete«.
Übrigens ist die Eskimorolle, wie alle komplexen Bewegungen, »kopfgesteuert«. Damit ist in diesem speziellen Fall nicht nur gemeint, daß der Kopf beim Aufrollen des Kajaks möglichst zuletzt aus dem Wasser auftaucht. Auch die Blickrichtung, also die Kopfhaltung während des Bewegungsablaufs, ist von großer Bedeutung für eine gelungene Rolle.

Grundregel:
Blicke immer zur Wasseroberfläche.
Bei allen Vorübungen und Übungen zur Eskimorolle ist es wichtig, daß enger Kontakt zur Sitzeinrichtung des Kajaks gewährleistet ist.
Wenn Sie den Hüftschwung folgendermaßen üben, wird sich schon bald ein gutes Gefühl für eine aktive Hüftbewegung einstellen.

- Passives Erleben des Hüftschwungs:
  Der Übende kentert und läßt sich vom Partner, der neben dem Boot steht und auf Sitzhöhe über das Boot greift, wieder aufrichten. Der Übende soll sich dabei passiv verhalten, so daß der Kopf zuletzt aus dem Wasser kommt.
  Gegenprobe: Der Übende versucht, den Kopf zuerst nach oben zu bringen. Der Partner wird feststellen, wie schwer das Aufrichten jetzt ist.

- Kippen des Bootes mit der Hüfte (Bildfolge rechts):
  Der Übende hält sich an den Händen des Partners oder am Beckenrand fest. Dann legt er sich mit dem Oberkörper ins Wasser. In dieser Position kippt er das Boot durch rasche Beugung der Hüfte mehrfach von einer Seite zur anderen. Gleichzeitig wird das aktionsseitige Knie angezogen. Oberkörper und Kopf bleiben dabei im Wasser.

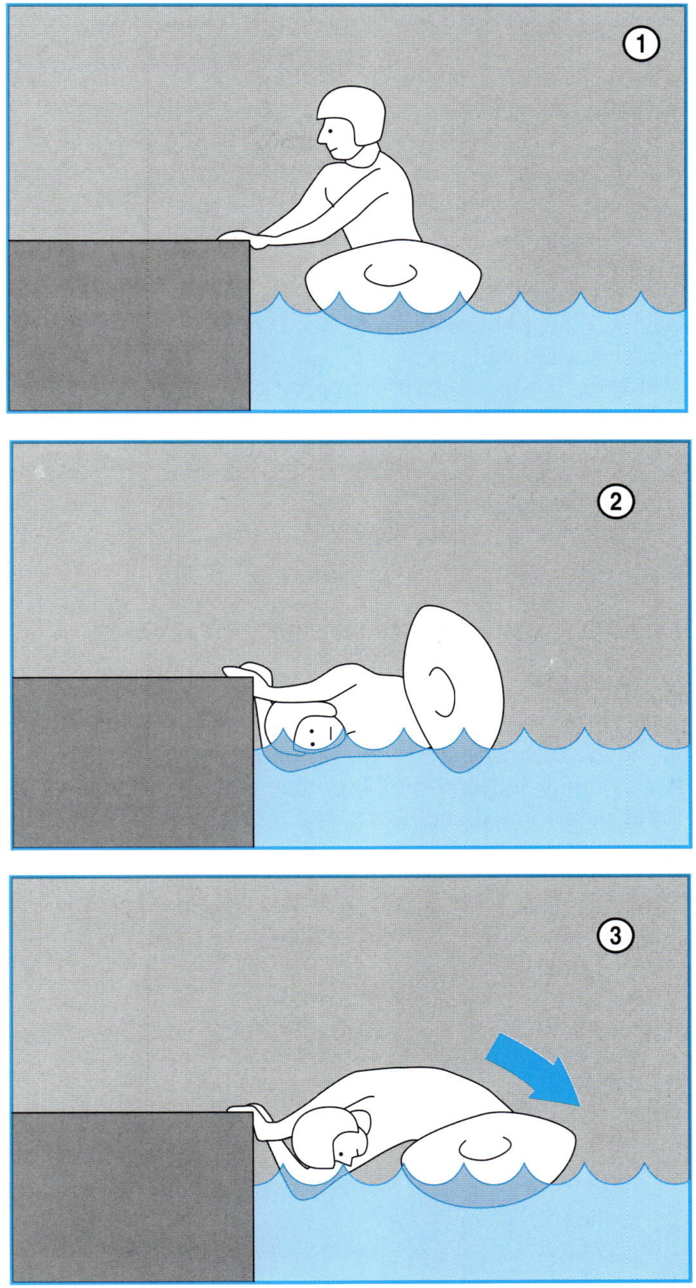

- Aufrichten des Bootes durch Hüftschwung (Bildfolge): Der Übende kentert zum Partner oder Beckenrand hin. Er hält sich am Beckenrand oder an den Händen des Partners fest. Jetzt bringt er den Kopf so tief unter Wasser wie eben möglich. Der Hüftschwung wird dynamisch eingesetzt, um das Boot aufzurichten. Ziel der Übung ist es, den Kopf zuletzt aus dem Wasser zu nehmen und möglichst wenig Druck auf die Hände zu bringen.

  Tip: Eine Rhythmisierung der Bewegung durch zweimaliges Kippen des Bootes vor dem vollständigen Aufrichten (»eins, zwei und hopp«) erleichtert vielen Anfängern die Bewegungsausführung.

Das werden Sie spüren, wenn Sie es richtig machen:
- der Kopf bleibt lange unter Wasser,
- wenig Druck auf Beckenrand bzw. Hände des Partners,
- der Unterkörper bewegt sich unabhängig vom Oberkörper,
- ein ziehendes Gefühl in der Hüfte, bedingt durch Überstreckung,
- Druck auf dem aktionsseitigen Knie.

Das wird zu beobachten sein, wenn Sie es richtig machen:
- Kopf und Schulter bleiben unter Wasser, während der Hüftschwung ausgeführt wird.

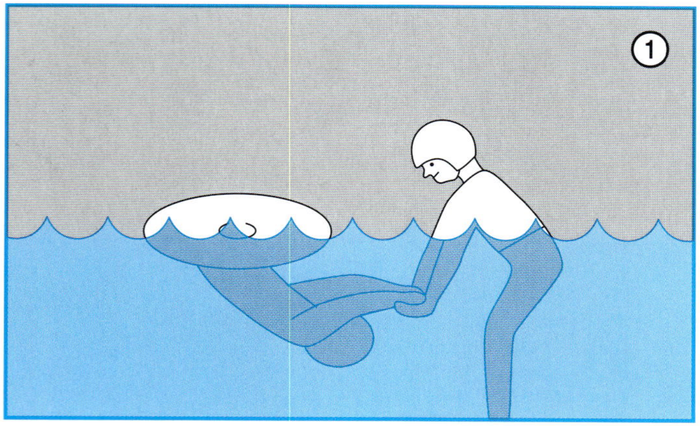

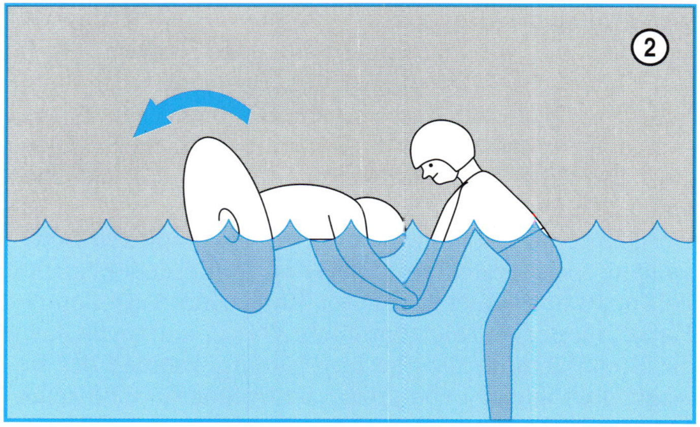

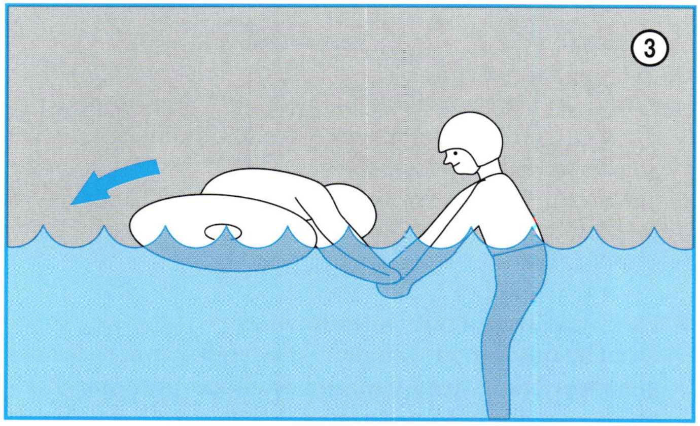

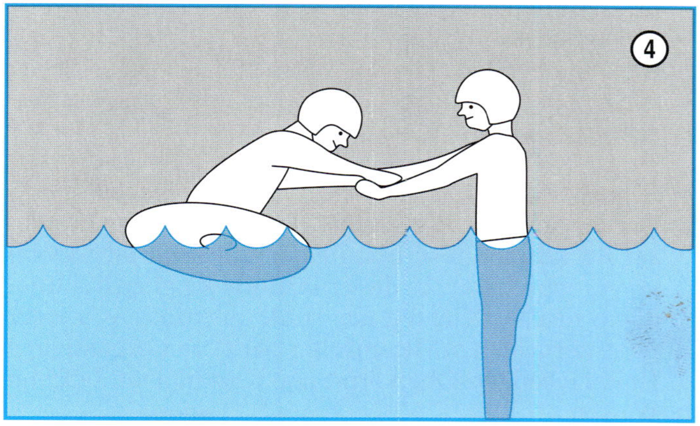

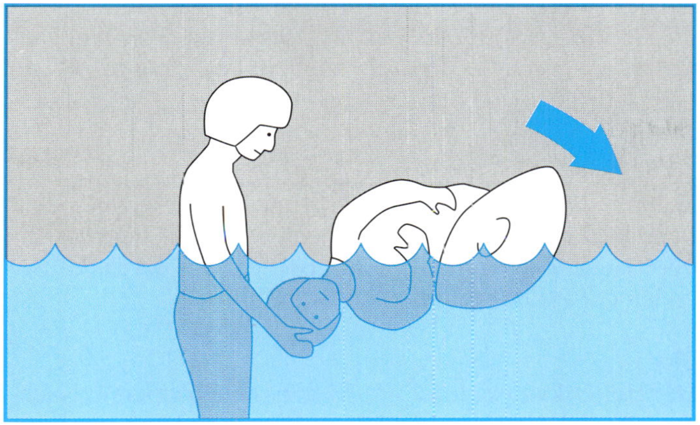

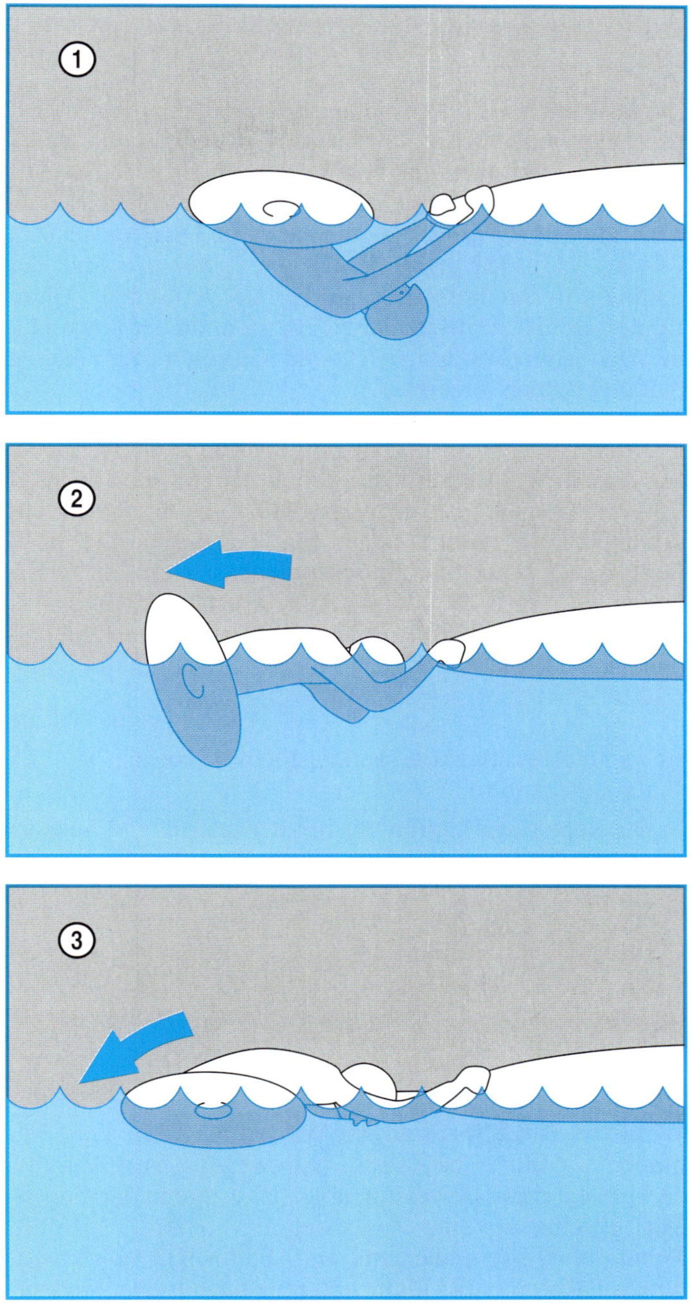

- Aufrichten mit dem Kopf in den Händen des Partners (Bild oben):
  Diese Übung bietet sich an, wenn Sie den Hüftschwung schon »locker« beherrschen. Der Partner stellt sich mit unter Wasser gefalteten Händen auf. Sie kentern und legen den Kopf in die Hände des Partners. Der Hüftschwung wird dynamisch ausgeführt. Wenn Sie es richtig machen, bleiben auch bei dieser Übung Kopf und Schulter so lange unter Wasser, bis das Boot fast schon seine Normallage erreicht hat.

- Kentern und Aufrichten am Kajak des Partners (Bildfolge rechts):
  Lassen Sie sich unter Wasser auspendeln, greifen Sie mit den Händen an Bug, Heck oder an die Seite des herangefahrenen Kajaks. Richten Sie sich mit einem Hüftschwung auf.

  Tip:
  Diese Übung stellt auch eine Rettungsmethode dar! Sie sollte daher unbedingt trainiert und gut beherrscht werden.

Die Paddelstützrolle

Am langen Ende

Da das Paddel bei dieser Variante der Rolle in den Händen durchgeschoben wird, um einen möglichst langen Hebel einsetzen zu können, hat sich im Jargon auch der Begriff »Lange Rolle« eingebürgert. Gelegentlich wird sie auch noch als »Bauernrolle« bezeichnet. Der Österreicher Edi Pawlata war 1927 der erste, der die Rettungstechnik der Eskimos in der Form anwendete und verbreitete. Diese Kenterrolle ist relativ leicht zu erlernen, da der lange Hebelarm recht zuverlässig wirkt und den einen oder anderen Anfängerfehler verzeiht.
Nachteil: Es dauert verhältnismäßig lange, bis das Paddel in die entsprechende Ausgangsposition gebracht ist. Insbesondere im Wildwasser kann sich dieser Umstand nachteilig auswirken. Der optimale Einsatzbereich für diese Technik liegt also eher im Wander- und Seekajaksport.
Der Übende wird durch das vergleichsweise schnelle Erlernen dieser Rolle in die Lage versetzt, seinen Kajak selbständig hochzudrehen. Dadurch verschafft er sich Unabhängigkeit und Sicherheit beim Erlernen des Kajakfahrens.

Bewegungsbeschreibung Paddelstützrolle rechts:

Ausgangsposition

In der Kenterlage greifen wir mit der Gegenhand links an das Blatt. Die Gegenhand drückt das Blatt flach gegen den Körper. Die Aktionshand greift rechts etwa in die Mitte des Paddelschafts. Das Aktionsblatt liegt jetzt parallel zur Wasseroberfläche. Um anfangs nicht zu verschneiden, bringen wir das ganze Paddel über Wasser. Da die Arme sich in dieser Lage über Kreuz befinden, sprechen wir auch von einer Kreuzhalte.

Aktionsphase

Wenn das Paddelblatt auf der Wasseroberfläche liegt, beginnen wir mit einer Zug-Stütz-Bewegung. Am Aktionsarm erfolgt diese Bewegung abwärts, während der Gegenarm gleichzeitig eine Zugbewegung aufwärts ausführt. Wenn der Wasserwiderstand am Aktionsblatt spürbar ist, wird die Rumpfentwindung unter gleichzeitigem Wegkanten des Bootes eingeleitet (Hüftschwung!). Damit beginnt die Drehung des Bootes um die Längsachse. Das Wegkanten wird durch kräftiges Anheben des aktionsseitigen Oberschenkels und den raschen Hüftschwung möglich.

Erreichen der Normallage

Während die begonnenen Maßnahmen fortgesetzt werden, befindet sich der Kopf immer noch nah unter der Wasseroberfläche. Die Normallage des Bootes wird durch das Beenden der Paddelstützrolle herbeigeführt.

Tip:
Der Helfer kann sich auf der Aktionsseite plazieren. Nachdem der Übende das Paddel auf dieser Seite an die Wasseroberfläche gebracht hat, schlägt er zunächst einmal mit dem Paddel auf das Wasser, um den Wasserwiderstand zu erspüren. Der Helfer greift dann das Paddelblatt. Er achtet darauf, daß der Übende das Paddel nicht nach unten verschneidet.

Ausgangslage von der Seite gesehen

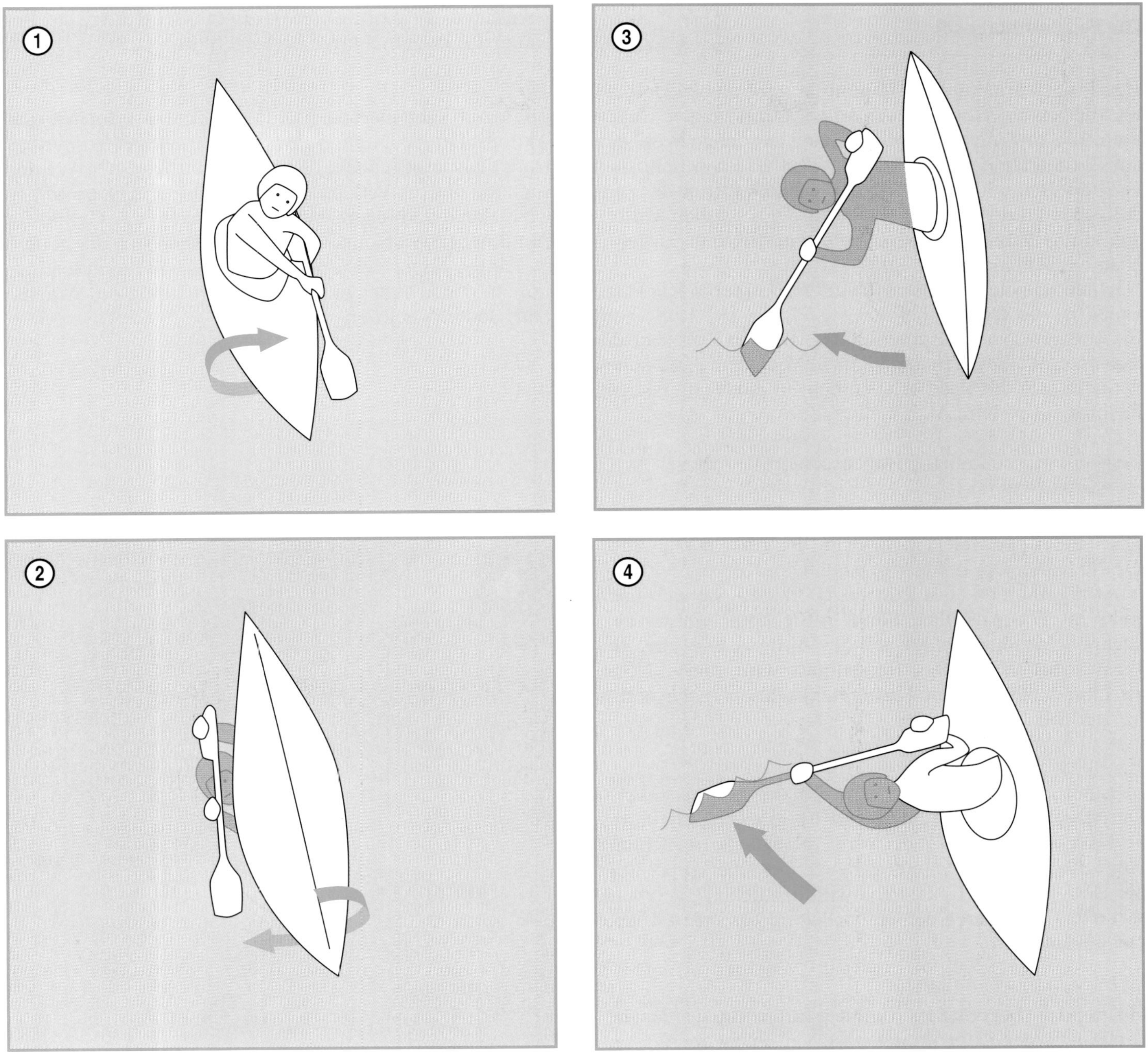
1
3
2
4

Die Bogenschlagrolle

Der Klassiker

Bei dieser Variante der Eskimorolle wird das Paddelblatt wie bei einem Bogenschlag vorwärts im weiten Bogen vom Bug in Richtung Heck geführt. Der lange Weg, den das Paddelblatt dabei zurücklegt, führt zu einem sehr starken und lange andauernden dynamischen Auftrieb des Paddelblattes an der Wasseroberfläche. Dies hat den Vorteil, daß kleine Fehler in der Bewegungsausführung ausgeglichen werden können.
Nachteil: Da diese Rolle mit dem Oberkörper in Rücklage endet, ist das Gesicht bei der Ausführung der Rolle vom Boot abgewandt und ungeschützt vor Hindernissen, die sich unter Wasser befinden können. Nach dem Auftauchen befindet sich der Paddler außerdem in einer ungünstigen Position für weitere Aktionen.

Bewegungsbeschreibung Bogenschlagrolle rechts:

Ausgangsposition

Lehnen Sie sich vor, Nase zum Oberdeck. Bringen Sie das Paddel parallel zum Boot in die Ausgangsposition für die Rolle. Der linke Arm ist nah am Körper, der rechte Arm gebunden (fast gestreckt). Lassen Sie sich nach links ins Wasser fallen. Pendeln Sie unter Wasser aus. Bringen Sie das Paddel auf der Aktionsseite über die Wasseroberfläche. Das Paddelblatt wird durch Überstreckung des rechten Handgelenks leicht nach rechts hin geöffnet.

Aktionsphase

In nahezu gestreckter Stellung leitet der Aktionsarm den Durchzug zum Bogenschlag vorwärts ein. Der Arbeitsweg verläuft bogenförmig an der Wasseroberfläche in Richtung Heck. Der Gegenarm bleibt gebeugt. Der Oberkörper folgt der Bewegung des Blattes und wird in Rücklage gebracht, wenn das Boot durch den Hüftschwung zur anderen Seite weggekantet wird.

Erreichen der Normallage

Während die begonnenen Aktionen fortgesetzt werden, befindet sich der Kopf immer noch nah unter der Wasseroberfläche. Die Normallage des Bootes wird durch das Beenden des Bogenschlages herbeigeführt.

Tip:
Zu Beginn kann die Bogenschlagrolle gut mit einem an das Aktionsblatt fixierten Schwimmbrett eingeübt werden. Durch das angebundene Schwimmbrett wird der Auftrieb verstärkt und ein Verkanten des Paddels beim Bogenschlag weitgehend verhindert. Um dem Übenden das Gefühl für den Bewegungsablauf zu vermitteln, kann sich der helfende Partner hinter den Übenden stellen und durch leichten Zug an der Schulter die Bewegungsrichtung des Arbeitsarms deutlich machen.

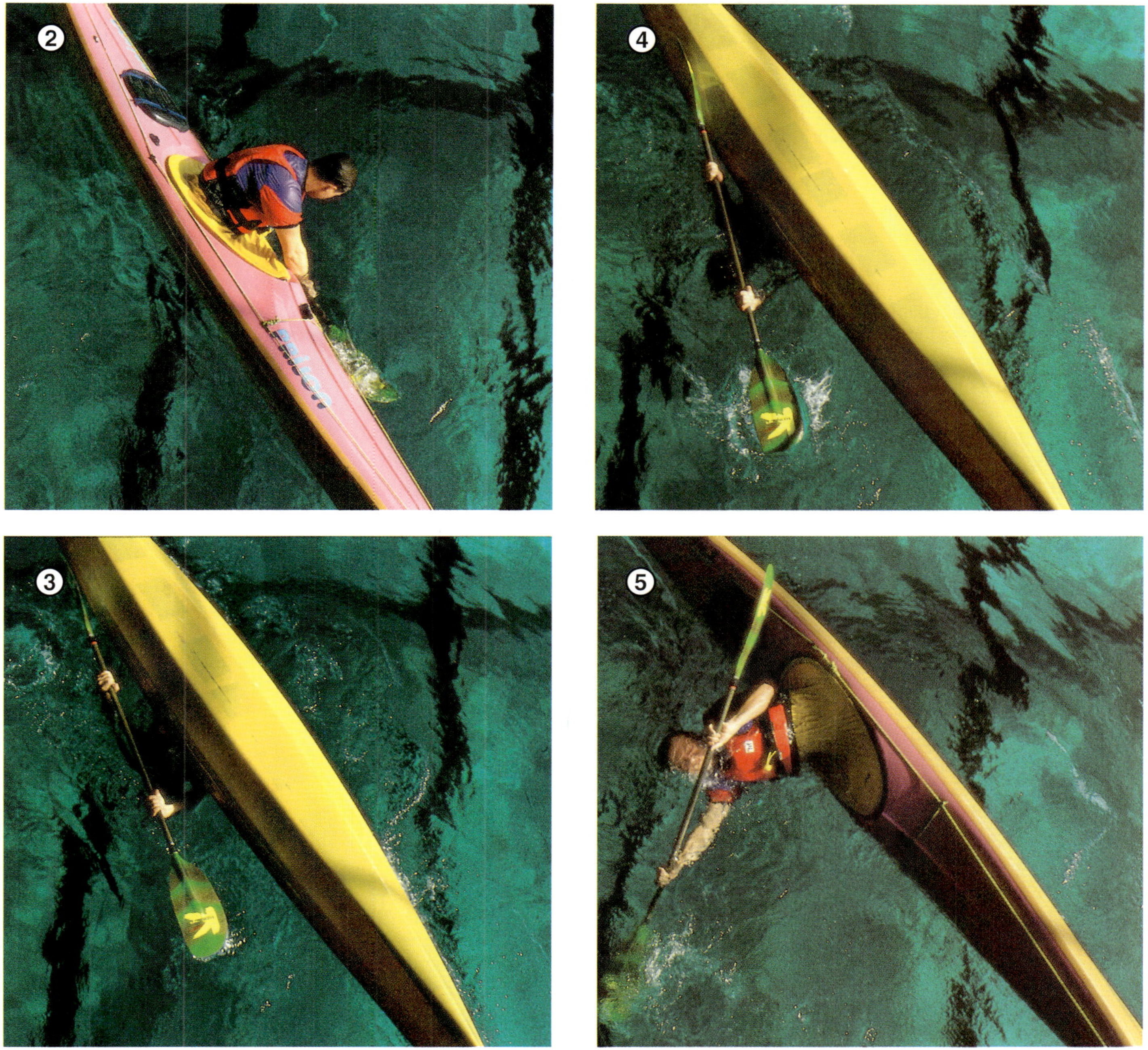
2
4
3
5

Die Paddelhangrolle

Schnell und sicher

Im schweren Wildwasser hat sich unter erfahrenen Kanuten die Paddelhangrolle durchgesetzt. Diese ermöglicht schnelles Eskimotieren in einer Körperhaltung, bei der das Gesicht dem Vorderschiff zugewandt ist. Das schützt vor Hindernissen im verblockten Wildwasser. Das Paddel dient bei dieser Technik dazu, sich an der Wasseroberfläche Halt zu verschaffen, um den Hüftschwung ansetzen zu können. Dieser muß effektiv durchgeführt werden, da der dynamische Auftrieb an der Wasseroberfläche durch den kurzen Aktionsweg des Paddels nur kurzzeitig vorhanden ist. Die Paddelhangrolle erfordert ein besonders hohes Maß an Koordinationsvermögen, da mit dem fast gestreckten Arm Zug und mit dem gebeugten Arm Druck ausgeübt wird. Dies läuft den alltäglichen Bewegungsmustern entgegen. Das führt zum typischen Fehlerbild beim Erlernen der Paddelhangrolle: »Versenken« des Aktionsblattes unter die Wasseroberfläche, weil der Aktionsarm gebeugt und der Gegenarm gestreckt wird.

Bewegungsbeschreibung Paddelhangrolle rechts:

Ausgangsposition

Das Paddel wird auf der linken Seite parallel zum Boot auf Höhe der Wasseroberfläche gehalten. Der Oberkörper ist stark vornübergebeugt, der linke Arm ist nah am Körper, der rechte Arm fast gestreckt.

Aktionsphase (Bildfolge rechts)

Nach links kentern und unter dem Boot durchkentern, bis das Paddel auf der Aktionsseite aus dem Wasser schaut. Das rechte Paddelblatt wird durch Überstreckung des rechten Handgelenks leicht nach rechts hin geöffnet. Es wird in einem Bogen an der Wasseroberfläche bis in einen 90°-Winkel gezogen. In dieser Stellung setzt der Hüftschwung ein und das Blatt wird nach unten gezogen. Dabei bleibt der rechte Arm in fast gestreckter Stellung, der linke übt in gebeugter Stellung Gegendruck aus.

Übungsreihe zum Erlernen der Paddelhangrolle:
Da die Bewegungsstruktur der Paddelhangrolle in bezug auf die Armhaltung mit der des Wriggens nahezu identisch ist, wird als Vorübung zunächst das Wriggen gelernt und geübt. Dieses wird zunächst ohne Boot erlernt. Wir knien im Wasser oder sitzen am Beckenrand. So können wir uns ganz auf die Paddelbewegung konzentrieren. Dann kann das Gelernte im Boot geübt werden. Der Partner stabilisiert anfangs das Boot und gibt Korrekturhilfen.

Bewegungsaufgaben

- Der Übende nimmt die Ausgangsstellung ein und kentert. Er bringt das Paddel auf der Aktionsseite parallel zum Boot über die Wasseroberfläche, legt das Paddel weg und rollt an der Hand des Partners mit schnellem Hüftschwung wieder auf.
- Als nächsten Schritt führt der Übende in Kenterlage das Paddel mehrmals von der Ausgangslage in einen 90°-Winkel zur Bootslängsachse und wieder zurück (»unter Wasser wriggen«), Paddel weglegen, Hüftschwung.
- Hat der Übende gelernt, das Paddel in die richtige Ausgangsposition für die Paddelhangrolle zu bringen, so versucht er, in dieser Stellung Zug nach unten auf das Blatt zu bringen. In diesem Moment zieht er das Boot durch Hüftschwung gewissermaßen unter den Körper. Dabei ist wichtig, daß der Gegenarm in gebeugter Stellung nah am Körper und der Aktionsarm in gebundener Stellung bleibt. Der Oberkörper wird hierbei von der Vorlage über die Neutrallage zurück in die Vorlage gebracht. Somit ist der Paddler weitgehend vor möglicher Berührung von Hindernissen geschützt. Nach dem Aufrollen ist er wieder in aktionsbereiter Ausgangsstellung.

Tip:
Wer die Rolle im Schwimmbad beherrscht, wird sie unter erschwerten Bedingungen anwenden und festigen: Rolle ohne Nasenklammer, unvorbereitetes Kentern und Rollen, Dauerrollen, Rollen aus der Fahrt, beidseitiges Rollen, Rollen gegen den Widerstand des Partners, Rollen ohne Paddel, Rollen nach Sprung vom Turm, Rollen mit vollgelaufenem Boot, Rollen mit aufsitzendem Partner. Der Phantasie sind keine Grenzen gesetzt. Die erste »Ernstfall-Rolle« ist dann noch einmal von besonderer Art…

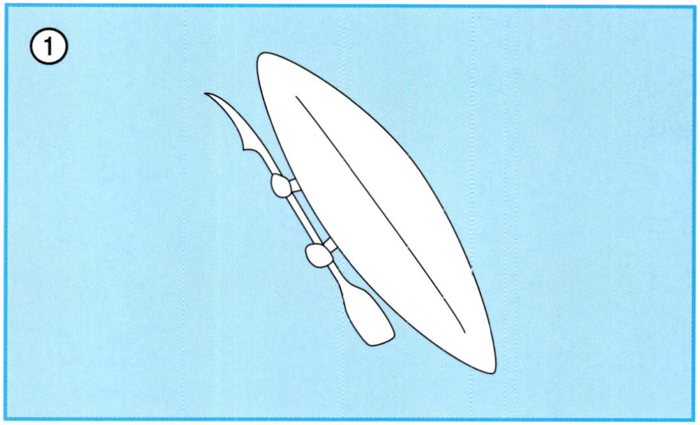

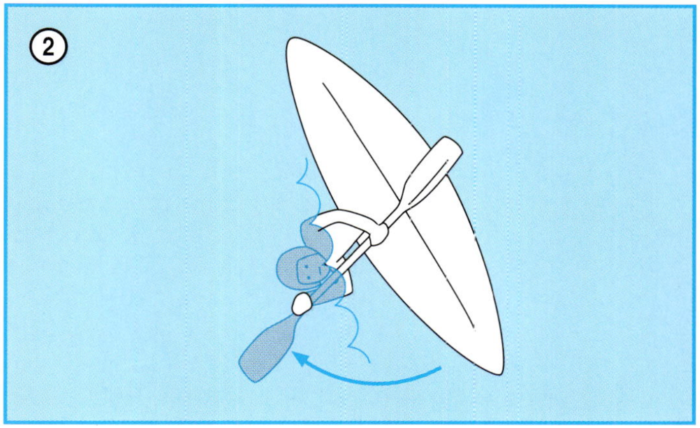

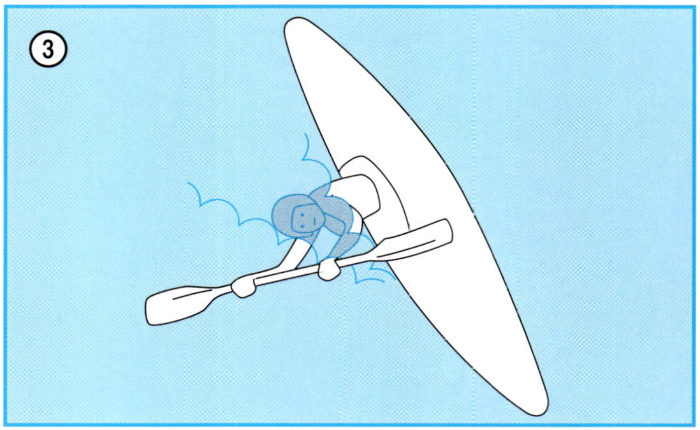

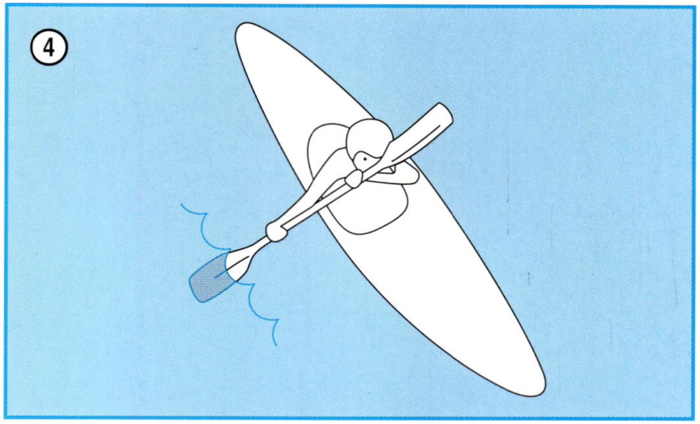

Die Profi-Rolle

Grundform in Variationen

Bei den oben beschriebenen Techniken der Bogenschlagrolle und der Paddelhangrolle handelt es sich um klar definierte Grundformen, die in der Praxis je nach individuellem Stil und äußeren Gegebenheiten (Strömungsformen) variiert werden. Kein »Wildwasser-Crack« hält sich dogmatisch an Lehrbuchweisheiten, sondern setzt nach einer Kenterung den Hüftschwung schnellstmöglich an. Dies ist der Fall, wenn er eine geeignete Ausgangsposition gefunden hat und Auftrieb am Paddel verspürt. Ein Beispiel hierfür ist die Rolle von hinten nach vorne, wenn das Paddel nach dem Kentern »falschherum« liegt. So wird die unkontrollierbare und verletzungsträchtige Phase unter Wasser kurz gehalten.

Bewegungsbeschreibung Profi-Rolle rechts:

Ausgangsposition

Lehnen Sie sich nach hinten, bringen Sie das Paddel parallel zum Boot in die Ausgangsposition für die Rolle. Der linke Arm ist nah am Körper, der rechte Arm fast gestreckt. Lassen Sie sich nach links ins Wasser fallen. Pendeln Sie unter Wasser aus. Bringen Sie das Paddel auf der Aktionsseite über oder zumindest möglichst nah an die Wasseroberfläche.

Aktionsphase

In nahezu gestreckter Stellung leitet der Aktionsarm den Durchzug zum Bogenschlag vorwärts ein. Der Arbeitsweg verläuft bogenförmig an der Wasseroberfläche in Richtung Heck. Der Gegenarm bleibtgebeugt. Der Oberkörper folgt der Bewegung des Blattes und wird in Rücklage gebracht, wenn das Boot durch den Hüftschwung zur anderen Seite weggekantet wird.

Erreichen der Normallage

Während die begonnenen Aktionen fortgesetzt werden, befindet sich der Kopf immer noch nah unter der Wasseroberfläche. Die Normallage des Bootes wird durch das Beenden des Bogenschlages herbeigeführt.

Die Handrolle

Drehung ohne Paddel

Wer bei der Kenterung sein Paddel verliert oder sich ohne Paddel zum Spielen in die Walze gewagt hat, verfügt noch über eine letzte Chance, sich auch ohne Paddel aufzurichten. Statt eines Paddelschlages an der Wasseroberfläche werden die Hände durchs Wasser gezogen. Die Handrolle verlangt einen perfekten Hüftschwung, da die Auftriebskräfte äußerst gering sind. Nur der Verdrängungsauftrieb der durchs Wasser ziehenden Handflächen und die geringen Hebelkräfte müssen für das Aufdrehen ausreichen. Der Oberkörper wird dabei meist in extreme Vor- oder Rücklage gebracht, um den Schwerpunkt möglichst tief zu halten. Natürlich verlangt gerade diese Art des Rollens viel Übung.

Bewegungsbeschreibung Handrolle rechts:

Ausgangsposition

Der Oberkörper liegt stark vorgebeugt auf dem Oberdeck. Die Hände tauchen links ins Wasser. Man kentert nach links.

Aktionsphase

Wir bringen die Hände auf der rechten Seite an die Wasseroberfläche. Das Durchziehen der Hände und der Hüftschwung müssen gleichzeitig erfolgen. Der Oberkörper kann beim Auftauchen nach vorne oder hinten aufs Boot bewegt werden.

Erreichen der Normallage

Wir versuchen bis zuletzt, mit den Handflächen im Wasser einen Verdrängungsauftrieb zu erhalten.

Tip:
Am Anfang wird die Handrolle durch den Gebrauch eines kleinen Schwimmbretts, Tischtennisschlägers oder Frühstückbretts erleichtert. Die Hände fassen das Brett; nach Erreichen der Kenterlage wird das Brett durch das Wasser gezogen. Der dynamische Auftrieb wird verbessert.

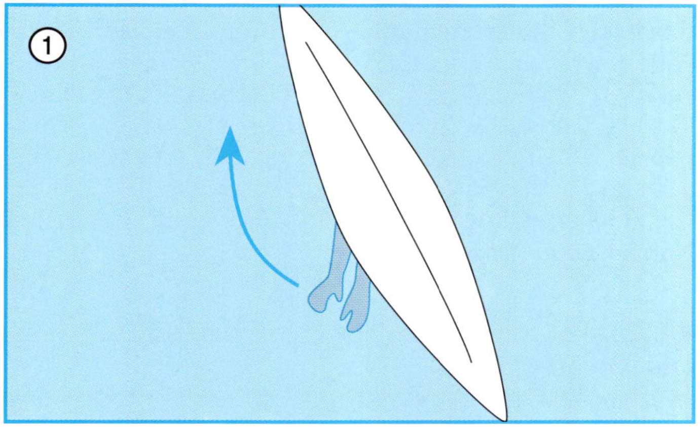

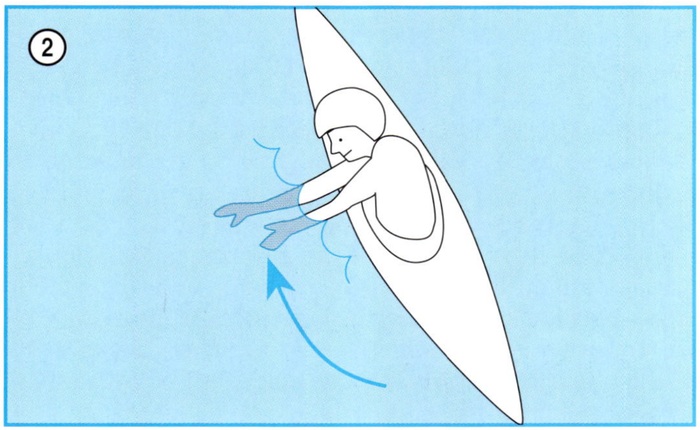

Zahmwasser

Kajakfahren auf Zahmwasser

Ernstzunehmende Hindernisse

Unter Zahmwasser verstehen wir stehende Gewässer wie Teiche und Seen, aber auch kleinere und größere fließende Gewässer mit einer Strömungsgeschwindigkeit von bis zu 5 km/h. Während stehende und langsam fließende Gewässer die idealen Lernorte für die Anfängerschulung sind, können schneller fließende Gewässer hohe Anforderungen an Kajakfahrer stellen. Buhnen und Molen mit ihren Kehrwassern, Uferbefestigungen und Brückenpfeiler stellen ernstzunehmende Hindernisse dar. Hinzu kommen möglicherweise starker Wind, hoher Wellengang oder Schiffsverkehr als erschwerende Faktoren. Unter diesen Bedingungen wird man keinen Anfänger mit gutem Gewissen ins Boot setzen können. Hier ist bereits ein gerüttelt Maß an Kenntnissen und Fertigkeiten im Umgang mit Kajak und Doppelpaddel erforderlich.

Paddeln planen

Flußführer und Karten

Auf dem Rücken eines breiten Stromes dahintreiben, einen lauschigen Kleinfluß befahren, Binsenbummeln auf abgelegenen Seen – Gefühle und Vorstellungen von Fernweh, Abenteuer- und Reiselust werden wach. Doch wann immer wir uns der Natur anvertrauen: Jederzeit sollten wir mit unvorhergesehenen, vielleicht sogar gefährlichen Situationen rechnen. Nun ist es für meine Begriffe eine Mentalitäts-, aber auch eine Erfahrungsfrage, inwieweit man sich auf mehr oder weniger ungeplante Situationen einläßt. Ein gewisses Maß an Planung wird aber wohl jeder Paddeltour vorausgehen. Hierzu stehen insbesondere Flußführer, Karten und spezielle Gewässerkarten in reicher Auswahl zur Verfügung. (Rechts: Musterseite aus dem DKV-Kanuführer Deutschland.)

Diese geben Hinweise auf

- unübersichtliche und schwierige Flußstrecken,
- befahrbare und unbefahrbare Wehre,
- Kraftwerke und Stauanlagen,
- militärische Anlagen und Sperrzonen,
- ökologisch bedingte Befahrensregelungen,
- Verkehrsverbindungen, Zeltplätze und Einkaufsmöglichkeiten.

1.5.11.7.1 **Els (Elsbach)**
Rhön

Kleinfluß (Wiesenfluß)
Mündung in Streu (r Nebenfluß)

Die Els ist ein Kleinfluß Unterfrankens, der abgesehen von zahlreichen Kurven, ohne besondere Schwierigkeiten durch ein reizvolles Tal der Südabdachung der Rhön mit Wiesen und Wäldern fließt.
Befahrbarkeit: Frühjahr und nach Regenfällen.
Pegel: Geckenau, Minimum 150cm. Auskunft durch Schreinerei Seufet, Geckenau, ☎ (0 97 73) 5 16.
Wasser: sauber, jedoch „Plastikschmuck" in den Uferbüschen.
Pkw: die Straße verläuft neben dem Fluß.

28	Ursprung am Fuß des Heidelsteins (Hohe Rhön) in etwa 900m Höhe.
16	Unterelsbach, I ↓ eines Baches, Beginn der Befahrbarkeit. Einsetzstelle beim Sägewerk Maisch.
14,5	▬, ≋.
14	▬, ≋. Es folgen ein Beton-Ⅱ mit Rutsche, ≋ und 2 Stufen, ≋.
10	Simonshof, ▬ kurz vor dem Ort, ≋ und Beton-▬, nach Besichtigung ≋.
	Stufe ≋, nach 500m Flußgabelung, r Arm fahren. Es folgen bis Bastheim 2 Stufen, ≋.
7,5	Ⅱ, Bastheim, ▬, X, I⌓. ▬, ganz r ≋.
5,5	Ⅱ, Pegel,Geckenau.
3,5	Wächterswinkel, Ⅱ. Danach Durchlaß, r ≋. ▬, ≋.
0,5	Unsleben, verfallenes ▬, ≋. EB-Ⅱ, Kurve davor evtl. durch Treibholz versperrt. Straßen-Ⅱ.
0	↓ in Streu.
	Es wird empfohlen, noch etwa 5 km bis Heustreu weiterzufahren. Hier ▲-Möglichkeit und gute Stelle zur Beendigung der Fahrt.

Unterlagen: Deutsche Generalkarte Nr. 13, Falz G-H.

Beachten Sie aber immer: Gewässer sind lebendig und ändern sich im Laufe der Zeit. Insofern sind Flußführer und Karten immer nur über einen begrenzten Zeitraum aktuell. Sie sollten daher generell nicht wortwörtlich genau befolgt werden. Plötzliche Veränderungen durch Straßenbau, Einbauten, Hochwasser, Unterspülungen, querliegende oder treibende Baumstämme, niedrige Brücken und Stege werden schnell zur Gefahr. Sich als Anfänger möglichst erfahrenen Paddlern anzuschließen, hat noch niemandem geschadet.

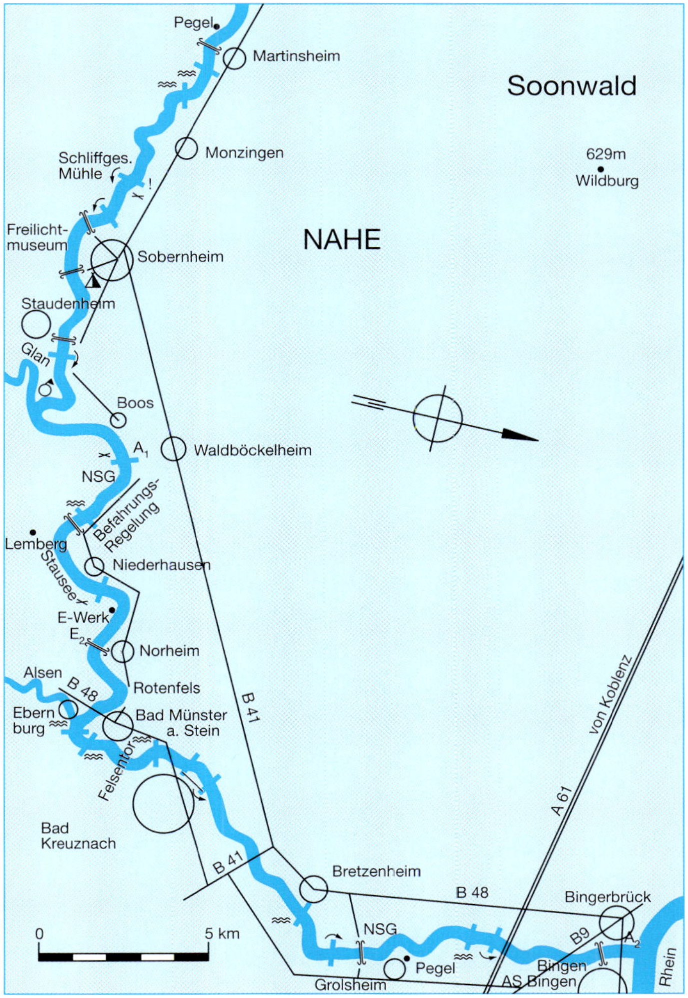

In Verbindung mit Flußführern bieten topographische Karten im Maßstab 1:200 000 genügend Informationen zur präzisen Planung von Wanderfahrten. Noch genauer sind natürlich Karten im Maßstab 1:100 000. Sie erlauben eine detaillierte Beurteilung der Umgebung des Flusses. Mit diesen Karten kann man beispielsweise schon eine kleine Wanderung planen, wenn die Beine nach stundenlangem Paddeln auf ein wenig Belastung harren. (Links: Musterseite aus einem Flußführer des BLV-Verlages, München.)

Wassersport-Wanderkarten gibt es in sehr unterschiedlichen Maßstäben zu kaufen. Gute Karten zeichnen sich durch eine übersichtliche Grafik und genaue Detailinformationen aus. Hier werden Hinweise gegeben über die Befahrbarkeit verschiedener Gewässer, aber auch über ihren Verschmutzungsgrad. Unbefahrbare Teilstrecken und Wehranlagen werden besonders ausgewiesen. Entfernungsangaben und der Hinweis auf Pegelanlagen gehören ebenso zum Standard. Ferner sind Angaben zu Übernachtungsmöglichkeiten, die Kanuvereine anbieten, Anhaltspunkt für die Fahrtenplanung. Die Kanuvereine sind allerdings nicht generell verpflichtet, Gäste aufzunehmen. Wer auf Nummer Sicher gehen will, meldet sich vorher an.

Treideln, Tragen, Rollen

Stromauf, stromab

Bei Fahrten auf kleineren, manchmal aber auch auf größeren Flüssen läßt sich es sich nicht umgehen, daß wir auf manchen Strecken das Boot treideln oder ganz ausheben müssen. Bei gutem Wetter ist das kein Problem und vielleicht sogar eine willkommene Abwechslung. Wenn es hingegen regnet, steigen wir nur ungern aus unserem trockenen und warmen Kajak aus. Getreidelt wird bei niedrigem Wasserstand, an schwierigen Teilstrecken oder bei starkem Gegenstrom.

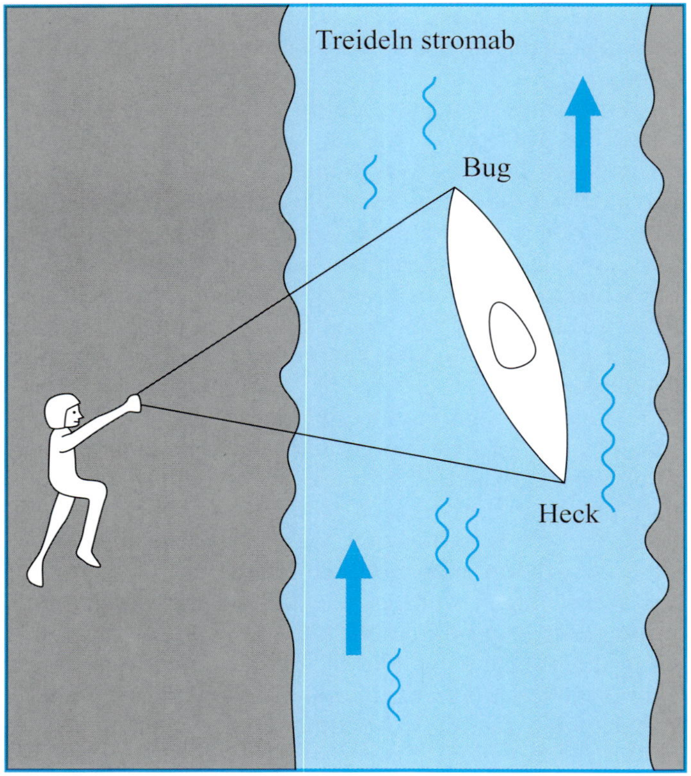

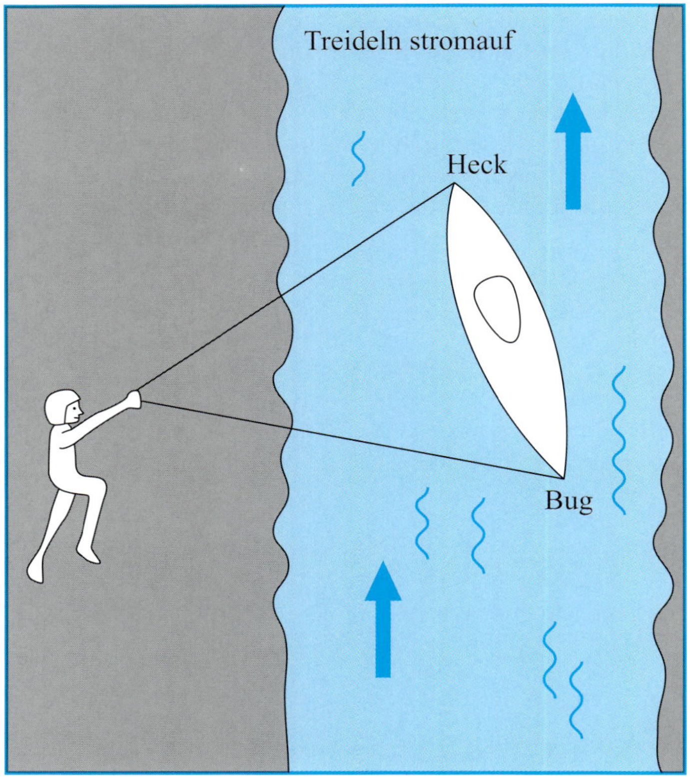

Solange wir das Boot im flachen Wasser hinter uns herziehen können, ist Treideln kein Problem. Zum Treideln vom Ufer aus benötigen wir allerdings ein etwa 30 Meter langes dünnes, wasserabweisendes Seil. Die Enden werden an Bug und Heck festgeknotet. Dabei steuert stromab bei langsam fließendem Wasser die Heckleine die Geschwindigkeit des Kajaks, während mit der Bugleine der Abstand zum Ufer ausgesteuert wird. Fließt das Wasser schneller als wir treideln, wird genau umgekehrt verfahren.
Beim Treideln stromauf zeigt das Heck zum Ufer, während der Bug im mehr oder weniger spitzen Winkel vom Ufer wegzeigt.
An unbefahrbaren Wehren und anderen künstlichen Hindernissen müssen wir unseren Kajak gelegentlich tragen. Den unbeladenen Kajak hängt man sich dabei mit der Sitzluke auf die Schulter, ist er aber schwer mit Fahrtengepäck beladen, trägt man ihn zu zweit. Praktischer ist allerdings ein spezieller Bootswagen, der zusammenklappbar ist und mühelos im oder auf dem Boot verstaut werden kann. Solange wir auf Straßen oder Wegen unterwegs sind, erweisen uns Bootswagen gute Dienste. In pfadloser Wildnis sind sie allerdings unnützer Ballast.

Schleusen, Boots- und Floßgassen

Gelegentlich befahrbar

In unseren Tagen dient der überwiegende Teil unserer Gewässer in erster Linie wasserwirtschaftlichen Zwecken. In

Wehranlagen wird das Wasser aufgestaut, um das Gefälle zu vermindern, zur Energiegewinnung, zur Anhebung des Grundwasserspiegels. In Verbindung mit Schleusen erfüllen Wehranlagen auf großen Flüssen außerdem den Zweck, den Verkehr der Berufsschiffahrt reibungslos ablaufen zu lassen. Das natürliche Gefälle wird so überwunden und eine Mindestwassertiefe wird gewährleistet.
Wo solche Schleusen zur Mitbenutzung durch die Sportschiffahrt ausgelegt sind, wird der Wanderfahrer gegen eine geringe Gebühr oder manchmal auch gratis mitgeschleust. Dabei ist es ratsam, sich so weit wie möglich hinter den Schiffen und ihren Schrauben zu halten. Oft weisen die Schleusenwärter aber einen entsprechenden Liegeplatz zu. Bei kleineren Anlagen kann es vorkommen, daß wir die Schleusentore selbst bedienen müssen. Manchmal sind auch Bootswagen auf Schienen oder bequeme Wege zum Umtragen angelegt worden.
Gelegentlich wurden solche Wehranlagen mit Bootsgassen versehen, um Paddlern und Ruderern das beschwerliche Umtragen zu ersparen. Mit dem über eine Schräge fließenden Wasser schießt das Boot ins Unterwasser. Das sieht gefährlich aus, das Befahren dieser Bootsgassen ist aber absolut gefahrlos.
Auf Gebirgsflüssen ist ein Teil der Wehranlagen mit Durchlässen versehen, die zum Flößen eingerichtet wurden. Diese Floßgassen sind oft befahrbar, es sei denn, daß tatsächlich gerade geflößt wird. Die Befahrbarkeit hängt aber auch vom jeweiligen Wasserstand und vom Können des Fahrers ab.

Auf großen Flüssen und Seen

Vorfahrt für die Berufsschiffahrt

Solange wir auf kleinen Bächen und Seen unterwegs sind, werden uns kaum andere Wasserfahrzeuge in die Quere kommen. Anders verhält es sich auf großen Strömen, Flüssen, Kanälen oder Binnenseen mit Schiffsverkehr. Hier müssen wir uns nach der Binnenschiffahrtsstraßenordnung richten. Grundregel: Die Berufsschiffahrt genießt Vorrang vor der Sportschiffahrt.
Lassen es die Verhältnisse zu, halten wir uns möglichst außerhalb der Fahrrinne der Berufsschiffahrt. Obwohl es für Könner besonders reizvoll ist: »Wellenfahren« oder »Sogfahren« kann gefährlich werden. Die Wasserschutzpolizei reagiert auf diese Dinge ausgesprochen sauer und scheut sich auch nicht, saftige Bußgelder zu verhängen. In der Tat gibt es makabere Beispiele von gekenterten Paddlern oder Schwimmern, die in die Schiffsschraube gerieten. Die Sogwirkung, insbesondere bei großen Schubschiffen, ist enorm.
Müssen wir die Fahrrinne ausnahmsweise einmal queren, paddeln wir auf der kürzesten Strecke zur anderen Seite. Große talfahrende Schiffe nähern sich manchmal schneller als uns lieb ist. Wer in der Fahrrinne unterwegs ist, muß daran denken, daß Paddelboote unter bestimmten Verhältnissen nur schwer oder gar nicht vom Kapitän auszumachen sind. Bei großen Schiffen kann der tote Winkel bis zu 400 Meter betragen.
Ankerketten und Trossen bergen für Paddler ein Risikopotential. Schneller als man glaubt erwischt einen eine schwingende Trosse und sorgt für eine überraschende Kenterung mit den damit verbundenen Risiken und beschwerlichen Bergeaktionen. Ähnliches gilt bei der Begegnung mit Schleppzügen. Es ist riskant und streng verboten, zwischen zwei Schleppeinheiten hindurchzupaddeln. An der Spitze eines Schleppverbandes führt das erste Schiff einen gelben Zylinder, der oben und unten mit je einem schwarzen und weißen Streifen eingefaßt ist. Das letzte Fahrzeug eines Schleppverbandes führt einen gelben Ball. Beide Zeichen werden so angebracht, daß sie von allen Seiten gut sichtbar sind. Für ein Stück Wildwasser sorgen in Ufernähe Buhnen und Kribben. Je nach Strömung entsteht hier ein mehr oder weniger ausgeprägtes Kehrwasser mit den damit verbundenen Wirbeln (siehe auch im Kapitel Wildwasser: Ein- und Ausschlingen im Kehrwasser). Kräftige Kehrwasser finden wir bei entsprechender Strömung auch an Brückenpfeilern. Steilufer und Kaianlagen sind fast eine Garantie für starken Wellengang. Die von der Schiffahrt verursachten Wellen werden reflektiert und schaukeln sich auf. Dann kann es schnell einmal so unübersichtlich werden, daß auch die Paddelstütze nicht mehr viel Halt bietet.

Die wichtigsten Schiffahrtszeichen auf Binnenschiffahrtsstraßen

	Verbot der Durchfahrt
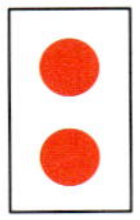 oder  oder 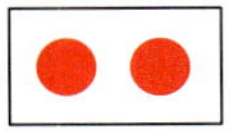	
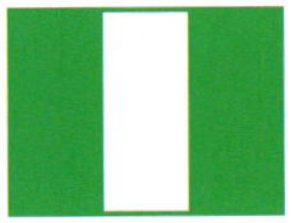	Erlaubnis zur Durchfahrt
 oder  oder 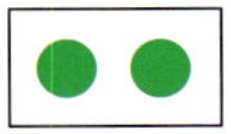	
	Gesperrte Wasserfläche frei für Kleinfahrzeuge ohne eigenen Antrieb
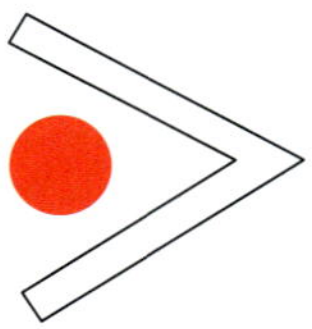	Verbot in Häfen oder Nebenwasserstraßen einzufahren
	Begrenzte Fahrwassertiefe

	Festmacheverbot
	Geschwindigkeitsbegrenzung
	Vorsicht
 oder 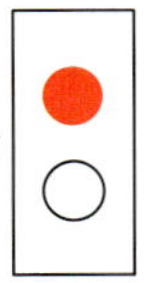	Wellenschlag vermeiden
	Nicht frei fahrende Fähre
	Angezeigte Richtung einschlagen

	Empfehlung in Richtung des Pfeils zu fahren
	Abstand vom Ufer halten
	Erlaubnis zum Ankern
	Ankerverbot
	Ende der Verbotsstrecke

	Liegeerlaubnis
	Liegeverbot
	Brückendurchfahrt mit Gegenverkehr
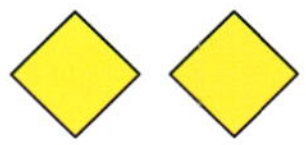 oder 	Brückendurchfahrt ohne Gegenverkehr
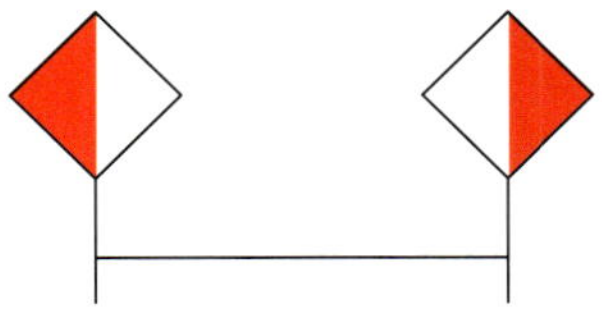	Verbot außerhalb der Begrenzung zu fahren
	Wasserskistrecke

Brücken, Bagger und Fähren

Querverbindungen

Für uns Paddler sind Brücken nicht nur Verbindungen von einem Ufer zum anderen. Oft stellen sie auch Start- oder Zielpunkt einer Kanutour dar. Viele, besonders ältere Brücken, sind architektonische Schönheiten. Ich denke dabei an die romantischen, holzüberdachten Brücken in den Alpen oder auch an die urigen gemauerten Brücken auf Korsika, manchmal schon einige hundert Jahre alt. In der Nähe von Brücken findet man in aller Regel geeignete Ein- oder Ausbootplätze. Brückenpfeiler allerdings können sehr unangenehm werden. Nämlich immer dann, wenn sie mitten im Stromzug liegen. Dann heißt es: frühzeitig den Kurs einrichten und Abstand halten. An den Brückenpfeilern bildet sich oft ein Sog, der scheinbar eine geradezu magnetische Anziehungskraft aufweist. Wenn Brückenpfeiler eng beieinanderstehen, bilden sich hinter den Durchfahrten oft Stromzungen mit ausgeprägten Kehrwassern, Wellen und Strudeln. Das ist manchmal wie ein kleines Stück Wildwasser. Daher: Spritzdecke früh genug schließen, den Kajak auf Kurs bringen und zügig zwischen den Pfeilern durchfahren. Schnelligkeit bedeutet an solchen Stellen Sicherheit.
Über Kleinflüsse führen hin und wieder Stege, die nur einige Zentimeter über dem Wasserspiegel liegen. Wenn es gerade noch geht: nach vorne oder hinten beugen und den Kopf einziehen. Manche sind auch schon ganz ins Boot gekrochen. Ist der Steg zu flach, steigen wir aus, lassen das Boot unter dem Steg hindurchschwimmen und fangen es anschließend mit dem Paddel auf.
Um Kiesbagger machen wir immer einen weiten Bogen. Schon von weitem hören wir ihren metallenen, kreischenden Lärm. Aber nicht die den Lärm verursachenden Schaufeln und Eimer werden uns gefährlich, sondern die Seile, an denen diese Bagger vertäut liegen. Sie reichen oft sehr weit in den Fluß hinein. Meistens sind rote Bojen zur Markierung ausgelegt. Auf einer Seite des Baggers hängt ein rot-weißes Zeichen, Tafel, Ball oder Flagge: Diese Seite ist für uns gesperrt. Die empfohlene Seite zum Passieren wird meist durch grün-weiße Zeichen angezeigt. Das kann eine Fahne, Tafel oder auch ein Kegel sein.

Eigentlich müssen Seilfähren warten, bis der übrige gewerbliche Verkehr auf dem Fluß oder See eine Überfahrt zuläßt. Manchmal tun sie es aber nicht. Wir sind dann am kürzeren Hebel. Wenn eine Seilfähre in Fahrt ist, lassen wir sie also vorbei und halten genügend Abstand, um nicht mit dem evtl. unter Wasser liegenden Schleppseil zu kollidieren. Gelegentlich geben die Fährleute von Motorfähren auch dem kleinen Kajak das Wegerecht. Sie müssen aber nicht. Es sind Schiffe, die uns gegenüber auf jeden Fall Vorfahrt genießen. Wir müssen also versuchen zu erahnen, wann sie ablegen und welchen Kurs sie nehmen. Das ist manchmal gar nicht so einfach. Also gilt auch hier: viel Abstand halten.

In der Natur unterwegs

Im Auwald und am Wiesenbach

Die Uferbereiche unserer Flüsse, Bäche und Seen gehören zu den nährstoffreichen Standorten von Blumen, Sträuchern, Farnen und Bäumen. Gleichzeitig gehören sie zu einem sensiblen Bereich, den es ebenso sensibel im Kajak zu erfahren gilt. Diese Bereiche eignen sich nicht für Massenveranstaltungen und Ausflugsverkehr. Die von Niederschlägen unabhängige, ständig hohe Bodenfeuchtigkeit zusammen mit eingeschwemmten organischen und anorganischen Nährstoffen bringen eine wuchernde Vegetation mit sich. Auwälder allerdings brauchen zu ihrer vollen Entfaltung die natürlichen, jährlichen Überschwemmungen, die immer wieder neue Nährstoffe ablagern.
Bedauerlicherweise sind nach den unbarmherzigen Begradigungen von Gewässern durch ganze Generationen von Wasserbauingenieuren natürliche Verhältnisse nur noch an ganz wenigen Stellen unserer Flüsse und Seen zu finden. Die meisten Auwälder wurden durch Dämme von den Überflutungen abgeschnitten. Häufig sorgen Abflußgräben auch noch zusätzlich dafür, daß kein Druck- oder Sickerwasser den Auwald mehr speisen kann. Die artenreichste Waldform wird (bis auf wenige Ausnahmen) überall ausgehungert, ausgetrocknet und durch Monokulturen ersetzt.

Heute weiß man auch bei den Wasserbauingenieuren, daß es schon aus Gründen der optimalen Wasserführung viel plausibler ist, größere Überschwemmungszonen in die Hochwasserbereiche mit einzubeziehen, statt den Fluß zu zwingen, das sommerliche Niedrigwasser und das höchste Hochwasser im gleichen Querschnitt zu bewältigen. Von ökologischen Zusammenhängen weiß man allerdings auch heute noch nicht allzuviel.

Aber es gibt sie noch, die letzten »Urwälder« in Deutschland. Wir sind mit dem Boot auf dem Taubergießen am Oberrhein bei Rust unterwegs. Die Flora dieses Auwalds vermittelt noch einen schwachen Abglanz von dem, was einmal war und was heute bei entsprechender Renaturierung an vielen Orten sein könnte. Ehemals benutzte der Rhein die gesamte oberrheinische Tiefebene als Flußbett, schwemmte den Kies von den Alpen herab und den Löß an die Gebirgsränder. Mit zahllosen Armen, Tausende von Inseln umfließend, zog der Rhein nach Norden. 1977 wurden 1600 Hektar dieses ursprünglichen Geländes unter Naturschutz gestellt. Mit dem Kajak lassen sich große Teile dieses geheimnisvollen Gebiets vortrefflich erkunden.
Das frühe Frühjahr, die Zeit vor dem Laubaustrieb, ist die bunteste Zeit am Auwaldboden und am Wiesenbach. Jetzt gelangt noch genügend Sonnenlicht bis zur Krautschicht. Später wird alles im Schatten einer enormen Blätterfülle versinken. Am Ufer finden wir im April vor allem Blüten, die in den verschiedensten Gelbtönen strahlen: die hellen Tuffs des Milzkrauts, die glänzenden Sterne des Scharbockskrauts, kräftige Windröschen, unverwechselbar die Schlüsselblumen und die üppigen Sumpfdotterblumen. Lautlos gleiten wir mit unserem Boot an dieser Blütenpracht vorbei. Ein Graureiher fliegt auf.

Die Blüten im Auwald sind zum Teil die gleichen wie die am Bach. Es gibt aber dennoch einige Arten, die charakteristisch für den noch geschützteren Biotop des Waldes sind. Hier ist nicht nur die Feuchtigkeit der stehenden Luft viel höher, hier sind auch die Bodenverhältnisse durch Ablagerungen nach Überschwemmungen noch ergiebiger. Der Waldboden ist oft auf großen Flächen von nur einer einzigen Art besiedelt. In manchen Teilen des Auwaldes bedecken ganze Teppiche von Märzenbechern den Boden. Manchmal sind sie durchsetzt von Schneeglöckchen und Blausternen.
Aber auch die Fauna fühlt sich in diesem letzten Paradies wohl. Hier treffen wir nicht nur so seltene Brutvögel wie den schillernden Eisvogel, die Reiher- und Schnatterente, Haubentaucher und Drosselrohrsänger, sondern auch eine Vielzahl von rastenden Zugvögeln und Wintergästen wie Kormorane und Graugänse. Sie bringen eine seltene Vielfalt in dieses urweltliche Gebiet. Im Kapitel »Natur und Recht« werden wir mehr über die Problematik von Gewässerausbau und -sperrungen erfahren.

Wildwasser

Am Wildbach

Die Kunst des Wasserlesens

Wildwasserfahrer unter sich: ewig lange Gespräche über Flüsse, Schluchten, Wasserstände. Für uns ist der Fluß und seine Umgebung naturgemäß Dreh- und Angelpunkt unserer Vorstellungen, Überlegungen und Wünsche. Wer den Flußlauf und die Strömungsformen deuten, das Wasser »lesen« kann, behält den Überblick. Deshalb möchte ich an dieser Stelle auf unterschiedliche Flußformationen und die damit verbundenen Strömungsformen eingehen. Das Wasserlesen ist eine Fertigkeit, die vielleicht wichtiger ist als das perfekte Beherrschen der Paddelschlagtechniken und die versierte Handhabung aller zur Verfügung stehenden Rettungsgeräte. Optimales Wasserlesen minimiert das Risiko und beugt Wildwasserunfällen vor.

Flußformationen

Wellen, Walzen, Wasserfälle

Oft stehen wir am Wasser, fahren im Auto an einem Bach entlang und unterhalten uns über dessen Befahrbarkeit. Wo liegen Felsen in der Strömung? Wie ist diese Walze zu überwinden? Erreiche ich das Kehrwasser noch vor dem Katarakt? Fragen über Fragen. Das Erscheinungsbild eines Flusses ergibt sich aus einer Reihe von geologischen Einflüssen. Ebenso spielen klimatische Einflüsse wie mäßiger oder starker Niederschlag eine Rolle. Bauliche Maßnahmen verändern Fluß- und Tallandschaften enorm. Die extensive Nutzung der Gewässer für die Energiewirtschaft hat unabsehbare Folgen. Ich weiß nicht, wie viele Flußleichen – insbesondere im Alpenraum – schon zu beklagen sind. Leider ist noch kein Ende dieser Entwicklung in Sicht. Aber es bilden sich immer häufiger Initiativen, die sich gegen die wirtschaftliche Nutzung bisher naturbelassener Landschaften engagieren. Erfolgreich war zum Beispiel die Kampagne »Rettet die Brandenberger Ache«. Hier konnten sich Wildwasserfahrer und die einheimische Bevölkerung solidarisch und erfolgreich gegen die Verbauung des wohl schönsten Wildflusses in Tirol wehren.
Aber kommen wir wieder auf unser Hauptanliegen zurück. Das Verständnis für die Entstehung von Wildwasser erscheint mir ebenso wichtig wie die richtige Paddeltechnik. Es ist von Bedeutsamkeit, eine Stelle vom Ufer aus auf ihre Befahrbarkeit prüfen zu können. Wildwasser muß man aber auch vom Boot aus bewerten können. Und zwar soweit, daß man das Boot im Notfall rechtzeitig an das rettende Ufer fahren kann. Ohne Plan den Bach hinunterfahren ist für meine Begriffe so, als ob ich mich in einer verschlossenen Tonne die Niagara-Fälle hinabstürzen würde.

Auf wilden Wassern

Wuchtig, technisch, eiskalt

Wildwasser lassen sich aus der Sicht des Paddlers grundsätzlich in drei Gruppen aufteilen. Wir kennen breite und tiefe Flüsse, die große Wassermassen transportieren. Diese Flüsse sind von enormer Kraft. Gelegentlich werden sie auch unter der Kategorie »Wuchtwasser« eingeordnet. Das Flußbett ist offen. Sie sind meist ganzjährig zu befahren. Der Inn im Bereich der Imster Schlucht ist so ein gewaltiger Geselle, der Colorado im Grand Canyon sicher der Inbegriff. Die Wellen im Schwall sind weitaus größer als der Paddler, die Kehrwasser kochen unter dem Ansturm der zu Tal stürzenden Wassermassen. Erinnern wir uns: Ein Kubikmeter Wasser entspricht einem Gewicht von einer Tonne. Auf großen Flüssen sind Hunderte und Tausende von Kubikmetern pro Sekunde unterwegs. Für den Fahrer geht es darum, die großen Walzen zu meiden, die explodierenden Wellen zu parieren.
Der überwiegende Teil des Wildwasserfahrens findet allerdings auf den kleineren Bächen mit weniger Wasserwucht statt. In den Mittelgebirgen, in den Tälern der Alpen und auf Korsika (um nur einige Beispiele zu nennen) finden wir ein breites Angebot von Flüssen mit unterschiedlichem Gefälle und Schwierigkeitsgrad. Bedingt durch das beengte Flußbett, sind diese Bäche meist verblockt und reißend. Wellen, Wirbel und Walzen wechseln sich ab. Der Fahrer steht ständig unter Spannung. Blitzschnelles Einschätzen der Situation und entsprechendes Reagieren ist angesagt. Eine ausgefeilte Technik ist hilfreich. Der Wasserstand dieser Flüsse wechselt rapide, weil das Wasser wegen des ausgeprägten Gefälles sehr schnell abfließt. Frühling, Herbst und Winter sind die bevorzugten Jahreszeiten zur Befahrung solcher Bäche.
Gletscherbäche sind die dritte Kategorie. Sie eignen sich im Sommer hervorragend zum Wildwasserfahren, weil die Wasserverhältnisse dann konstant günstig sind. Der Wasserstand ist am besten, wenn die Sonne heiß auf den Gletscher und die umliegenden Firnfelder hinunterscheint, Schnee und Eis schmelzend. Die Ötztaler Ache ist wohl ein Paradebeispiel für einen solchen Gletscherbach. Hier mischen sich die Kriterien des Wuchtwassers mit den technischen Anforderungen. Ein zu hoher Wasserstand hat dann schnell die Unbefahrbarkeit des Flusses zur Folge. Die Schneeschmelze außerhalb von Gletschergebieten vorherzusagen ist äußerst schwierig. Wenn sie im Frühjahr einsetzt, steigen Wasserstand und Schwierigkeiten rasant.

Schwierigkeitsgrade

Einfach bis extrem

Zur Bewertung der Schwierigkeiten von Flüssen hat sich ein Maßstab herausgebildet. Die von der ICF (Intern. Canoe Federation) herausgegebene Bewertungsskala (S. 76) unterteilt Wildwasser in sechs Kategorien. Diese Kategorien basieren in erster Linie auf der Erkennbarkeit der Durchfahrten sowie auf wasser- und geländebedingte Hindernisse wie Wellen und Walzen, Blockstrecken und Stufen.

Wildwasser I

Leicht. Das Wasser fließt mit regelmäßigem Stromzug, es treten nur einfache Hindernisse auf ①.

Wildwasser II

Mäßig schwierig. Die Route weist freie Durchfahrten auf. Gelegentlich befinden sich einfache Hindernisse im Stromzug. Schwache Walzen, kleine Schwälle sind vorhanden ②.

Wildwasser III

Schwierig. Ein bestimmter Weg muß gefahren werden. Die Durchfahrten sind übersichtlich und vom Boot aus zu erkennen. Die Wellen können hoch und unregelmäßig sein. Einzelne Blöcke und kleinere Stufen sind vorhanden. Größere Walzen sind zu erwarten ③.

Wildwasser IV

Sehr schwierig. Die Durchfahrten sind oft nur vom Ufer aus erkennbar. Generell ist eine vorherige Erkundung zu empfehlen. Schwälle, Walzen, Prallwasser und Stufen wechseln sich ab ④.
Der Fahrer muß ständig agieren, um im richtigen Fahrwasser zu bleiben.

Wildwasser V

Äußerst schwierig. Eine Erkundung ist unerläßlich. Die Routenführung ist unübersichtlich. Hohe Stufen mit kräftigem Rücklauf, Katarakte, enge Ein- und Ausfahrten kennzeichnen diese Kategorie ⑤.
Nur für eingespielte Teams mit entsprechender Erfahrung.

Wildwasser VI

Grenze der Befahrbarkeit. Nur bei günstigem Wasserstand befahrbar, im allgemeinen jedoch unmöglich ⑥. Da jeder noch so kleine Fahrfehler unabsehbare Folgen nach sich zieht, ist eine Befahrung mit einem enormen Risiko verbunden.

3

5

4

6

Anzumerken ist in diesem Zusammenhang noch, daß sich der Maßstab nicht auf das Können und die Fähigkeiten von unerfahrenen Anfängern im Kanusport bezieht. Vielmehr ist davon auszugehen, daß er für versierte Wildwasserfahrer gilt.

Weil die Schwierigkeiten eines Wildbaches ganz erheblich vom jeweiligen Wasserstand abhängen, geben gute Flußbeschreibungen auch einen Wasserstandbezugspunkt (Pegelstand) an. Es heißt dann z. B.: Untere Ötz, Pegel Tumpen, Mittelwasser (MW) 140 Zentimeter.

Schwierigkeitsgrade von Wildwasser

I. unschwierig		regelmäßiger Stromzug, regelmäßige Wellen, kleine Schwälle	einfache Hindernisse
II. mäßig schwierig	freie Durchfahrten	unregelmäßiger Stromzug, unregelmäßige Wellen, mittlere Schwälle, schwache Walzen, Wirbel und Preßwasser	einfache Hindernisse im Stromzug, kleinere Stufen
III. schwierig	übersichtliche Durchfahrten	hohe, unregelmäßige Wellen, größere Schwälle, Walzen, Wirbel und Preßwasser	einzelne Blöcke, Stufen, vielfache Hindernisse im Stromzug
IV. sehr schwierig	Durchfahrten nicht ohne weiteres erkennbar, Erkundung meist nötig	hohe, andauernde Schwälle, kräftige Walzen, Wirbel und Preßwasser	Blöcke versetzt im Stromzug, höhere Stufen mit Rücksog
V. äußerst schwierig	Erkundung unerläßlich	extreme Schwälle, Walzen, Wirbel und Preßwasser	enge Verblockungen, höhere Gefällstufen mit schwierigen Ein- und Ausfahrten
VI. Grenze der Befahrbarkeit	im allgemeinen unmöglich, bei bestimmten Wasserständen eventuell befahrbar, hohes Risiko		

Das Gefälle

Von flach bis steil

Das Gefälle eines Wildflusses wird in Promille (‰) gemessen. Auf 1000 Meter Flußlänge entspricht 1 ‰ genau 1 Meter Gefälle. Faustregel: Je abschüssiger der Verlauf eines Flusses, desto schwieriger ist er zu befahren. Das Gefälle erschwert dem im Boot sitzenden Fahrer das Auffinden der optimalen Fahrspur: Bei einer Blickhöhe von nur 80 Zentimeter über dem Wasserspiegel verdeckt fast jedes Hindernis (in aller Regel sind das Blöcke) den Blick auf den weiteren Streckenverlauf. Aussteigen und Erkunden sind dann Pflichtübungen.

Weniger steile Flüsse weisen ein Gefälle von 5–10 ‰, steile Flüsse 10–20 ‰, sehr steile 40–60 ‰ auf.

Das Bild rechts zeigt die Gyronde in Frankreich, einen Fluß mit enormem Gefälle.

Boote und Ausrüstung

Wildwasserkajaks

Welches Boot für welchen Bach?

Die Kajaks, die im Wildwasser benutzt werden, unterscheiden sich ganz erheblich voneinander. Weil es so viele unterschiedliche Anforderungen beim Wildwasserfahren gibt, hat sich im Laufe der Zeit neben dem »klassischen« Viermeterboot eine Reihe von Kurzbooten etabliert. Auf den verblockten und gefällestarken Wildbächen der Alpen und Korsikas fuhr man sie erstmals. Höhepunkt dieser Entwicklung ist der Topolino. Es dauerte ein paar Jahre, bis man sich an den Anblick gewöhnt hatte. Heute gehören diese Spaßboote mit dem funktionellen Touch zum festen Bestandteil des Bootsparks eines Wildwasserfreaks. Vor einem Kauf rate ich Ihnen, ein Testcenter aufzusuchen. Dort finden Sie sicher das Boot, in dem Sie am Besten zurechtkommen.

Allroundboote

Tragbarer Kompromiß

Wer nach einem Boot sucht, das in sich die Vorteile eines Kurzbootes mit den Stärken eines Tourenbootes vereinigt, wird schnell auf ein Boot mit einer Länge von etwa 330 Zentimeter und einem Volumen von ca. 320 Liter stoßen. Natürlich ist dies ein Kompromiß. Man erspart sich allerdings damit Investitionen in mindestens drei verschiedene Bootstypen. Die weitaus meisten Kajaks im Wildwasser gehören zu diesen Allroundbooten. Es ist ein prima Boot, um Gefühl für das Wildwasserfahren zu entwickeln. Mit einem Gewicht von etwa 20 Kilogramm werden längere Umtragestellen nicht unbedingt zum Problem.

Tourenkajaks

Viel Platz im Boot

Das typische Anfängerboot verhält sich auf dem Wasser ausgesprochen gutmütig. Es schwimmt durch sein Volu-

men von etwa 350 Liter und den damit verbundenen Auftrieb immer obenauf. In diesem Boot läßt sich, bedingt durch den großen Stauraum, auch einmal die Ausrüstung für eine mehrtägige Wanderfahrt unterbringen. Es ist optimal für große und schwere Fahrer. Mit diesen Booten wurden bereits verschiedene Expeditionsfahrten auf Flüssen mit hoher Wasserwucht durchgeführt.

Kurzboote

Extrem wendig

Ein Kurzboot den Wildbach hinunterzumanövrieren ist ein Erlebnis, das sich jeder einmal gönnen sollte. Zugegeben, vom Ufer aus betrachtet sieht es schon recht witzig aus, einen solchen 2,20 Meter »langen« Winzling herumturnen zu sehen. Einige der besten Wildwasserfahrer haben ihn allerdings für ihre Erstbefahrungen schwierigster Bäche eingesetzt. Das Boot ist durch den kurzen Rumpf extrem wendig. Die Eskimorolle kann leicht ausgeführt werden. Nachteil dieser Boote: Sie sind relativ langsam und bringen so Probleme in Walzen und Rückläufen.
Bild links: Im Kurzboot auf der Venter Ache/Tirol.

Topo-Duo

Nur für Paare

Der Wildwasser-Zweier: ein ideales Boot, um Anfängern den Genuß des Fahrens auf schäumendem Wasser zu vermitteln. Diese Zweier verfügen über eine sichere Wasserlage und sind erstaunlich wendig. Das Boot läßt sich durch den im hinteren Teil sitzenden erfahrenen Paddler souverän steuern. Vordermann/-frau erfreut sich eines völlig ungetrübten Fahrvergnügens. Im Ernstfall läßt sich das Boot auch von einem Paddler allein eskimotieren.

Squirtboote

Die Spaßmacher

Aus den Wettkampfbooten für den Wildwasserslalom sind sie wohl entstanden: Squirtboote als Spaßmacher. Bequem sind sie auf keinen Fall. Diese Boote sind absolut flach geschnitten und verfügen über scharf zulaufende Enden. Dies

hat zur Folge, daß sie entweder über Bug oder Heck in das Wasser schneiden. Unter Ausnutzung der Strömung und mit besonderer Paddeltechniken gelingen akrobatische Manöver (Bild oben). Inzwischen werden bereits internationale Wettkämpfe für Squirtbootfahrer organisiert.

Bootsmaterial

Der Stoff, aus dem die Boote sind

Dominierendes Material beim Bau von Wildwasserbooten ist Polyethylen (PE). Es hat aufgrund seiner Robustheit die Glasfaserkunststoffe fast völlig vom Markt verdrängt. Zur Herstellung von PE-Booten bedient man sich des Rotationsverfahrens oder des Blasverfahrens. Beim Rotationsverfahren wird das PE als Pulver in eine Bootsform gefüllt. Diese wird erhitzt und in langsamen Rotationen um mehrere Achsen gedreht. Es kann hierbei allerdings nur PE mit relativ kurzen Molekülketten Verwendung finden.
Hingegen kann beim Blasverfahren mit hochmolekularem Granulat gearbeitet werden. Dieses Granulat wird zu einem Hohlstrang aufgeschmolzen. Es entsteht ein Hochleistungsthermoplast (HTP). In der Bootsform wird der Strang mit Druckluft angepreßt (geblasen). Die beim Blasformverfahren entstehenden Molekülketten sind etwa zehnmal länger als beim Rotationsverfahren. Dadurch erklärt sich die bei weitem höhere Steifigkeit eines Kajaks, der im Blasverfahren hergestellt wurde.

Das »richtige« Boot

Die Qual der Wahl

Weiter oben habe ich bereits die Allroundboote als guten Kompromiß empfohlen (Bild unten). Neben den genannten Kriterien bestimmt das Körpergewicht maßgeblich die Auswahl. Faustregel: je schwerer der Fahrer, desto mehr Bootsvolumen. Für mich ist es immer besonders wichtig, im Boot eine komfortable Sitzposition einnehmen zu können. Dazu gehört genügend Platz für große Füße und lange Beine. Machen Sie sich darüber hinaus noch Gedanken über den vorwiegenden Einsatzbereich.

Der Wildwasserkajak

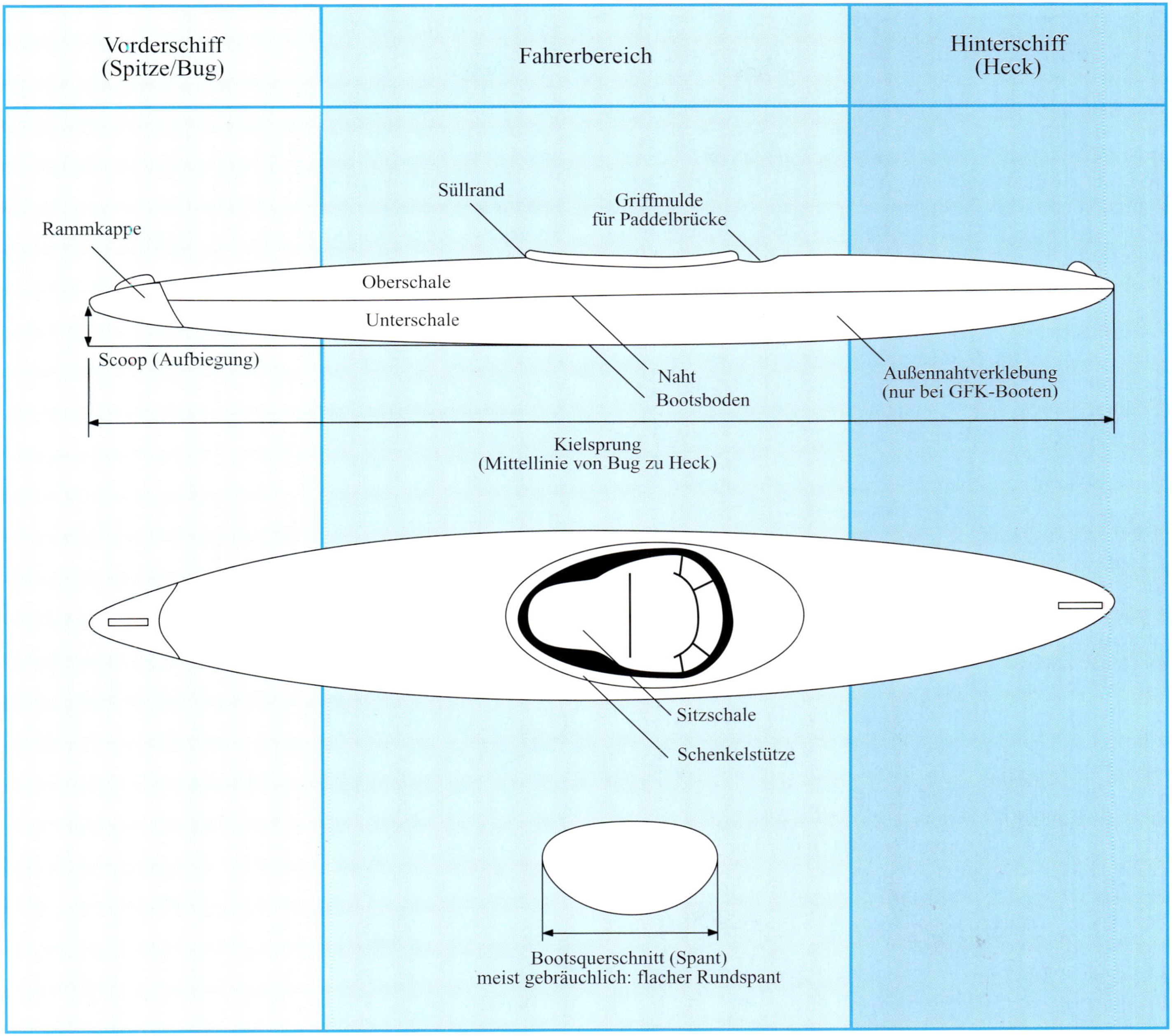

Im Cockpit

Sicherheit und Komfort

Die Sitzbreite ist beim Kauf des Bootes ein wichtiges Kriterium. Obwohl seitens der Hersteller unterschiedliche Maße angeboten werden, findet die richtige Sitzbreite oft nicht die entsprechende Beachtung. Eine feste Sitzposition im Boot ist aber Voraussetzung für eine sensible Bootskontrolle. Sie müssen das Verhalten des Kajaks sofort spüren können, die Bewegungsübertragung muß auf direktem Weg erfolgen. Es ist wie beim Skifahren: Erst der enganliegende Skischuh überträgt Ihre Bewegungen zuverlässig auf den Ski.
Die Sitzbreite kann durch seitliche Einlagen aus geschlossenzelligem PE-Schaum individuell angepaßt werden. Man bekommt ihn in Plattenform. Zur Not kann man auch Isomatten nehmen, die man aufeinanderklebt. Für die Verklebung haben sich Kontaktkleber (Pattex) bestens bewährt. Diese Teile kann man anschließend mit einer feinen Raspel formen. Die Feinarbeit erledigt dann Schleifpapier. Um ein Herumrutschen auf dem Sitz zu vermeiden, kann man auch ein Stück Neopren auf die Sitzfläche aufkleben. Nebeneffekt: Es hält schön warm.
Das Boot darf den Fahrer durch seine konstruktiv bedingten Merkmale nicht in Gefahr bringen. Im Klartext: Bei Klemm- und Steckunfällen muß die Fahrgastzelle so steif sein, daß der Fahrer das Boot jederzeit verlassen kann. Dazu gehört auch eine groß dimensionierte Luke. Die Luke ist dann groß genug, wenn man im Boot sitzend beide Beine aus dem Boot herausheben kann. Auch hier spielt also die Körpergröße eine wichtige Rolle bei der Auswahl des richtigen Bootes.
Über die Schenkelstützen kontrollieren wir die Balance unseres Kajaks im Wildwasser. Mit ihrer Hilfe wird das Boot an- und weggekantet. Sie vermitteln uns den notwendigen Halt bei extremer Auslage und beim Eskimotieren. Die Kanten guter Schenkelstützen sind gerundet, um Verletzungen auszuschließen. Manche sind individuell einstellbar.
Der Rückengurt besteht normalerweise aus einem stark gepolsterten, komfortablen Band, das am Sitz befestigt ist. Er stützt das Becken und verhindert ein Wegrutschen heckwärts. Der Rückengurt ist individuell einstellbar. Er muß so straff gespannt sein, daß er engen Bootskontakt vermittelt und nicht nach oben oder unten wegrutschen kann.
Manche Boote verfügen über die Möglichkeit, den Sitz nach vorne oder hinten zu verschieben. Das erlaubt eine individuelle Trimmung des Kajaks, ganz nach Ihren persönlichen Ansprüchen. Wird der Sitz heckwärts verschoben, steigt das Boot vorne und hüpft klatschend über die Wellen. Beim Surfen kann diese Stellung vorteilhaft sein. Schieben wir den Sitz weiter nach vorne, entfällt die Hecklastigkeit. Beim Durchfahren von Walzen wird das Boot nicht so schnell »kerzeln«.

Fußstützen

Prallplatte im Ernstfall

Funktionelle Fußstützen sind von elementarer Bedeutung für die Kontrolle des Fahrverhaltens und für die Sicherheit. Sie ist dann optimal auf den Fahrer eingestellt, wenn die Beine gespreizt sind und die Knie bequem, aber nicht zu

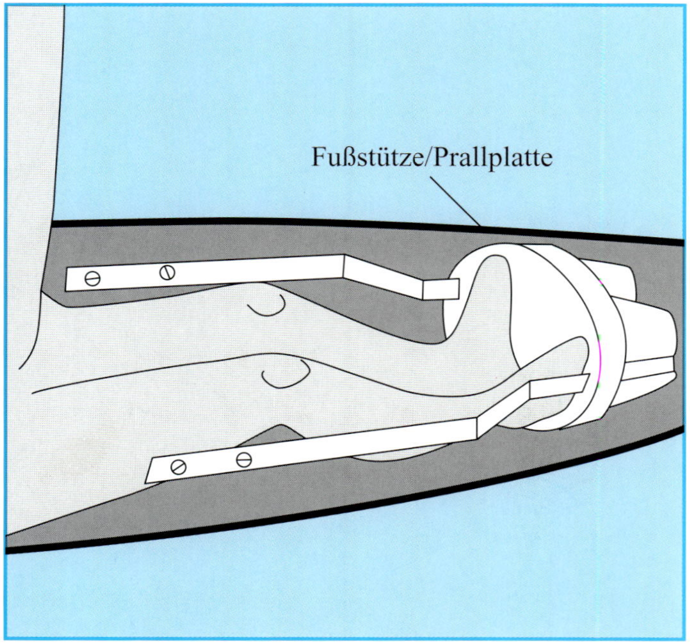

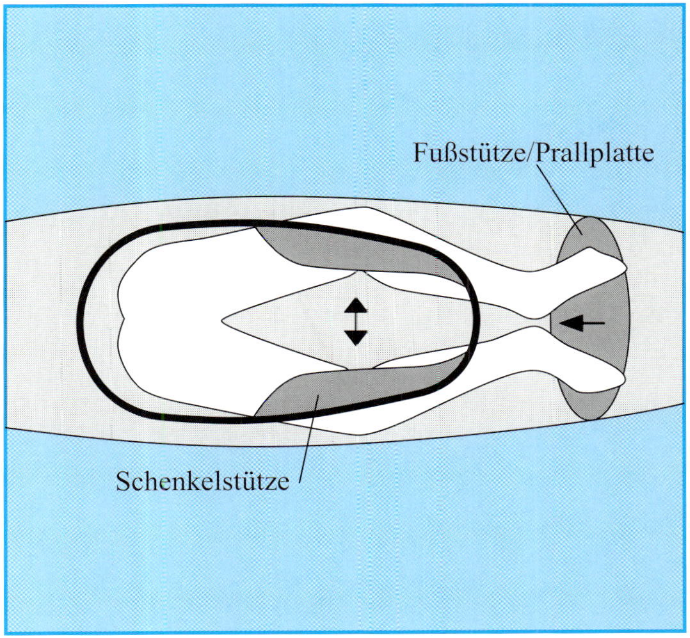

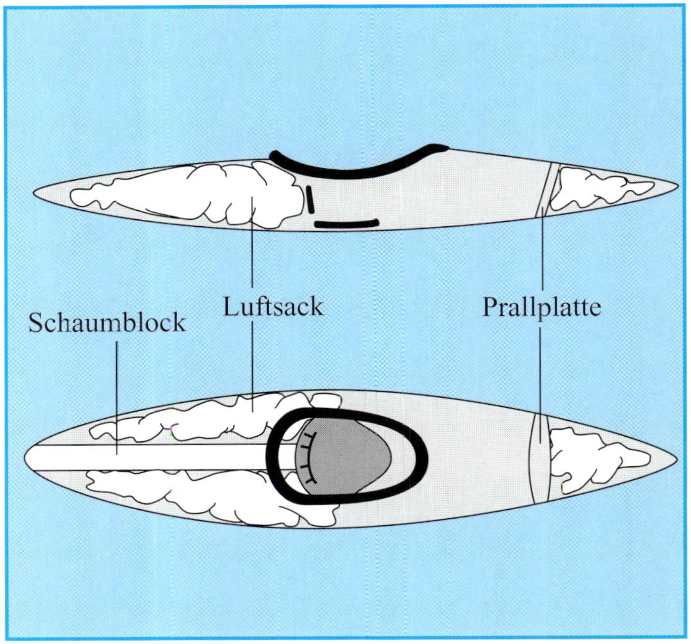

locker unter den Schenkelstützen anliegen (Abbildung oben). Man könnte den Sitz der Fußstütze mit der Funktion eines Skischuhs vergleichen: Es ist der Punkt, wo die größte Kraft des Antriebsimpulses anfällt. Zusätzlich muß sie einen Großteil der Energie bei einem Aufprall kompensieren. Ohne Fußstütze würde der Fahrer im Bug des Bootes verschwinden. Der Airbag im Auto ist die Prallplatte im Wildwasserboot. Sie verteilt die auftretenden Kräfte. Häufig ist sie elastisch aufgehängt. Meist hat sie an der dem Fahrer zugewandten Seite eine Schaumauflage, die ebenfalls stoßdämpfend wirkt.

Auftriebskörper

Luftsack oder Schaumblock

Ein Boot ohne Auftriebskörper würde sinken, wenn nach einer Kenterung Wasser in den Rumpf eindringt. Deshalb werden von den Herstellern Luftsäcke oder Schaumblöcke angeboten, die im Bug oder im Heck des Kajaks eingebracht werden (Abbildung unten). Im Falle einer Kenterung verhindern diese nicht nur, daß das Boot sinkt; sie vermeiden auch, daß das Boot zu schwer wird. Zum einen stellt die kinetische Energie eines vollgelaufenen Bootes im Wildwasser ein Risikopotential für den Fahrer dar, wenn er vom Boot getroffen wird, zum anderen läßt sich das schwere Boot nur mühsam bergen. Demnach ist es ratsam, jede Ecke des Innenraums mit Auftriebskörpern auszufüllen. So kann das Wasser nur in den Sitzbereich eindringen. Luftsäcke, die man neben Schaumblöcken anbringt, stellen eine vorzügliche zusätzliche Auftriebshilfe dar. Auftriebskörper unterstützen auch die Steifigkeit des Bootskörpers; des weiteren vermindert sich die Gefahr einer Beschädigung an Hindernissen, da das Boot hoch aufschwimmt. Es ist äußerst wichtig, daß die Luftsäcke gut verzurrt werden. Insbesondere der hintere Luftsack sollte durch einen breiten, straff gespannten Rückengurt gesichert werden. Luftsäcke gibt es in verschiedenen Qualitäten. Man wähle auf jeden Fall das beste Material. Ausrüstungsgegenstände verstauen Sie sicher zwischen den Luftsäcken, wenn Sie sie erst am Schluß prall mit Luft auffüllen. Es gibt auch Luftsäcke mit Reißverschluß, in denen Gegenstände sogar wasserdicht untergebracht werden können. Wichtig für Wildwasserexpeditionen!

Trageschlaufen

Fest und griffig

Die Trage- und Bergeschlaufen (Abbildung unten links) sind Teil der Sicherheitsausrüstung. Empfehlenswert sind dicke, rutschfeste Schlaufen, die in Längsrichtung angebracht sind. An modernen Wildwasserbooten sind diese als stabile Tragebügel ausgeformt (Abbildung oben rechts). Ein Schwimmer bleibt nach der Kenterung am Boot, indem er in die Schlaufe oder an den Bügel greift. Schlaufen, die schlingenartig gearbeitet sind, können sich im Ernstfall so ungünstig um das Handgelenk verdrehen, daß der Schwimmer sich nicht mehr vom Boot lösen kann. Auch bei der Bergung eines abgeschwommenen oder verklemmten Bootes sind schlingenartige Schlaufen von Nachteil, da sie sich leicht verfangen können.
Akzeptabel sind auch noch Tragseile mit einem Knebelgriff (Abbildung unten rechts). An ihnen kann man sich als Schwimmer hervorragend im Wildwasser am Boot festhalten.

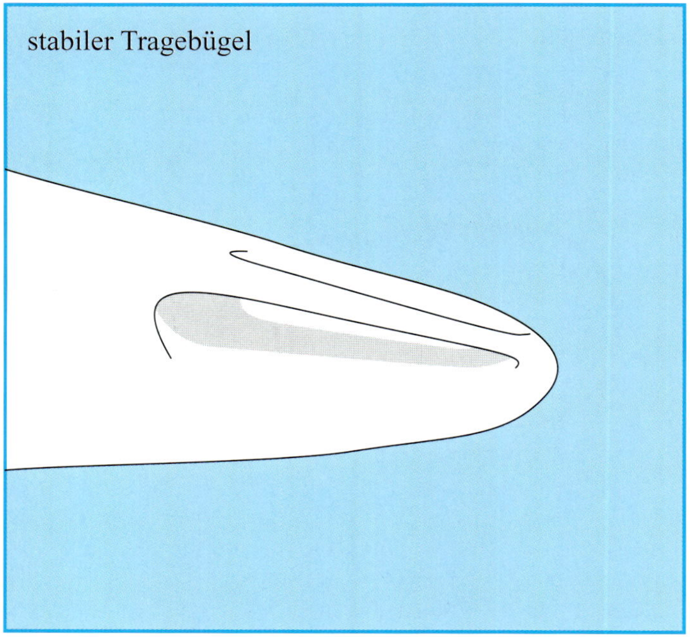

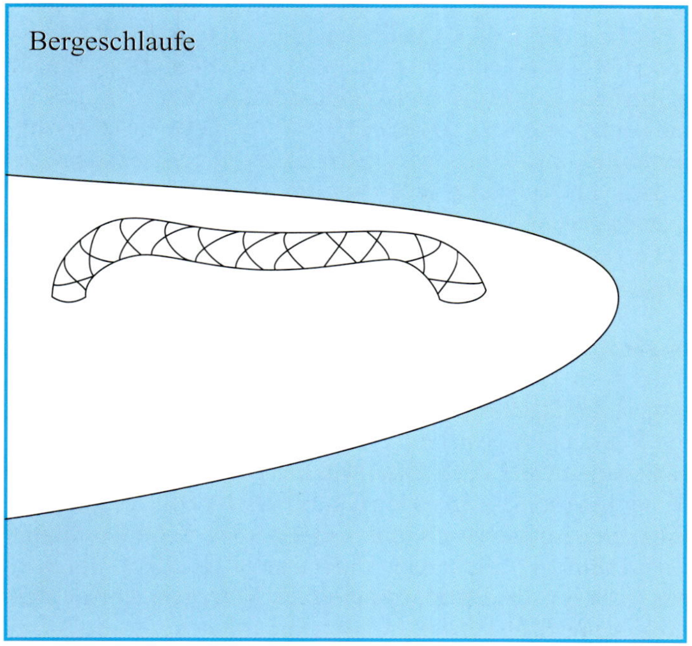

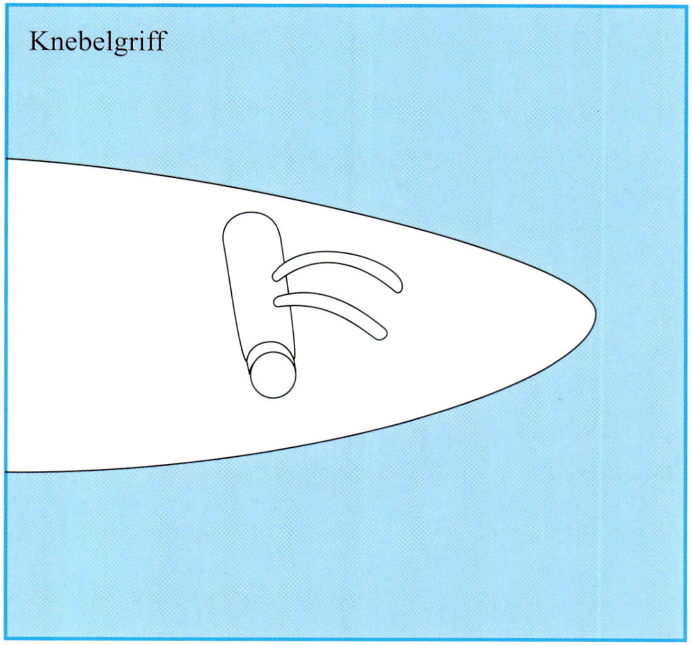

Decksleinen

Fester Halt beim Schwimmen

Decksleinen setzen sich immer mehr durch. Sie werden von der vorderen bzw. hinteren Schlaufe bis zum Süllrand gespannt. Zweckmäßigerweise werden sie mit einem Karabiner in die Schlaufe eingehängt. An ihnen hat man über die gesamte Deckslänge eine Haltemöglichkeit. Das hilft Schwimmern, die sich an dem schlüpfrigen Boot festhalten wollen. Gelöste Decksleinen sind äußerst nützlich zur Handhabung des Kajaks in geländebedingt schwierigen Situationen.
Das feste Verspannen der Decksleinen ist immer notwendig. Es kann sonst passieren, daß sich die Leinen an Bäumen, Sträuchern, Ästen oder sonstigen Gegenständen verfangen. So könnte man unvorhergesehenerweise in ernsthafte Schwierigkeiten geraten. Einige Hersteller haben auf dem Deck Vertiefungen für das Seil angebracht. Es liegt dann recht geschützt. Im Wildwasser werden keine durchlaufenden Decksleinen (wie beim Seekajak üblich) verwendet.

Paddel

Stabil in allen Längen

Daß ein Wildwasser-Paddel extremen Belastungen ausgesetzt ist, brauche ich nicht zu betonen. Wildwasser-Paddel müssen demnach so stabil sein, daß Kanten und Blatt Schläge gegen Felsen ohne weiteres verkraften. Der Schaft muß beim Stützen und bei vielen anderen Paddelschlägen die ganze Kraft übertragen. Gleichzeitig sollte das Paddel so leicht sein, daß damit ermüdungsfrei über längere Strecken gepaddelt werden kann. Die Länge der Paddel variiert zwischen 195 und 206 Zentimeter. Die Tendenz geht zu kürzeren Paddeln mit größeren Blättern.
Als ein Ergebnis dieser Anforderungen an ein modernes Wildwasser-Paddel sind heute fast nur noch Paddel mit Kunststoffblättern und Kunststoff- oder Aluschaft gebräuchlich. Dort, wo die Hände das Paddel greifen, ist der Schaft dann meist oval ausgeformt und mit kälteisolierendem, griffigem Kunststoff versehen (Bild oben rechts).

Fährt man überwiegend tiefe Flüße, bei denen Felskontakt so gut wie ausgeschlossen ist, kann man auch auf ein superleichtes Paddel aus Kohlefaser zurückgreifen. Ein wirklicher Genuß ist die Verwendung von Holzpaddeln. Sie liegen angenehm warm in der Hand und federn harte Schläge ein wenig ab. Allerdings brauchen Holzpaddel viel Pflege, wenn man sie häufig im Wildwasser benutzt.

Schwimmwesten

Sicherer Auftrieb

Mit dem Begriff »Schwimmweste« ist eine moderne Wildwasser-Weste nur unzulänglich beschrieben. Natürlich hilft sie beim Schwimmen, aber sie kann noch viel mehr: Sie schützt den Körper bei Karambolagen mit Hindernissen und ist mit ihrer hervorragenden Isolation ein willkommener Kälteschutz.

Moderne Wildwasser-Schwimmwesten verfügen über einige Sicherheitsdetails, die unverzichtbar sind: Brustgurt und Bergeleine sind Standard. Hinzu kommt noch der Teleskop-Cowtail, der die Einsatzmöglichkeiten bei der Selbstrettung und auch bei der Kameradenhilfe nochmals erweitert. Der Auftrieb des verarbeiteten Schaums beträgt etwa 6 bis 10 Kilopond. Ein kurzer, sitzgerechter Schnitt hindert weder beim Paddeln noch beim Schwimmen.
Im Tosbecken von künstlichen Flußeinbauten ereignen sich immer wieder schwere Unfälle. Rückläufe gibt es aber auch im natürlichen Flußbett. Wer unbeabsichtigt dorthin gerät und festgehalten wird, der braucht seine ganze Energie zum kontrollierten Auftauchen. Ausziehen der Weste (um besser Tauchen zu können, wie früher gerne empfohlen wurde) kostet unverhältnismäßig viel Kraft. Der Auftrieb im stark luftdurchsetzten Wasser ist auch mit Weste nur sehr gering. Untersuchungen haben bewiesen, daß die »Abwurftheorie« am besten am Stammtisch funktioniert. Moderne Westen sind deshalb mehr auf sicheren Sitz als auf schnelles Abwerfen konzipiert.
Übrigens: Alle synthetischen Materialien unterliegen von Anfang an einem Alterungsprozeß. Der Schaum in der Schwimmweste bildet da keine Ausnahme; weder Hitze noch Druck werden vertragen. Er verliert pro Jahr einiges seiner Tragfähigkeit. Durch einen Vergleich mit einer neuwertigen Schwimmweste sollte die Funktionstüchtigkeit deshalb regelmäßig überprüft werden, um eine unbrauchbar gewordene Weste rechtzeitig zu ersetzen. Wenn die Schaumteile sich in den Kammern verschieben lassen, haben sie nicht mehr genug Auftrieb. Wer es ganz genau wissen will, nimmt Metallgewichte und testet den Auftrieb der Weste in der Badewanne.

Tip:
Schwimmwesten mit vorne oder hinten aufgesetzten Taschen für Zubehör (Messer, Karabiner u. a.), wie sie auch angeboten werden, können in speziellen Situationen mit expeditionsartigem Charakter nützlich sein. Andererseits sind sie beim aktiven Schwimmen hinderlich. Sie weisen eine stark bremsende Wirkung auf.
Auf dem Bild links können Sie die oben beschriebene Wildwasser-Weste erkennen.

Spritzdecke

Dicht und warm

Wildwasser-Spritzdecken sollen das Wasser draußen und die Wärme drinnen halten. Sie dürfen sich einerseits unter der Kraft des Wassers nicht öffnen, andererseits müssen sie im Notfall leicht zu öffnen sein. Beide Anforderungen sind schwer miteinander in Einklang zu bringen. Vielleicht liegt im Bereich der Spritzdecken noch eines der größten Entwicklungspotentiale.
Heutzutage werden Wildwasser-Spritzdecken vorwiegend aus Neopren gefertigt, gute Ausführungen sind zudem doppelt kaschiert. Die Nähte sollten bei hochwertigen Decken wasserdicht verarbeitet sein. Die großen Sicherheitsluken hatten zur Folge, daß sich die Decken unter Wasserdruck zu leicht öffneten. Mitten im Katarakt nicht nur unangenehm, sondern auch gefährlich! Dem wurde mit einem Druckbügel, der quer über die Luke verläuft, abgeholfen.
Passende Spritzdecken sitzen so eng auf dem Süllrand, daß sie nur mit einem kräftigen Zug an der Aufreißschlaufe zu

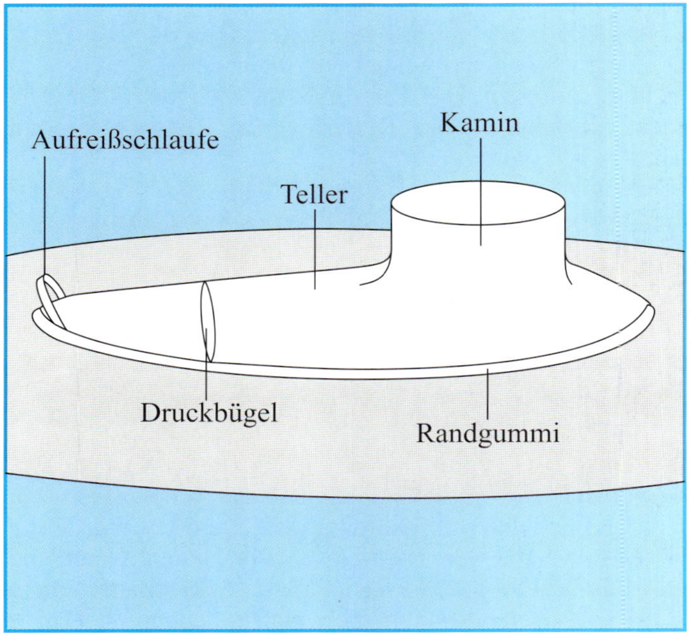

lösen sind. Besonders wichtig ist, daß die Aufreißschlaufe im Ernstfall nicht abreißt! Sie sollte auf jeden Fall an der Unterseite der Decke vernäht sein, damit sich diese unter Zug vom Süllrand abrollt. Eine sinnvolle Trockenübung sei hier empfohlen: Ziehen Sie die Aufreißschlaufe nicht direkt nach oben, sondern zuerst nach vorne und dann erst nach oben. So läßt sich die Decke locker lösen; außerdem schonen Sie Ihr Material.

Helm

Harte Schale, guter Sitz

Fast immer, wenn ein Wildwasser-Paddler kentert, kommt sein Kopf dem Flußgrund gefährlich nahe. Daher ist ein guter Kopfschutz ein absolutes Muß für jeden Fahrer. Helme, die im Wettkampf gefahren werden, sind abzulehnen. Sie sind zu leicht gebaut. Ein funktioneller Wildwasser-Helm sollte hingegen Stirn und Schläfen gut schützen. Außerdem muß er aus besonders widerstandsfähigem Material bestehen; eine Schaumeinlage schwächt zusätzlich den Aufprall ab und verhindert sein mögliches Absinken. Ein fester Kinnriemen hält ihn sicher in der richtigen Position. Vor allem aber muß der Helm gut sitzen. Er darf also nicht verrutschen. Das kann man testen, indem man versucht, den Helm ohne festgezogenen Kinnriemen vom Kopf zu schütteln.
Kinnschützer können nicht empfohlen werden. Tests haben ergeben, daß sie die Funktion des Kinnriemens negativ beeinflussen. Der Helm neigt dann eher zum Verrutschen nach hinten.

Paddeljacken

Wind- und wasserdicht

Die Paddeljacke muß ausreichend flexibles Material aufweisen und so weit geschnitten sein, daß sich der Fahrer in jeder nur denkbaren Situation ungehindert bewegen kann. Wichtig: weiche Neopren-Manschetten an den Armen und am Hals. Teure Modelle verfügen über Latexmanschetten. Diese schließen besonders dicht ab, sind andererseits aber

sehr empfindlich. Sie können leicht einreißen. Wildwasser-Jacken benötigen übrigens keine Kapuzen.
Bei besonders kaltem Wetter kann noch ein Pullover aus Faserpelz unter die Jacke gezogen werden. Dieser nimmt kaum Wasser auf, isoliert gut und trocknet schnell.

Neopren-Overalls

Lang und warm

Ein ärmelloser Neopren-Overall (auch Long John oder Naßbiber genannt) ist als Bekleidungsstück im Wildwasser erste Wahl. Er garantiert eine gute Wärmeisolation, bringt zusätzlichen Auftrieb und schützt vor Schürfungen oder Prellungen. Durchgesetzt hat sich eine Materialstärke von ca. 4 Millimeter sowie eine doppelte Stoffkaschierung, die das An- und Ausziehen erleichtert. Außerdem ist die Stoffkaschierung angenehm auf der Haut zu tragen. Reißverschlüsse an den Unterschenkeln ergänzen dieses funktionelle Ausrüstungsstück.

Schuhe

Guter Tritt

Neoprensocken in ausgelatschten Turnschuhen: keineswegs die funktionelle Fußbekleidung für einen Wildwasserfan. Spezielle Wildwasser-Schuhe bieten einen guten Sohlengriff auf nassem, rutschigem Untergrund. Ebenso weisen sie einen Neoprenschaft auf, der den Knöchel schützt und den Fuß gleichzeitig warmhält. Für gute, solide Neoprenschuhe sollte man ruhig ein paar Mark ausgeben. Diese Investition zahlt sich aus!
Tip: Eine akzeptable Kombination bieten auch Neoprensocken in Verbindung mit festen, gut profilierten Trekkingschuhen.

Wildwasserführer

Kurz und gut

Im Fachhandel wird eine reiche Auswahl an Führern für den Wildwasserfan angeboten. Da Wildbäche aber einem steten Wandel unterliegen, bleiben sie nur eine geraume Zeit aktuell. Achten Sie also darauf, wann der Führer gedruckt bzw. wann er zuletzt überarbeitet wurde! Im Zweifelsfalle: Vertrauen Sie nie dem Wildwasserführer! Erkunden Sie die zu befahrende Stelle und tragen Sie lieber einmal zuviel als zuwenig um!
In guten Führern wird der jeweilige Flußcharakter kurz beschrieben und auf besondere Gefahrenstellen hingewiesen. Abkürzungen werden vermieden. Ebenso gibt der Führer Hinweise zu günstigen Ein- und Ausbootmöglichkeiten. Auf jahreszeitentypische Wasserstände wird hingewiesen. Es werden konkrete Angaben zu Pegelständen gemacht. Der Führer bewertet bei Mittelwasser und nach korrektem Maßstab (ICF-Tabelle). Besonders praktisch und informativ erscheinen mir Führer mit einem anschaulichen Kartenteil. Dieser erleichtert die Anfahrt und Orientierung vor Ort. Gute Wildwasserführer machen sich auf jeden Fall schnell bezahlt. Rechts sehen Sie eine Musterseite aus dem Buch »Wildwasserfahren in den Alpen« des BLV-Verlages, München.

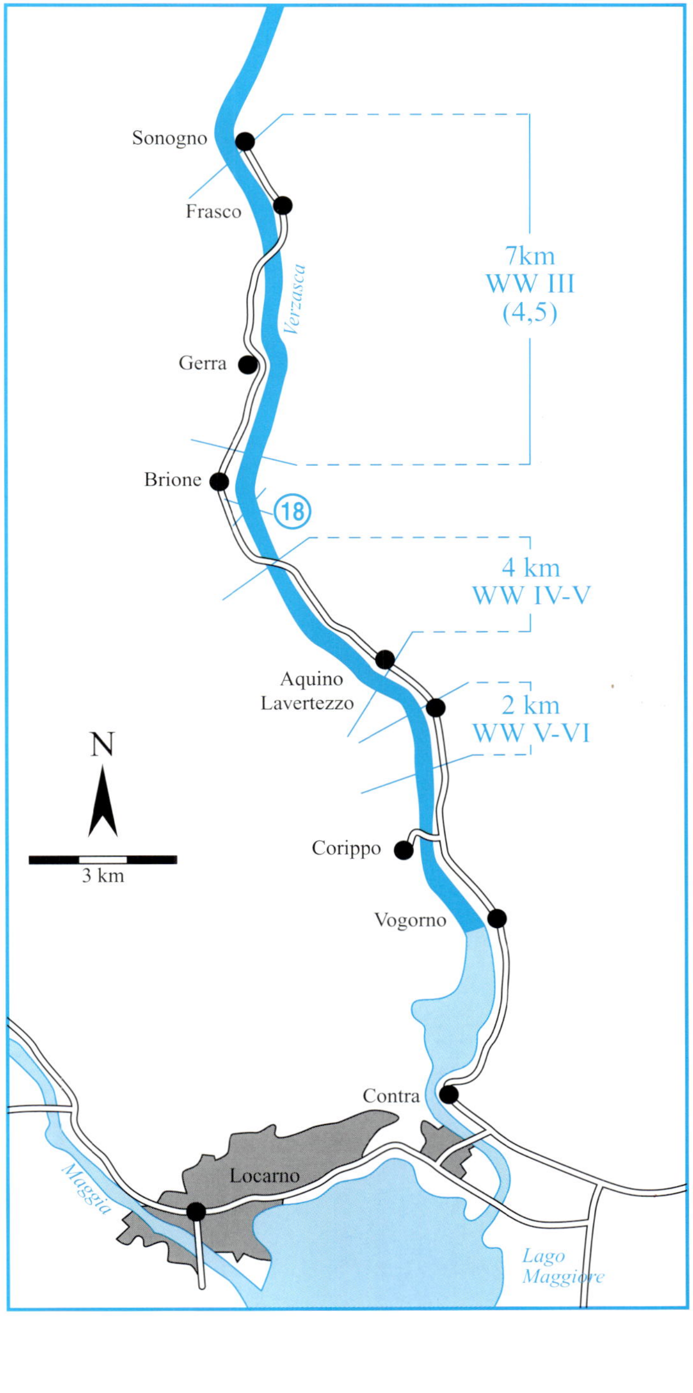

Auf dem Wildfluß

Im Team unterwegs

Führungsqualitäten gefragt

Die qualifizierte Führung einer Gruppe auf Wildwasser ist ein erstrangiger Sicherheitsfaktor beim Wildwasserfahren. Ähnlich wie bei Bergtouren kommt dem Grupenführer eine besondere Verantwortung zu. Er muß die Schwierigkeiten des Flusses und das Können der anderen so einschätzen können, daß beides miteinander im Einklang steht. Daß Erwachsene gegenüber Minderjährigen eine Führungsverantwortung tragen, ist klar. Weitgehend unbekannt ist hingegen, daß Führende auch bei nichtkommerziellen Touren rechtlich haftbar gemacht werden können, wenn sie fahrlässig handeln.

Die optimale Größe einer Gruppe auf Wildwasser ist abhängig von den Schwierigkeiten des Wildbachs und vom Können der einzelnen Fahrer. Es kann daher keine generelle Regel für eine optimale Gruppengröße genannt werden, drei bis fünf Teilnehmer erscheinen oft angemessen. Mehr Fahrer werden schnell zu einem Risiko, weil dann die Übersicht verlorengeht und die Paddler untereinander nicht mehr genügend Verantwortung aufbringen. In diesem Fall sollten mehrere Fahrgruppen gebildet werden.

Die Reihenfolge innerhalb der Gruppe ist festgelegt. Der sicherste Fahrer fährt vorneweg in der idealen Route. Auf leichteren Streckenabschnitten können die weniger erfahrenen Paddler abwechselnd lernen, vorne in der Führungsposition zu fahren.

Auch eine ausgewogene Gruppe guter Paddler wird einen Wildfluß sicherer und mit mehr Genuß befahren können, wenn sie von einem kompetenten Führer geleitet wird. Dieser Führer muß nicht zwangsläufig alles anordnen. Er kann seine Entscheidungen durchaus mit der Gruppe besprechen und einen gemeinsamen Beschluß herbeiführen. An schwierigen Stellen wird er die Streckenvorfahrt übernehmen; anschließend sichert er die folgenden Fahrer.

Der letzte der Gruppe ist immer besonders erfahren. Oft befindet er sich in Situationen, in denen er keinen Blickkontakt zu den vorausfahrenden Gruppenmitgliedern hat. Gerät er in ernste Schwierigkeiten, würde viel Zeit vergehen, bis ihm die anderen zu Hilfe kommen. (Bild links: Ein Team unterwegs auf dem Guil in Frankreich.)

Starten

Wasser- und Landstart

Der Wasserstart mit oder ohne Paddelbrücke wurde bereits im Kapitel »Einbooten« beschrieben. Schwierige Wildwasserstrecken verlangen allerdings oft Starts in rascher Strömung oder vom Steilufer aus. Der Landstart ähnelt dann in vielerlei Hinsicht der Befahrung von Stufen und Wasserfällen (Bild unten links).
Das seitliche Hineinrutschen bevorzugt man bei niedrigen Fallhöhen und ebenso geringen Wassertiefen, das Einspringen vorwärts bei größeren Höhen und ausreichenden Wassertiefen.
Vorsicht: Bei einer zu flachen Landung besteht die Gefahr, daß Sie sich durch den Aufprall die Wirbelsäule verletzen! Der Eintauchwinkel des Kajaks sollte idealerweise etwa 45 Grad betragen. Ein schneller Start bewirkt ein zu flaches Eintauchen (oben), ein langsames Abkippen ein Überdrehen des Kajaks (unten rechts): Der Fahrer landet auf dem Gesicht.

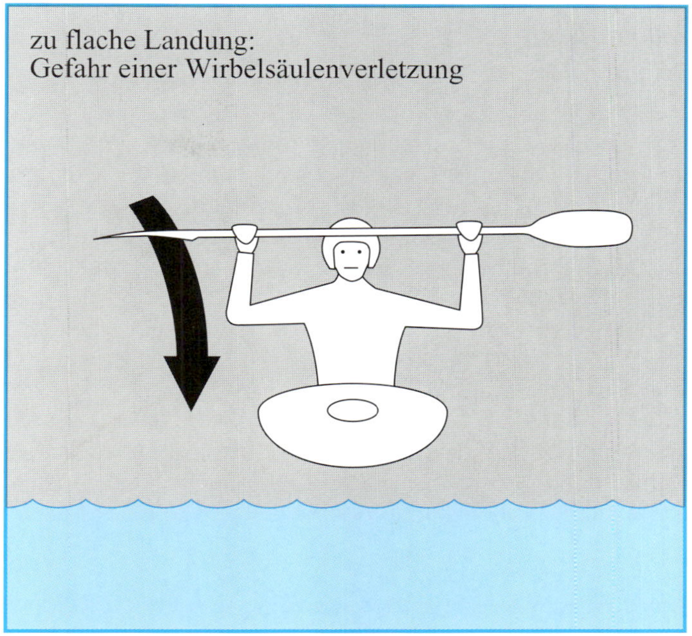

Kehrwasser

Dreh- und Angelpunkt

In einem Kehrwasser dreht das Wasser des Flusses sozusagen »bergauf«. Sie entstehen fast immer nach Verengungen im Flußbett, oft auch in der Innenseite von Kurven. Für den Wildwasseranfänger ist das Einschwingen vom Kehrwasser in die Hauptströmung (und umgekehrt) die erste Lektion in einem umfangreichen Lernprogramm: Grundschule für Wildwasserenthusiasten, Standardsituation für den Könner.

Einschwingen

Mit der Hauptströmung fahrend steuern wir das Kehrwasser an. Wenn der Bug das Kehrwasser erreicht, kanten wir den Kajak zur Kurveninnenseite. Strömungsunterschiede drehen das Boot, mit Paddelstütze oder Paddelhang helfen wir nach.

Ausschwingen

Aus dem Kehrwasser starten wir zügig in Richtung Hauptströmung. Nach einigen Paddelschlägen hat dann die Hauptströmung den Bug des Kajaks erfaßt. Wenn sich das vordere Bootsdrittel in der Hauptströmung befindet, kanten wir das Boot zur Kurveninnenseite (wie beim Radfahren). Die Strömung dreht das Boot. Zur Stabilisierung wenden wir die Paddelstütze an. Der Fortgeschrittene wird dies mittels Ziehschlag vorn unterstützen.
Jedes Ein- und Ausschwingen ist ein gutes Training für das Gleichgewichtsgefühl, für unterschiedliche Strömungsverhältnisse. An besonders kleinen oder scharfen Kehrwassern kann zentimetergenaues Fahren geübt werden.
Tip: Die Grenze zwischen Kehrwasser und Hauptströmung sollte schnell überwunden werden. Schnelligkeit bringt Stabilität. Die Grenze wird diffuser, je weiter man flußab gelangt.
Dort, wo Kehrwasser sind, halten sich auch Fische auf, wo Fische sind, finden wir auch Angler. Kanuten und Angler haben ein spezielles Verhältnis zueinander. Es ist hier und da nicht frei von Spannungen. Deshalb: Wo sich Angler aufhalten, meiden wir nach Möglichkeit die Einfahrt in ein Kehrwasser. Ein freundlicher Gruß entspannt die Situation, wenn dies nicht möglich ist.

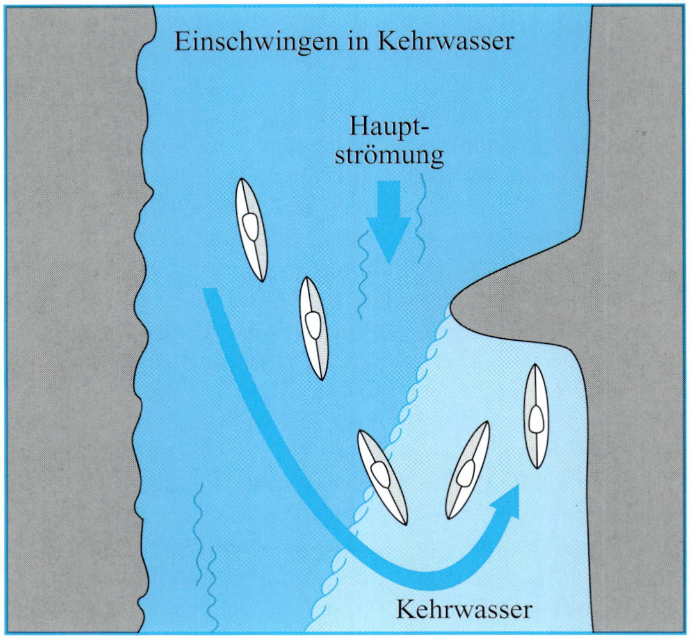

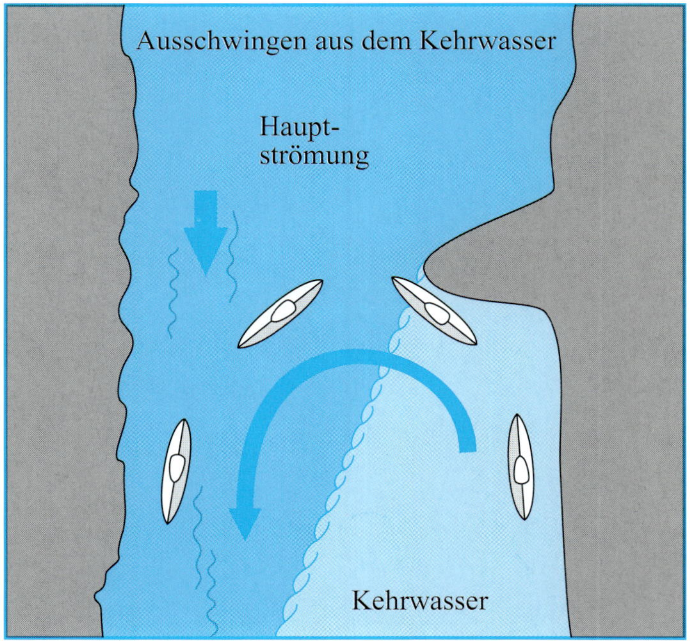

Der Winkel, mit dem wir uns der Grenze zwischen Hauptströmung und Kehrwasser nähern, nennt man Einfahrtswinkel. Er ist mit entscheidend für gelungenes Ein- und Ausschwingen.
Ein großer Einfahrtswinkel bewirkt, daß das Boot erst relativ spät und »weich« in das Kehrwasser einschwingt.
Soll ein Kehrwasser knapp und »hart« angefahren werden, wird der Winkel entsprechend klein gewählt. Das ist besonders wichtig in engen, kleinen Kehrwassern.
Der Winkel, in dem wir Aus- und Einschwingen, wird bestimmt von Größe des Kehrwassers und der Schnelligkeit und Ausgeprägtheit der Strömungen zwischen Hauptströmung und Kehrwasser. Je ausgeprägter die Grenze, um so stärker müssen wir das Boot aufkanten.

Tip: Durch richtiges Kanten wird die Paddelstütze beim Ein- und Ausschwingen überflüssig. Auch Anfänger finden schnell heraus, wie stark das Boot gekantet werden muß, damit er »ganz von alleine« ins Kehrwasser schießt. Meist liegt der Fehler beim Kehrwasserfahren an zu schwachem Kanten.

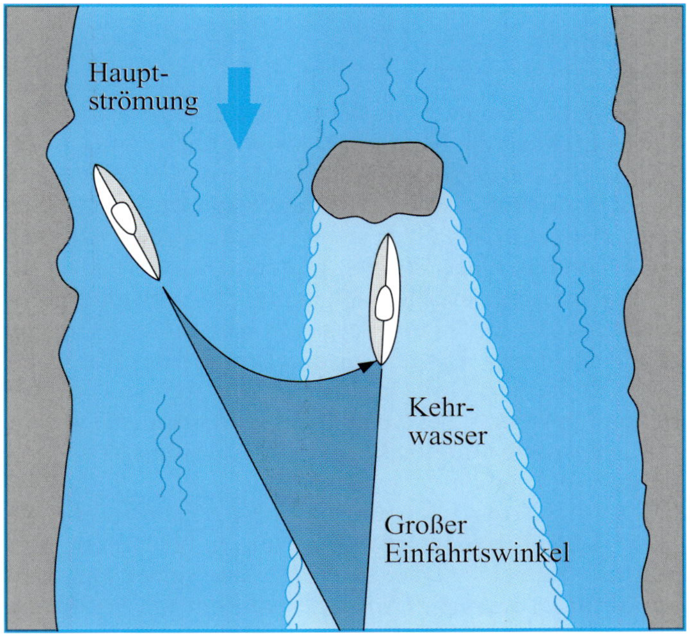

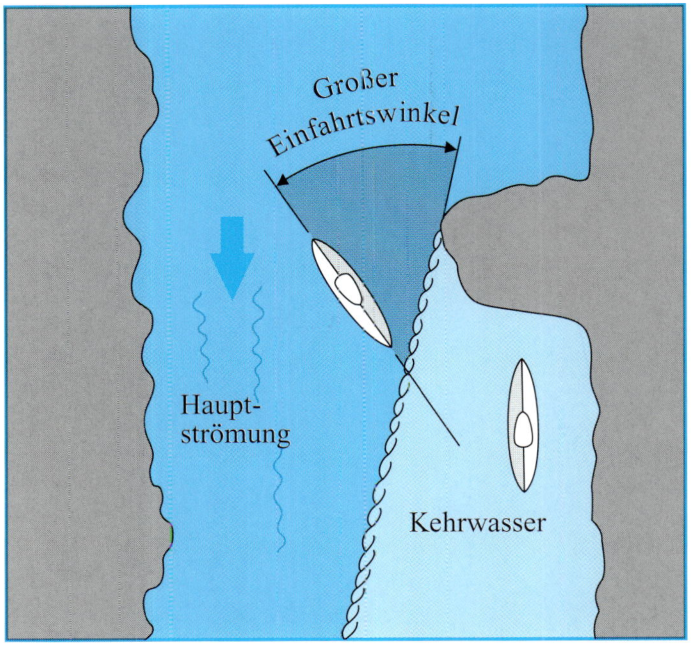

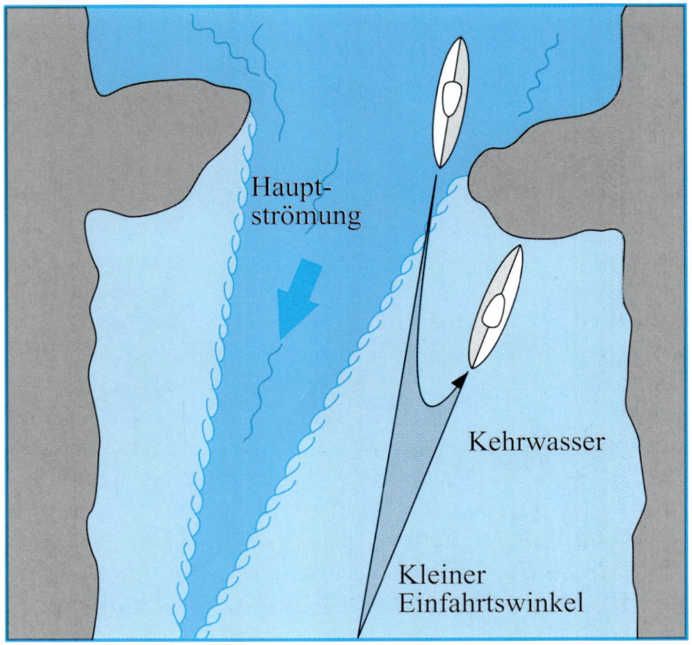

Wellen

Spaß am Schwall

Ein Schwall entsteht, wenn Wasser beschleunigt wird. Dies geschieht durch die Einengung des Wasserlaufs. Kiesbänke und Felsriegel sind normalerweise die Auslöser. Für Wildwasserfahrer ist das »Hinunterspielen« auf einer Schwallstrecke ein ganz besonderes Vergnügen. Hier wird der Rhythmus eines Wildbachs unmittelbar erfahren. In seiner klassischen Ausprägung nimmt der Schwall die Gestalt eines »V« an. Im Paddlerjargon wird dieses »V« auch »Zunge« genannt. Das soll ausdrücken, daß das Wasser an dieser Stelle zunächst glatt abläuft. Im weiteren Verlauf bilden sich Wellen. Die Kehrwasser an den Seiten der Zunge bieten beste Möglichkeiten, um nach der Aktion im Schwall auszuruhen.
Das »V« ist vom Ufer aus leicht zu erkennen, aber es gehört Übung dazu, es vom Boot aus zu beurteilen. Vom Ufer aus betrachtet ergeben die Wellen immer ein mehr oder weniger deutliches Muster. Vom Boot aus zeigen fast immer die höchsten Wellen den besten Weg.

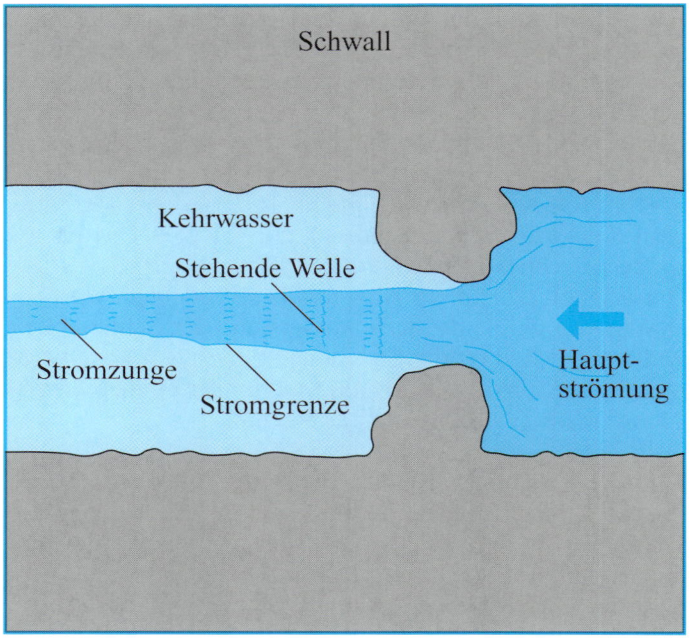

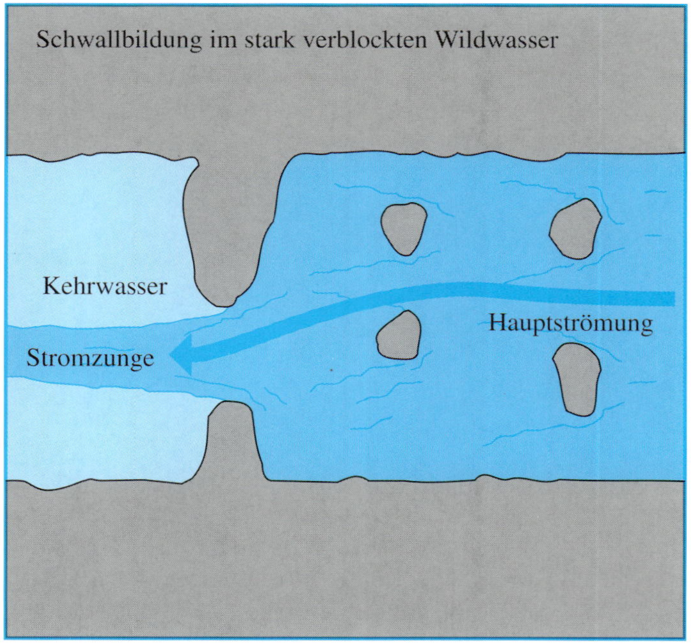

Hier ist der Stromzug ungebremst, natürlich fließt hier das Wasser auch am schnellsten. Befährt der Wildwasseranfänger einen Schwall, wird er sich sicherer fühlen, wenn seine Geschwindigkeit höher ist als die des Wassers. Der Grundschlag vorwärts und kleinere Korrekturschläge reichen dazu aus. Wenn es dann doch zu kipplig werden sollte, hilft eine Paddelstütze. Der Fortgeschrittene wird quer oder sogar rückwärts fahren und die Wellenbewegungen mit aktiver Hüftarbeit ausgleichen. Das Fahren und Surfen in den stehenden Wellen ist ein phantastisches Wildwassertraining.
Wellen stellen sich in ganz unterschiedlichen Ausprägungen dar: Die stehende Welle (unten links) verändert ihren Standort und ihre Form kaum.
Anders die explodierende Welle (oben). Ihre unregelmäßige Form und ihr pulsierendes Wirken machen die Wildwasserfahrt unruhig.
Wenn Wasser mit großer Geschwindigkeit über den Felsen schießt, entsteht der sogenannte Hahnenschwanz (unten rechts).

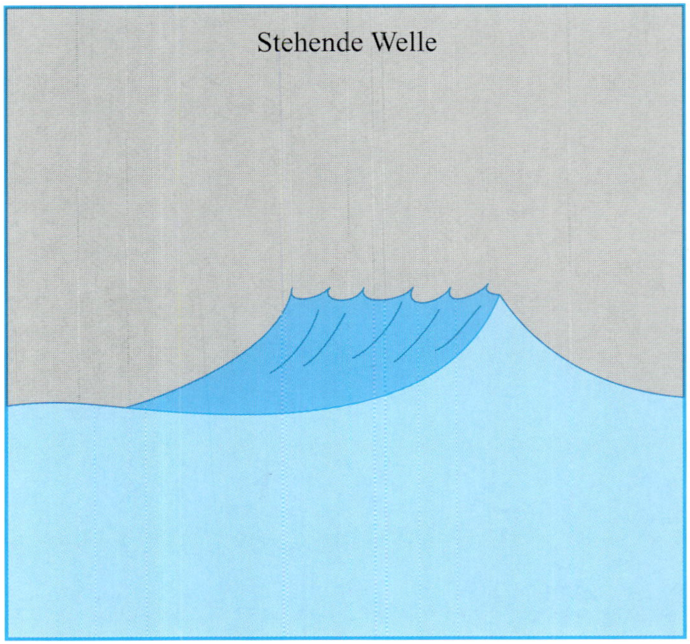

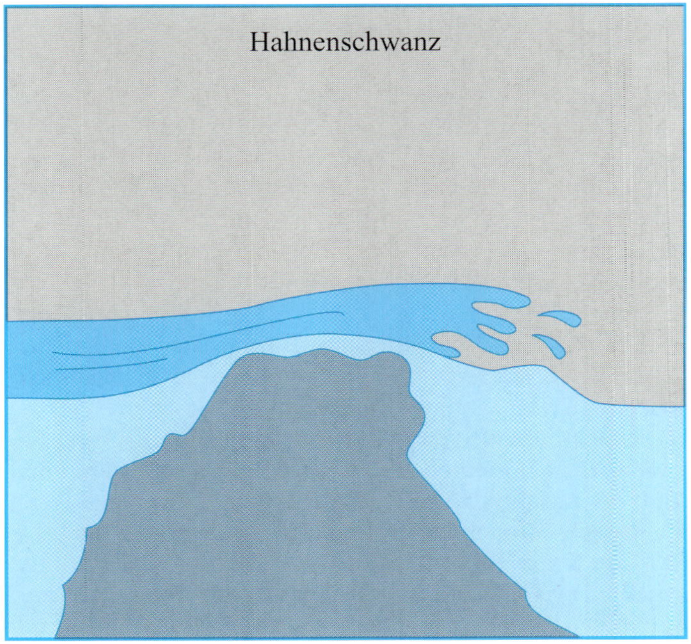

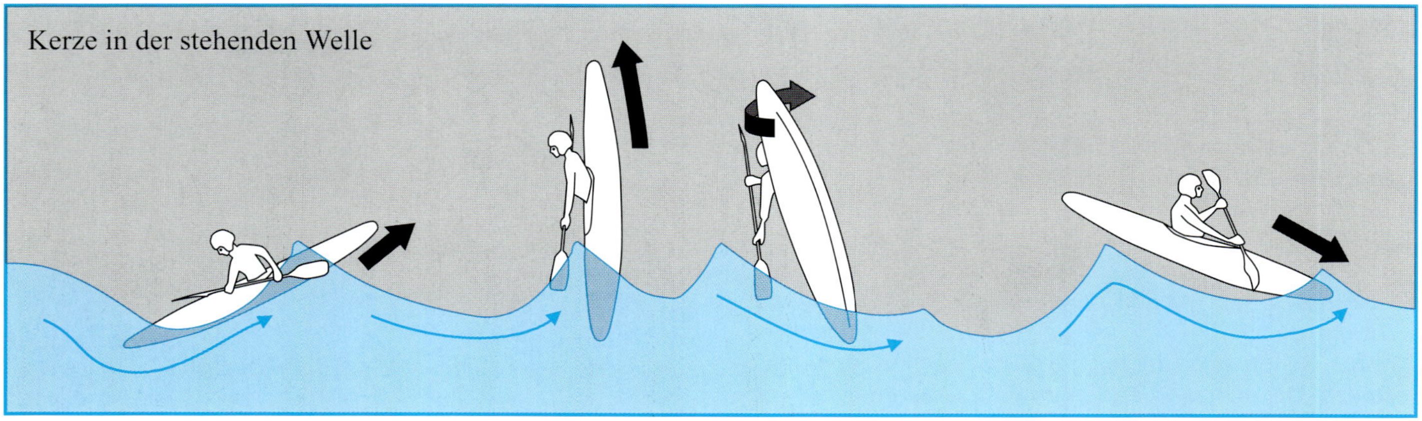

Eine »Kerze« in der stehenden Welle ist das höchste der Gefühle. Wichtig dabei: Die Welle muß steil genug sein, nur so ist die »Kerze« möglich.

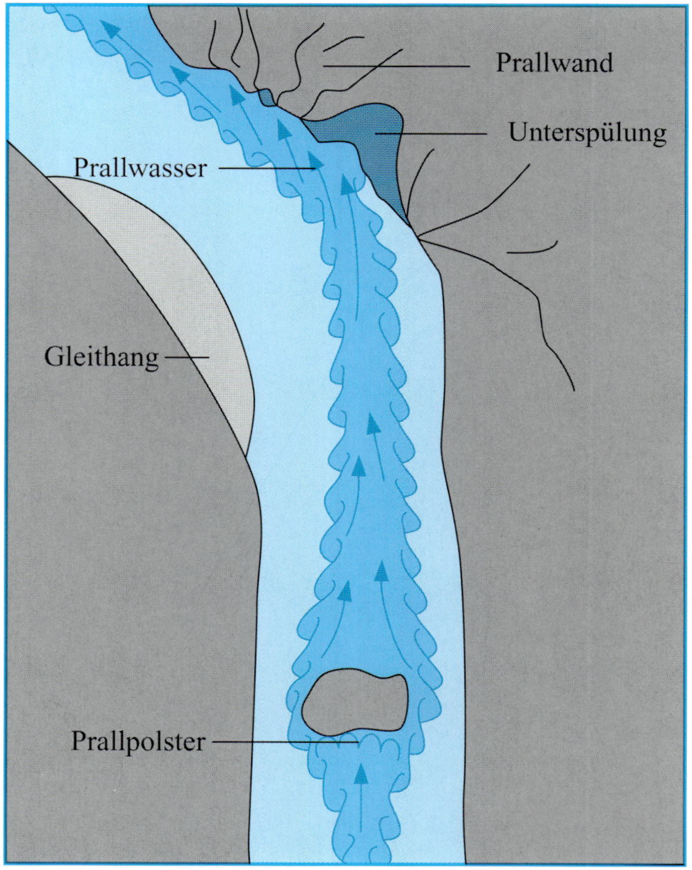

Prallwasser

Gedrehtes Hindernis

Prallt die Hauptströmung im Flußbett nahezu senkrecht auf ein Hindernis, bildet sich dort eine besondere Strömungsform. Sie wird allgemein als Prall- oder Preßwasser bezeichnet. Man spricht auch von einem Prallhang oder einer Prallwand. Das auf das Hindernis auftreffende Wasser der Hauptströmung dreht sich in einer Walze und einer nach unten gerichteten Strömung. Abhängig davon, wie dieses Hindernis vom Wasser ausgeformt wurde, bilden sich dann entweder ein Prallpolster, eine Unterspülung oder Mischformen.
Eine relativ harmlose Strömungsform ist das Prallpolster. Das Wasser wird vor dem Hindernis gestaut und hochgeschoben. Danach läuft es seitlich ab.
Bei Unterspülungen zieht das Wasser nach unten weg. Sie lassen sich am »fehlenden« Polster leicht lokalisieren und sind für uns Wildwasserfahrer dann unangenehm, wenn wir sie schwimmend erreichen. Am eigenen Leib habe ich auf Korsika erlebt, wie es in einer solchen Unterspülung zugeht. Die Orientierung fiel mir schwer, mir schien nur irgendwo das Wasser heller zu werden. Dann krallte ich

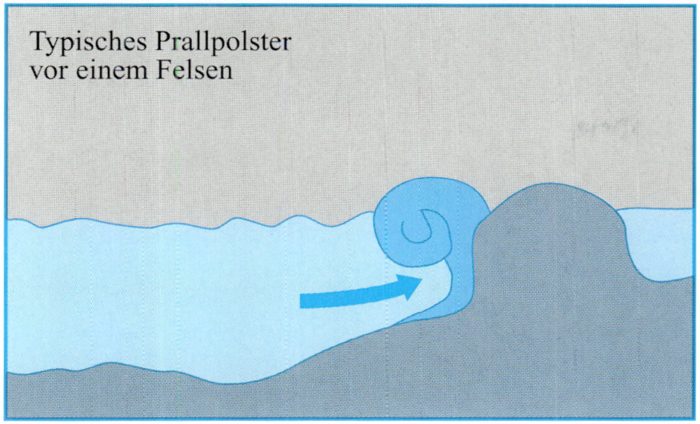
Typisches Prallpolster
vor einem Felsen

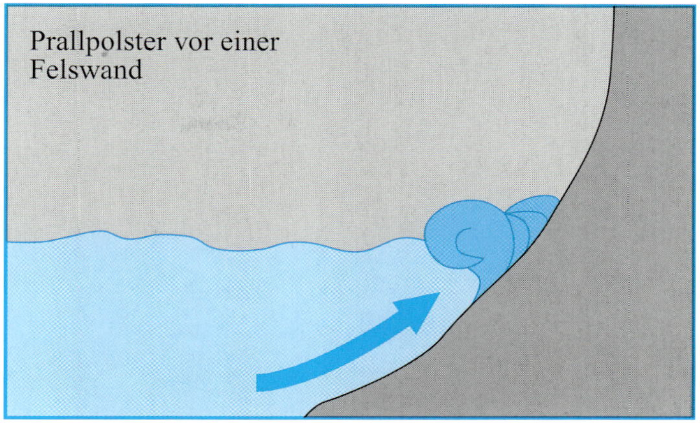
Prallpolster vor einer
Felswand

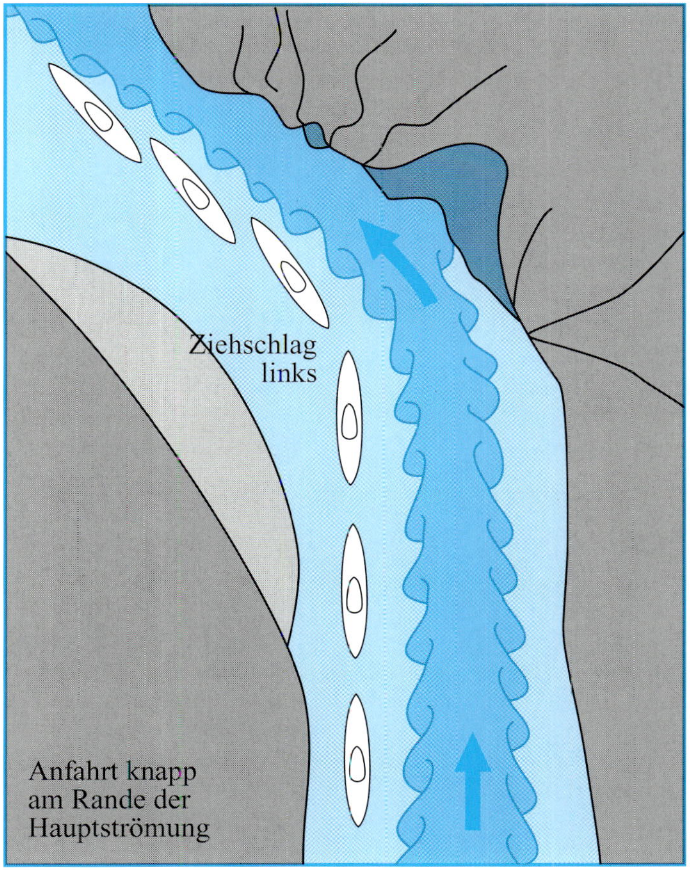
Ziehschlag
links
Anfahrt knapp
am Rande der
Hauptströmung

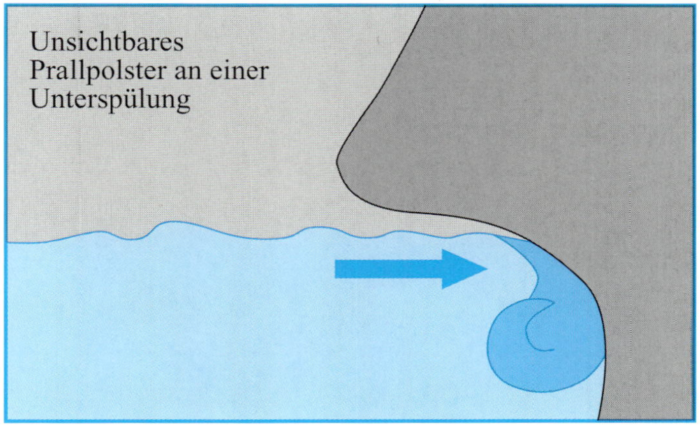
Unsichtbares
Prallpolster an einer
Unterspülung

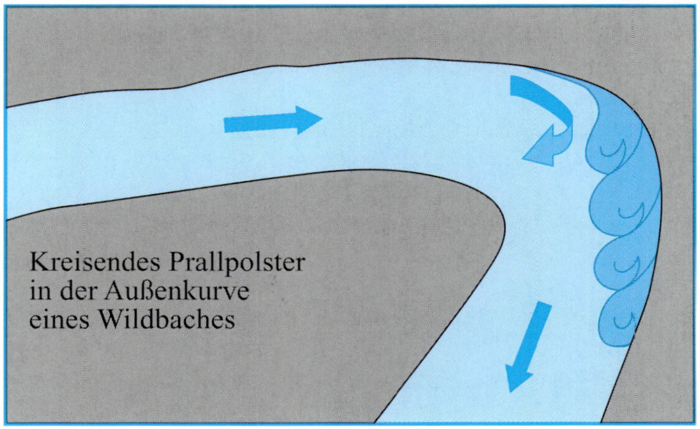
Kreisendes Prallpolster
in der Außenkurve
eines Wildbaches

mich an kleineren Felsvorsprüngen fest und bewegte mich zum Hellen hin. Es war ein recht langer Aufenthalt unter Wasser…
Man sollte also Unterspülungen am besten weiträumig umfahren. Bei ausgeprägten Formen erweist sich eine gute Ziehtechnik als unumgänglich. Sie ermöglicht es, die angestrebte Fahrlinie genau zu realisieren.
Prallpolster sind für den Wildwasserfahrer auch immer eine Herausforderung (Bild links). Man kann auf das Polster quer auffahren, kantet das Boot zum Polster an und läßt sich von der Strömung vorwärts oder rückwärts mitnehmen (Abbildung oben).
Vor in der Strömung liegenden Blöcken bilden sich mehr oder weniger ausgeprägte Prallpolster. Wenn wir quer auf den Block auftreffen, legen wir uns zum Block hin und stützen mit dem Paddel auf (Abbildung unten). Das Boot wird dann vorwärts oder rückwärts daran vorbeigleiten.

Den Tavignano auf Korsika hatte ich schon mehrfach befahren. Seine vielgestaltige Schlucht gehört mit zum Schönsten, das man in diesem Wildwasserparadies finden kann. Mit Ecki, einem Wildwasseranfänger, wollte ich die Schlucht, die einen mittleren Schwierigkeitsgrad aufweist, im Doppeltopo befahren.
Es ist bei bestem Wetter und gutem Wasserstand eine echte Genußfahrt bis zu jener Stelle, an der die Strömung in einer Flußbiegung ganz rechts konzentriert und schnell an einer Felsnase vorbeizieht. Im Einer war es für mich nie ein Problem, das Boot im letzten Moment mit einem Ziehschlag auf der linken Seite an dieser Nase vorbeizufahren. Ecki aber, der sich und das Boot vor einer allzu heftigen Kontaktaufnahme mit der Schlucht schützen wollte, lehnt sich weit und schnell nach links, so daß das Oberwasser das Boot auf die linke Kante stellt. Wir kentern.
Als ich das erste Mal versuche zu rollen, hat Ecki das Boot noch nicht ganz verlassen. Ich muß mich also noch einmal auf Tauchstation begeben, um eine erneute Rolle anzusetzen. Dies verhindern allerdings einige Blöcke, die meinem Kopfschutz und meiner Schulter einen Eindruck von der Härte des korsischen Gesteins vermitteln. Ich beschließe daher, aber auch aus Gründen der Luftknappheit, mein Sportgerät zu verlassen.
Im Laufe dieser Aktion bin ich aber so weit in die nun folgende unterspülte Wand getrieben, daß mich die Strömung gnadenlos immer tiefer in das Felsverlies treibt. Ich öffne also die Augen, um mich zu orientieren. Anhand des irgendwo dort oben heller werdenden Wassers weiß ich, wo ich hin muß. Gleichzeitig versuche ich, mich an kleinen Griffen und Tritten aus dieser fatalen Situation zu retten. Die letzte Luft ist eigentlich schon längst verbraucht. Innerlich werde ich ganz ruhig, alles läuft zeitlupenhaft ab. Die Gedanken sind völlig klar.
Da bemerke ich, daß mich eine leichte Strömung nach rechts versetzt, wo ich mich am Felsen weiterziehen kann. Noch einige Sekunden, und ich kann den ersten kräftigen Atemzug tun.

Stützen auf einem Prallpolster

Querschlagen an einem Block

Walzen und Wirbel

Ritt auf dem Wasser

Ein großer überspülter Stein im Flußbett, ein Felsriegel unter Wasser. Auslöser für das, was Wildwasserfahrer schätzen oder auch fürchten: die Walze. Es gibt senkrecht im Fluß verlaufende Walzen. Sie heißen Wirbel oder Strudel. Von Anfängern werden Strudel besonders gefürchtet; sie sind aber meist viel zu klein, um einen Kanufahrer mit angelegter Schwimmweste nach unten zu ziehen.
Walzen hingegen verlaufen waagerecht. Sie bilden sich entweder an der Oberfläche des Gewässers – wir nennen sie dann entsprechend Oberflächen- bzw. Deckwalze –, oder das Wasser stürzt nach dem Hindernis tief hinab; es bildet dann eine Tiefen- bzw. Grundwalze. Beide Walzenarten sind stationär. Bei den Deckwalzen unterscheiden wir zwischen Quer-, Schräg- und Bogenwalze. Bei gleichbleibendem Wasserstand verändern sie sich kaum. Untrennbar mit einer Tiefenwalze verbunden ist ein gewisser Höhenunterschied. Wildwasserfahrer sprechen von einem »Loch«. Faustregel: Je größer das Loch, desto größer der Respekt des Fahrers. Große Löcher können einen Fahrer festhalten und kentern lassen. Aber auch kleinere Tiefenwalzen schütteln Fahrer und Boot erbar-

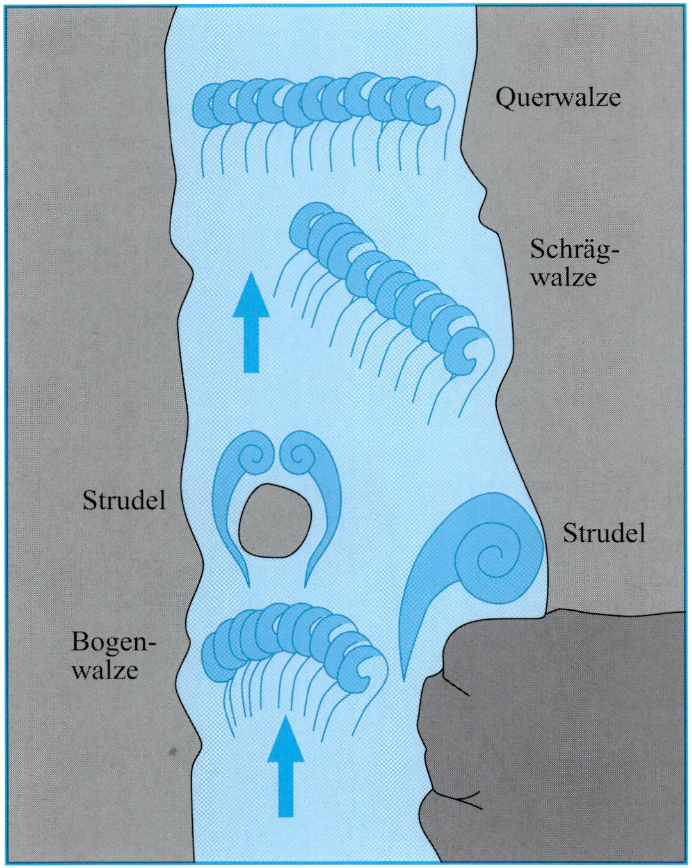

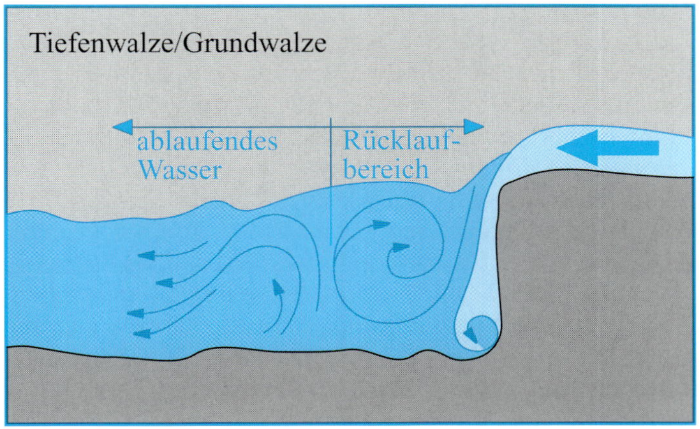

mungslos durch. Fast immer versucht der versierte Fahrer, größeren Walzen aus dem Weg zu gehen, sie zu umfahren. Gelingt dies einmal nicht, versucht man mit hohem Tempo über die Walze zu »fliegen«. Wenn sich das Vorderschiff über dem Loch befindet, wirft man den Oberkörper mit dem letzten Paddelschlag dynamisch nach hinten. So wird das Vorderschiff entlastet und schießt leichter über die Walze hinweg. Die Walze sollte im rechten Winkel angefahren werden (gerade Anfahrt). Mit dem Paddel greift man möglichst tief in den Rücklauf und setzt dann einen »knallharten« Schlag. Wird man trotzdem von der Walze gestoppt (daher wird die Walze im Paddlerjargon auch »Stopper« genannt), kann man sie möglicherweise »ausreiten«. Die Größe und die Stärke des Rücklaufs ist wesentliches Kriterium für die Befahrbarkeit einer Tiefenwalze. Wird der Rücklauf zu stark, droht im Falle einer Kenterung Gefahr. Auf der Abbildung Seite 102 unten rechts sehen Sie das Strömungsverhalten einer Tiefenwalze.

Walzenreiten

Rodeo im Wildwasser

Wer Wildwasser fährt, wird irgendwann einmal mehr oder weniger freiwillig in einer Walze landen. Wildwasser ohne Walzen, das wäre wie Fliegen ohne Turbulenzen. Anfänger haben gehörigen Respekt vor Walzen: Paddlererzählungen berichten von Riesen-, Monster- und Killerwalzen, von unfreiwilligen Saltos, Überschlägen und Kenterungen. Kurz: Rodeo im Wildwasser. Allerdings lassen Walzen das geübte Paddlerherz auch lachen. Immer mehr Paddler spielen mit und in den Walzen aller Kategorien. Selbst »Riesenkoffer« sind vor dem Spieltrieb der Kajakakrobaten nicht mehr sicher.
Das Ausreiten einer Walze wird zweckmäßigerweise vorher geübt. Die »Trainingswalze« sollte nicht zu groß und nach beiden Seiten hin offen sein. Das Wasser muß so tief sein, daß man sich bei einer Kenterung nicht am Kopf verletzt. Die Schwierigkeiten unterhalb der Walze sollten beherrscht werden. Katarakte oder Wehre flußab lassen die schönste Trainingswalze unbrauchbar erscheinen. Erst wenn alles paßt, kann es losgehen.

In der Walze stabilisieren

Man läßt sich quer in eine Walze hineintreiben, kantet und stützt flußab. Dabei muß darauf geachtet werden, daß das Boot möglichst wenig in das von oben fließende Wasser (»Oberwasser«) gerät. Je nach Höhe der Walze kanten und stützen wir mehr oder weniger stark. Um nicht zu kentern, könnte man gleich extrem kanten und weit auslegen. Wenn aber der Oberkörper zu weit zur Seite gelegt wird, stützt auch das Paddel weit vom Körper entfernt. Dies ähnelt dann mehr dem Paddelhang als der Paddelstütze. Das kostet sehr viel Kraft und hat schon manchem Kajakfahrer die Schulter ausgekugelt. Wir halten daher den Oberkörper

In der Walze stabilisieren

Stabilisieren in hoher Deckwalze

möglichst aufrecht. Kajakakrobaten schaffen das ganz ohne Paddel, mit viel Übung und einer gehörigen Portion Gleichgewichtssinn.
Das Paddel halten wir in der Walze als Paddelstütze waagerecht vor dem Bauch oder lassen es sogar auf dem Süllrand aufliegen. Die Rückseite des Blattes stützt dabei nahe am Boot.

Ausfahren vorwärts

Wollen wir die Walze verlassen, halten wir den Oberkörper aufrecht und kanten sowenig wie möglich. Das Paddel ist dabei auf der Aktionsseite nahe am Boot in fast senkrechter Stellung. Der Gegenarm wird über den Kopf gehoben, der Aktionsarm wird gebeugt zum Körper gezogen. Durch leichtes Beugen im Handgelenk des Aktionsarmes wird das Blatt mit der Kehlung leicht zur Strömung geöffnet. Dadurch wird ein Vortrieb vorwärts erreicht. Diese Paddelhaltung wird bis zum Walzenausgang beibehalten. Dort wird der Aktionsarm gestreckt und ein Grundschlag vorwärts eingeleitet. Dieser Schlag bringt uns dann endgültig aus der Walze heraus (Bildfolge 1–5).
Ist die Walze aber ohne deutlich abfließendes Wasser am Walzenausgang, benutzen wir Ziehschläge. Wiederum bringen wir das Paddel nahe an das Boot und halten es senkrecht ins Unterwasser. Wenn wir das Paddel zur Strömung hin öffnen, bekommen wir den notwendigen »Druck« auf das Paddel. Damit ziehen wir uns dann aus der Walze heraus. Wird das Paddel zu früh aus dem Wasser genommen, zieht die Walze uns wieder zurück ⑥.
Nur bei wirklich großen Walzen ist es notwendig, in den Paddelhang zu wechseln. Das Paddel wird dann in Kopfhöhe gehalten, die gekehlte Innenseite des Blattes zeigt dabei nach unten. Sobald wir das Boot stabilisiert haben, versuchen wir mit Grundschlägen oder Ziehschlägen die Walze zu verlassen.

Ausfahren rückwärts

Je nach Gewässersituation sind wir gezwungen, aus kleineren und auch aus größeren Walzen rückwärts herauszufahren. Wollen wir die Walze rückwärts verlassen, halten wir den Blattrücken bootsnah und steil möglichst tief in die Strömung. Dazu wird der Aktionsarm wenig gebeugt zum

3

4

5

6

Körper gezogen. Der Gegenarm wird gebeugt bis auf Schulterhöhe gehoben. Der Oberkörper wird leicht nach hinten geneigt.
Durch leichtes Beugen im Handgelenk des Aktionsarmes wird das Aktionsblatt mit dem Blattrücken zur Strömung hin geöffnet. Dadurch wird ein Vortrieb rückwärts erreicht. Diese Haltung wird während des Ausfahrens beibehalten. Hat man die Walze fast verlassen, wird das Handgelenk des Aktionsarmes fast gestreckt und ein Grundschlag rückwärts ausgeführt.
Wenn in großen Walzen mittels Paddelhang stabilisiert werden muß, ist manchmal eine steile Paddelstellung nicht erreichbar. Man muß sich dann mit einem Ziehschlag hinten ein Stück aus der Walze herausarbeiten und dann das Paddel nach vorne unten umsetzen.

Varianten des Ausfahrens

Gelingt das Ausfahren vorwärts oder rückwärts in den oben beschriebenen Verfahren nicht, gibt es noch einige andere Varianten des Ausfahrens aus einer Walze.
So kann man zum Beispiel den Versuch starten, das Boot in der Walze so zu drehen, daß Heck oder Bug durch das von oben herabströmende Wasser gepackt werden. Wir werden dann in Form einer »Kerze« aus der Walze herauskatapultiert (Bilder rechts). Voraussetzung dafür ist eine ausreichende Wassertiefe unterhalb des Lochs und sicheres Rollen. Die Wahrscheinlichkeit einer Kenterung ist groß.
Ist auch diese Variante nicht möglich, kann man sich vorsätzlich kentern. Man öffnet die Spritzdecke und läßt das Boot vollaufen. Dann werden Rumpf, Arme und Paddel möglichst tief in die Strömung gebracht. Die dort herrschende Unterströmung des ablaufenden Wassers ist oft stark genug, Kanuten und Kajak aus der Walze zu ziehen.
Alternative dazu: Nach dem Öffnen der Spritzdecke legen wir uns mit dem Oberkörper nach vorne, Nase aufs Oberdeck, und lassen uns flußauf hineinfallen. Das ist aber nur möglich, wenn Steine dies nicht verhindern. Die Unterströmung spült uns dann (hoffentlich) hinaus.
Die nebenstehenden Bilder zeigen, wie eine Walze per Bug- bzw. Heckkerze verlassen wird.

Walzentraining

Sobald wir das Stabilisieren und das Ausfahren aus kleineren Walzen sicher beherrschen, können wir das Walzenfahren in Form des Traversierens üben. Wir surfen auf oder in der Walze von einer Flußseite zur anderen. Wenn wir merken, daß wir kaum noch Druck auf das Paddel ausüben, um uns zu stabilisieren, können wir versuchen, nur noch mit der Hand zu stützen. Stellt auch das Stützen mit der Hand kein Problem mehr dar, versuchen wir, das Paddel in der Luft zu halten. Dabei wird der Kajak nur noch durch Kanten und mit der Auslage des Oberkörpers ausbalanciert. Das Stabilisieren in der Walze sollte in Rechts- oder Linksauslage trainiert werden. Das wirkt der Entwicklung einer »Schokoladenseite« entgegen. Eine besonders anspruchsvolle Form des Walzentrainings ist der Walzenkreisel. Laufendes Ein- und Ausfahren vorwärts und rückwärts mit Drehung des Bootes um die Tiefenachse auf der Walzenkrone kennzeichnen den Walzenkreisel.
(Bild Seite 108: Spielerisches Ausreiten einer Walze im Augsburger Eiskanal.)

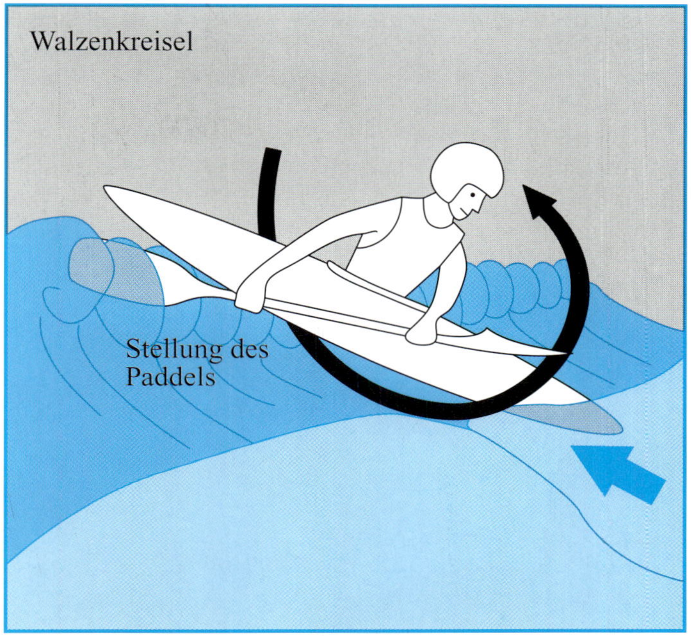

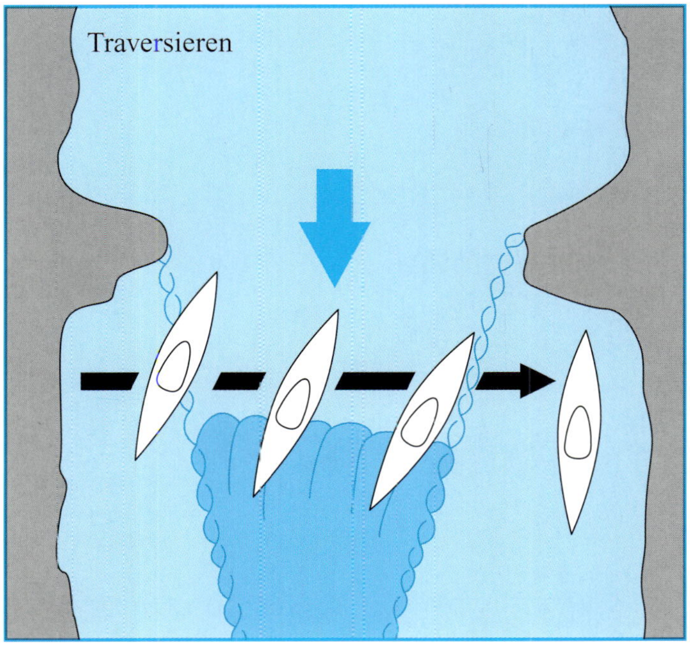

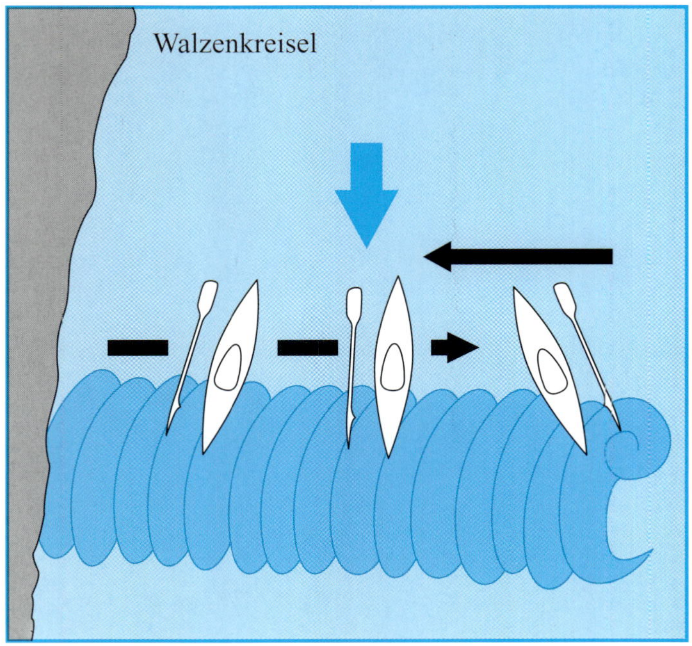

Walzenfahren zur Richtungsänderung

Walzen sind meist recht lautstarke Gebilde, die sich schon von weitem dem Paddler durch sonores Rauschen ankündigen. Bei entsprechenden Wasserständen und vorhergehender Besichtigung wird man sie entweder in der oben beschriebenen Weise befahren, ausschwimmen oder aber sicherheitshalber umtragen. Technisch versierte Fahrer benutzen sie zum Korrigieren der Fahrtrichtung oder zum Traversieren von einer Flußseite zur anderen.
Sind während der Fahrt nur kleine Richtungsänderungen notwendig, durchfahren wir die Walze leicht schräg zur gewünschten Richtung. Dadurch werden wir zur Seite versetzt. Sind größere Richtungskorrekturen notwendig, fahren wir so schräg in die Walze ein, daß sich das Boot querstellt. Gleichzeitig führen wir einen Bogenschlag vorwärts aus. Durch Kanten des Bootes und den Bogenschlag stabilisieren wir uns kurz. Durch den Schwung des Einfahrens schießt das Boot durch die Walze bis in das abfließende Wasser am Walzenausgang. Ein Ziehschlag am Walzenausgang unterstützt das Manöver. Er geht in einen Grundschlag vorwärts über, der uns endgültig aus der Walze herausbringt.

Tip: Wird das Walzenfahren geübt, steht ein Helfer in der Walze. Er stützt und korrigiert den Lernenden, schiebt ihn bei Bedarf aus der Walze heraus. Auf dem Noce habe ich beobachten können, daß der Fahrer »angeleint« das Ausreiten einer Walze übte. Der Kanulehrer hatte das Boot seines Schülers an der Trageschlaufe mit einer Schwimmleine versehen. Bei Gefahr zog er seinen Schüler aus der Walze.

Und: Ganz ohne Kenterung wird es beim Walzentraining nicht zugehen. Die Nasenklammer gehört daher zu den notwendigen Utensilien, um Unannehmlichkeiten in Stirn- und Nasennebenhöhlen vorzubeugen. Auch die Ohren freuen sich, wenn sie vor zuviel Wasser geschützt werden. Sie wachsen sonst langsam, aber sicher zu (Exostosen). Die Ohrlöcher im Helm können mit Folie zugeklebt werden. Ohrenstöpsel sind nicht ideal, weil einmal eingedrungenes Wasser nicht mehr heraus kann.

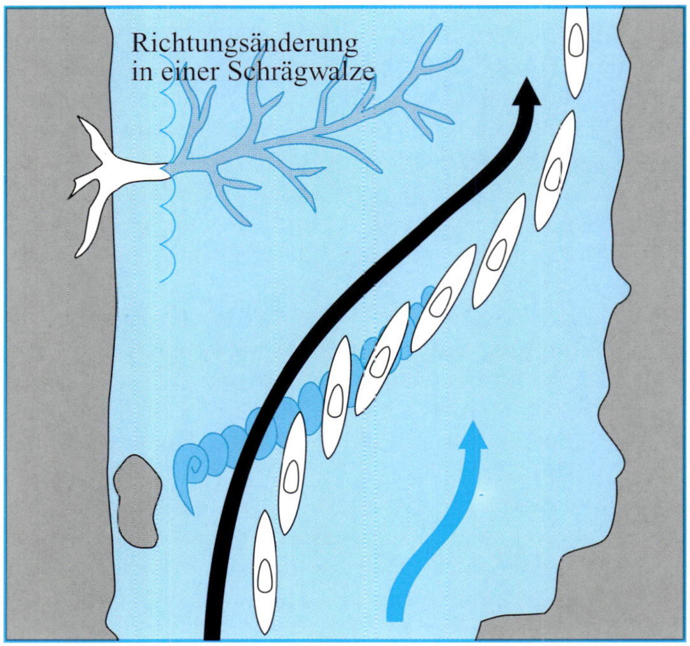

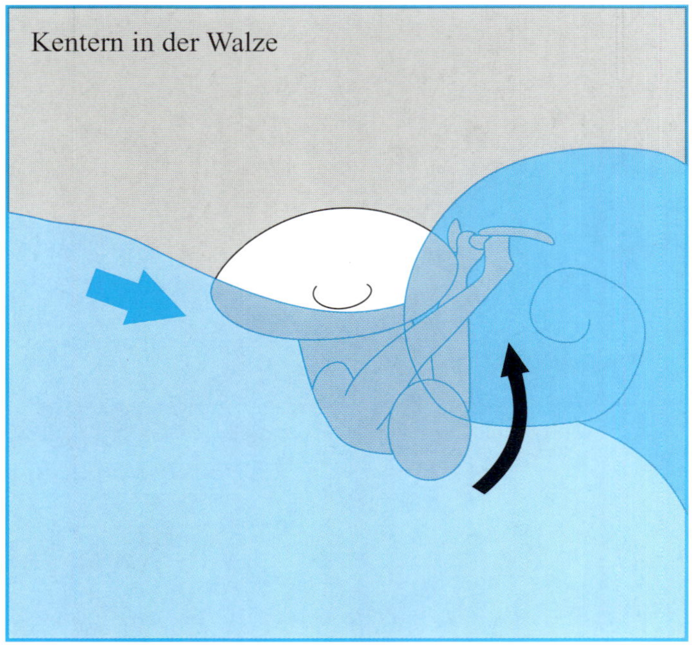

Katarakte

Anspruchsvoller Naturslalom

Schwallstrecken mit starkem Gefälle, durch Blöcke und Felsriegel gegliedert, mit Preßwassern und Walzen reich ausgestattet, werden als Katarakt bezeichnet. Gelegentlich wird ein solcher Streckenabschnitt auch Blockstrecke genannt. Meist handelt es sich hierbei um schwierige Streckenabschnitte, die Mut und Können gleichermaßen voraussetzen. Stark verblockte Flüsse haben den Charakter einer Slalomstrecke. Immer wieder muß das Boot durch gezielte Paddelschläge in eine neue Richtung manövriert werden. Ein gutes Beispiel für eine stark verblockte Strecke ist die Griesenschlucht der Loisach oberhalb von Garmisch-Partenkirchen.

Voraussetzung zur gelungenen Befahrung eines Katarakts ist das genaue Einprägen der Schwierigkeiten und der damit verbundenen Streckenführung. Jeder Meter, jeder Paddelschlag muß »auswendig« gelernt werden. Man kann sich auch markante Punkte auf der Strecke einprägen.

Das Bild unten links zeigt eine klassische Kataraktstrecke auf der Durance in Frankreich.

Verschiedene Varianten müssen durchdacht und abgespeichert sein. Hat man sich nach der Besichtigung von Land aus zur Befahrung entschieden, orientiert man sich noch einmal aus der Kajakperspektive. Vieles sieht dann völlig anders aus. Wenn man startet, gilt es, entschlossen die vorausbedachte Route zu realisieren. Nach einem »Dreher« wird die verbleibende Strecke notfalls rückwärts zu Ende gefahren. Sinnvoll ist es auch, ein Verfehlen der geplanten Streckenführung vorauszudenken. Kehrwasser links und rechts der Strecke dienen dann als »Garage«. Hier kann man verschnaufen und sich neu orientieren.

Ist die Streckenführung eines Katarakts besonders schwer, werden Sicherungsposten aufgestellt. Sie dienen unter Umständen auch zur Orientierung.

Stufen und Wasserfälle

Nur Fliegen ist schöner

Stufen sind vertikale Abrisse im Flußbett. Umgangssprachlich wird dann bei entsprechender Höhe der Stufe von einem Wasserfall gesprochen. Für uns Wildwasserfahrer sind Stufen und Wasserfälle das Salz in der Wildwassersuppe. Die Befahrung einer hohen Stufe sieht zwar immer besonders spektakulär aus, meist ist sie jedoch einfacher zu befahren als beispielsweise ein Katarakt. Im modernen Wildwassersport ist es durchaus üblich, Stufen mit einem Höhenunterschied von 12 Meter und mehr zu befahren.

Wir unterscheiden drei Phasen bei der Befahrung von Stufen: Anfahrt, Flug und Landung. Eine hakelige Anfahrt, die Höhe, starker Rücklauf und Hindernisse im Unterwasser definieren die Grenze der Befahrbarkeit. Ebenso spielen Fragen der Absicherung durch die Bootskameraden eine wesentliche Rolle.

Sind wir zu dem Ergebnis gekommen, daß alle Kriterien die Befahrung der Stufe erlauben, gilt es, noch einige Tricks auszuspielen. Zunächst sollte man sich den Punkt an der Stufenkante einprägen, den man anvisiert. »Eine Paddellänge vom rechten Ufer« wäre ein solches Merkmal.

Dann ist eine hohe Geschwindigkeit bei der Anfahrt der Stufenkante anzustreben. Der letzte Grundschlag vorwärts an der Kante muß besonders kraftvoll sein, der Oberkörper wird gleichzeitig dynamisch zum Heck hin zurückgeworfen. Das entlastet den Bug; wir erreichen damit einen weniger steilen Fall. Dies wiederum führt zu einem flacheren Eintauchwinkel, der eine geringere Eintauchtiefe zur Folge hat.
In der oberen Abbildung erkennen Sie nochmals die drei Phasen der Stufenbefahrung: die beschleunigte Anfahrt ①, den Flug ② und die flache Landung ③.
In der Praxis sieht es freilich oft so aus, daß relativ wenig Wasser über die Kante fließt. Dies hat dann ein Aufsetzen an der Kante und rapides Abstoppen des Bootes zur Folge. Das Boot würde im weiteren Verlauf steil hinunterfallen und ebenso steil eintauchen. Das können wir vermeiden, indem wir leicht schräg über die Kante fahren. Eine solche Situation demonstriert eindrucksvoll das rechte Bild, es zeigt das Befahren einer Stufe auf der Tolminka in Slowenien.

Kolke

Erosion im Flußgrund

Der ausgewaschene Flußgrund unterhalb einer Stufe wird als Kolk bezeichnet. Im Jargon heißt es dann auch schon einmal Tumpf, Gumpe oder einfach Unterwasser. Kolke sind durch Auswaschung, Ausschleifen oder Ausschlagen im Zuge der Erosion eines Flußbettes entstanden. Bei unterdurchschnittlicher Wasserführung lagern sich im Kolk Geröllmassen ab, die zuweilen eine völlige Aufschüttung zur Folge haben können. Das nächste Hochwasser kann diesen Kolk dann wieder ausräumen. Wir Wildwasserfahrer tun also gut daran, die Beschaffenheit des Unterwassers höherer Stufen regelmäßig in Augenschein zu nehmen.

Wehre

Tod im Tosbecken

Wehre sind kein Wildwasser. Wenn trotzdem an dieser Stelle von ihnen die Rede ist, dann gibt es nur einen Grund: sie sind gefährlich, ja lebensgefährlich. Wehre dienen in aller Regel der Kontrolle und Regulierung des fließenden Wassers. Das gestaute Wasser wird bevorratet, treibt Maschinen und Turbinen an oder wird zur Bewässerung benutzt. Auf den Flüssen treffen wir sie an in Form von Grundschwellen, Floßgassen, Steilstufen und Schrägwehren sowie Staustufen. Manche Wehre sehen auf den ersten Blick recht harmlos aus, haben es aber in sich. Wehre werden daher gelegentlich befahren, obwohl davon abgeraten werden müßte. Bei Hochwasser sind grundsätzlich alle Wehre gefährlich.
Hauptkriterium für die Befahrbarkeit eines Wehres ist die Kraft und Länge des Rücklaufs im Unterwasser. Erscheint der Rücklauf zu stark, sollte auf jeden Fall umtragen werden. Es zeugt bei einem Wildwasserfahrer von Umsicht und Urteilsvermögen, zu tragen anstatt zu fahren.
Erscheint das Wehr nach eingehender Besichtigung als befahrbar, verhelfen einige Tricks zu einer befriedigenden Bewältigung. Wehre verfügen gelegentlich über eine Ablaufströmung. Diese sollte gesucht und entschlossen genutzt werden. Oft ist auch eine Befahrung am Rand zu empfehlen. Das Paddel wird im Abkippen nach vorne genommen. Auf jeden Fall müssen Wehre einzeln befahren werden, damit die Bootskameraden helfend eingreifen können. Als Grundsatz gilt auch, daß man nie zu nah an ein Wehr heranfährt. Weiter entfernte Anlegeplätze am Ufer sind sicherer. Selbst vertraut gewordene Wehre sollte man sich vor einer erneuten Befahrung anschauen. Das letzte Hochwasser könnte Hindernisse eingeschwemmt haben.
Mehr als ein Drittel aller tödlichen Unfälle im Kanusport ereignet sich im Bereich von Wehranlagen. Eine besonders heimtückische Wehranlage ist das Kastenwehr. Hier haben sich Wasserbauingenieure eine Konstruktion ausgedacht, um die Energie des Wassers zu neutralisieren. Im Unterwasser wurde eine kastenförmige Betonkonstruktion, das sogenannte Tosbecken, eingebaut. Dies bewirkt in aller Regel einen starken Rücklauf. Für den Bootfahrer oder Schwimmer ist es so gut wie unmöglich, das Tosbecken zu verlassen. Hilfeleistung am Tosbecken und generell an Wehren ist schwierig. Nicht angeseilte Retter kommen schnell in Schwierigkeiten und können ertrinken.

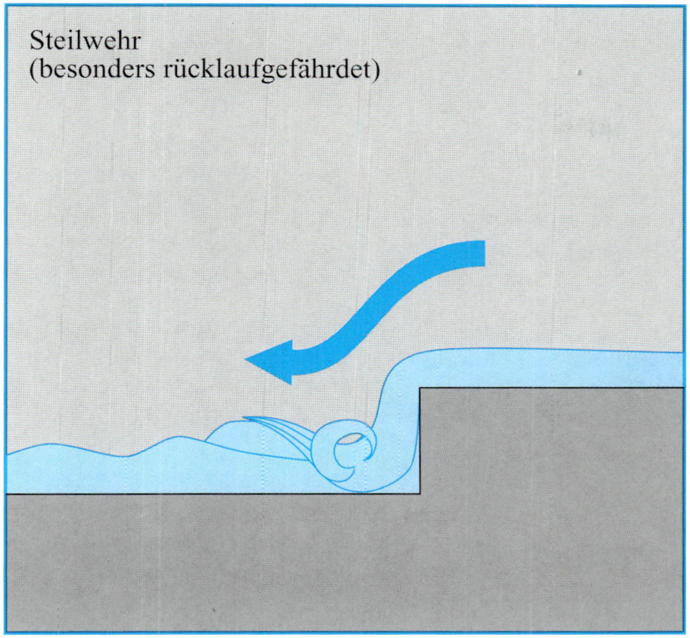
Steilwehr
(besonders rücklaufgefährdet)

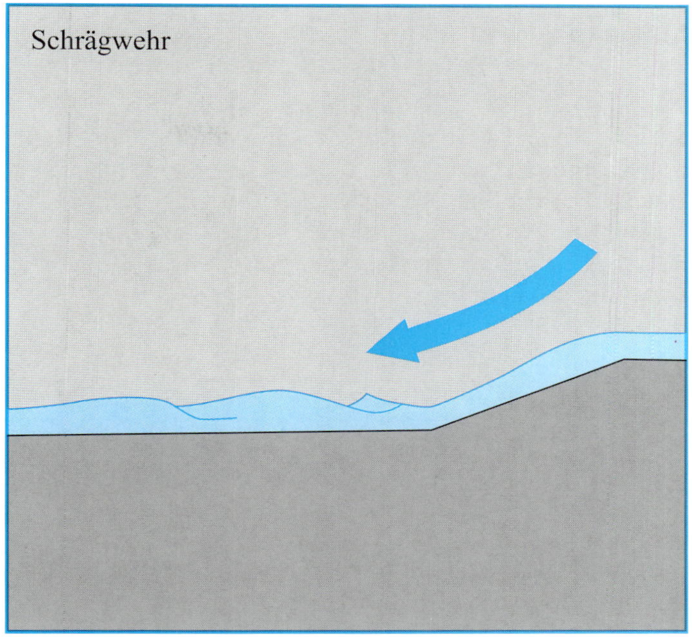
Schrägwehr

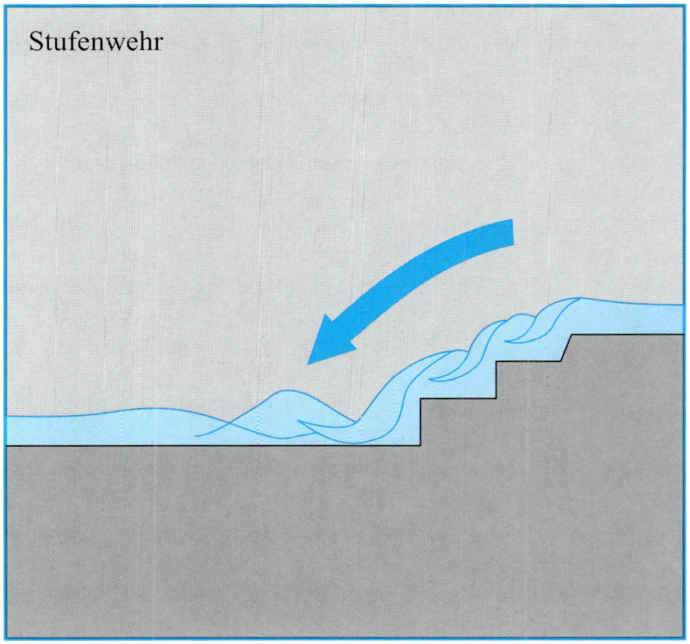
Stufenwehr

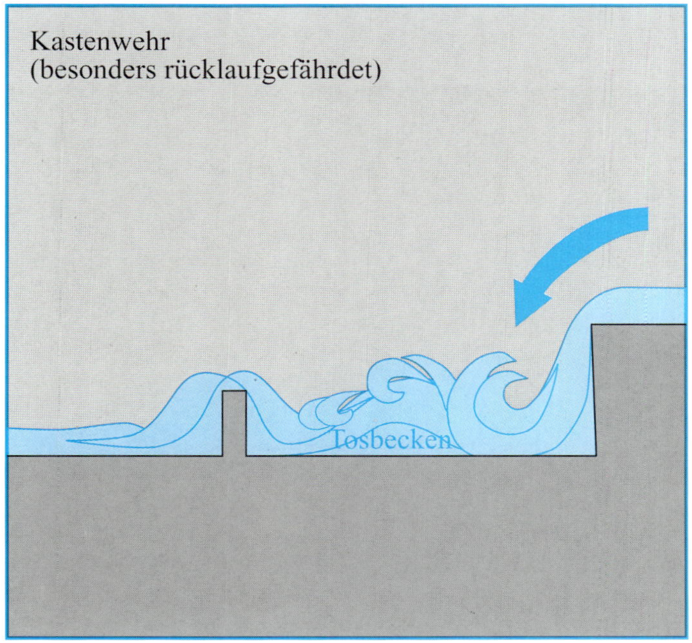
Kastenwehr
(besonders rücklaufgefährdet)
Tosbecken

Siphons

Tückische Unterströmung

Strömungen unter Felsformationen hindurch werden Siphons genannt. Man findet sie entweder in Flüssen mit grober Verblockung oder in Karstflüssen. Sie werden in erster Linie Schwimmern gefährlich. Da sich diese tückischen Unterströmungen unter der Wasseroberfläche befinden, sind sie nur schwer auszumachen. Ihre Gefährlichkeit schwankt mit dem jeweiligen Wasserstand.

Zwangspassagen

Im Blindflug

Gelegentlich lassen sich schwierige Passagen an Flüssen mit besonders steilen und praktisch unbegehbaren (und auch nicht erkletterbaren) Ufern vor einer Befahrung nicht einsehen. Diese Stellen, die nicht umtragen werden können, nennen wir Zwangspassagen. In der schönen Schlucht des Cannobino (Tessin) und auf der Tolminka (Slowenien) sind mir solche Passagen bekannt. Derjenige Fahrer, der sich in einer solchen Situation sicher fühlt, wird vor-

fahren. Im Unterwasser angekommen, wird er den weiter oben wartenden Fahrern durch vorher vereinbarte Zeichen Informationen zur Befahrung dieser Stelle signalisieren.

Bäume, Stege und Stacheldraht

Überraschendes Auftauchen

Im und am Wildfluß treffen wir dann und wann auf ernstzunehmende Hindernisse, die in keinem Flußführer vermerkt sein werden. Die Gefahr dieser Hindernisse liegt in ihrem unvermuteten, überraschenden Auftauchen.

Den schnell fließenden Wiesenbach hatte ich schon so oft befahren, daß ich ihn in- und auswendig zu kennen glaubte. Und so befuhr ich ihn auch oft genug nach des Tages Arbeit in der Dämmerung oder sogar im Dunkeln. Im schnellen Wettkampfboot spurtete ich eine Gerade entlang, als es auf dem Boot vorne kurz ratschte. Unmittelbar darauf verspürte ich auf der Brust einen Druck, als ob eine Riesenfaust zugeschlagen hätte. Meine Geschwindigkeit wurde abrupt abgebremst, es preßte mir alle Luft aus den Lungen. Nun drückte es mich und mein Boot sogar gegen die Strömung rückwärts. Was war geschehen? Kurz zuvor hatte der Bauer, dem die Wiesen links und rechts des Flusses gehörten, einen Draht über den Bach gezogen. Seine Kühe sollten ihm nicht davonlaufen. Dieser Draht wirkte auf mich wie das Bremsseil für die Jets auf einem Flugzeugträger. Ich konnte den Draht mit einer schnellen Hand über den Kopf hinwegstreifen. Nicht auszudenken, wenn mich der Draht in Halshöhe erwischt hätte…

Solche und ähnliche Geschichten werden vorzugsweise auch von Stegen, Stacheldrähten und quer über den Bach liegenden Bäumen erzählt. Die unter dem Wasserspiegel liegenden Äste sind eine Falle ganz besonderer Art für uns Paddler. Ein Freund hatte bei der Befahrung von Kleinflüssen immer eine Kneifzange und eine zusammenfaltbare Säge dabei. Es mangelte nicht an Einsätzen für diese Werkzeuge.

Sicherheit und Rettung

Abenteuer Wildwasser

Genuß durch Vorsicht

Wildwasserfahren ist ein Vergnügen, aber auch ein Stück Abenteuer. Im Abenteuer finden wir aufregend Unbekanntes. Das Unbekannte suchen wir, das damit verbundene Risiko versuchen wir naturgemäß zu vermeiden. Der Selbsterhaltungstrieb meldet sich.
Solange wir auf Wildbächen paddeln: Es ist unmöglich, das Wildwasserfahren völlig sicher zu machen. Unser Ziel wird sein, das Wildwasser und die Landschaft zu genießen und das Risiko durch gewissenhafte Vorbereitung, viele Erfahrungen und umsichtiges Verhalten so weit wie möglich herabzusetzen.
Das Bild unten zeigt einen glasklaren Fluß in Slowenien. Es ist ein Genuß, auf solchem Wildwasser unterwegs zu sein.

Körperliche Vorbereitung

Fitneß, Ausdauer, Technik

Ohne eine entsprechende körperliche Vorbereitung, ohne gezieltes Training findet kein Sportler den Weg zum Erfolg. Auch für den Wildwasserfahrer ist eine spezielle Fitneß Voraussetzung für eine sichere Befahrung. So banal es klingen mag: Für meine Begriffe geht eine große Anzahl von Fahrern körperlich unzureichend vorbereitet auf den Bach. Für den Großteil der Kanufahrer ist Paddeln nun einmal eine Saisonsportart. Die ersten Fahrten dienen dazu, Grundmuster des Wildwasserfahrens wieder einzuschleifen. Den Winter über treibt man im günstigen Fall eine andere Sportart, hält sich durch Gymnastik, Aerobic oder Jogging fit. Das Kajakfahren ist dann wieder eine ganz andere Geschichte. Es werden völlig andersartige Muskelgruppen beansprucht. Erfahrungsgemäß bergen gerade die Fahrten zu Saisonbeginn und zum Ferienanfang in dieser Hinsicht kritische Situationen.
Schwimmen ist nicht nur hervorragend geeignet, um die allgemeine Ausdauer zu trainieren, es bereitet auch auf den Ernstfall der Kenterung vor. Kräftiges und ausdauerndes Schwimmen kann bei einer Kenterung lebensrettend sein. Oft werden Strecken gefahren, in denen der Gekenterte zum Spielball der Strömungen wird. Die Schwimmweste und der Neoprenanzug verleihen zwar Auftrieb, vor starken Saugströmungen bietet das aber letztendlich keinen Schutz. Tauchübungen runden das Training ab.
Eine gute Möglichkeit, um die spezielle Ausdauer zu trainieren, sind Dauerfahrten von etwa 60 Minuten. Der Puls sollte dabei eine Frequenz von 120 bis 140 Schlägen/Min. erreichen.
Klar, daß diese Art des Trainings die Gefahr der Eintönigkeit birgt. Die Variation der Strecken bringt dann eine gewisse Abwechslung.
Wer seine Technik einschleifen oder verbessern möchte, sollte sich nicht scheuen, an einer geeigneten Stelle zwei oder drei Slalomtore aufzuhängen. Mit Hilfe dieser Tore können ganz unterschiedliche technische Grundmuster des Wildwasserfahrens simuliert und trainiert werden. Zielgenaues Fahren durch eine effektive Anwendung der Paddelschlagtechniken sei hier genannt.

Das Training der Kenterrolle ist schließlich für einen Paddler ein ganz grundlegendes Sicherheitselement. Wer die Möglichkeit hat, irgendwo im Schwimmbecken die Rolle zusammen mit Gleichgesinnten zu üben, sollte dies auf jeden Fall tun. Er verfügt dann über eine solide Trainingsgrundlage, wenn er sich irgendwo im wilden Wasser einmal kopfunter den Bach hinunterbewegt. Das Beherrschen der Kenterrolle ist allerdings keine Lebensversicherung! Zwar lernen viele Wildwasserfahrer gleich zu Beginn ihrer Ausbildung die Kenterrolle; ein Schwimm- und Tauchtraining wird dadurch aber keineswegs überflüssig.

Schwimmen im Wildwasser

Aktiv ist alles

Mit Schwimmweste, Neoprenanzug, festen Schuhen und Helm im leichten Wildwasser Schwimmen üben ist eine hervorragende Möglichkeit, Gefühl für die Kräfte des Wildwassers zu bekommen und obendrein noch ein Stückchen Sicherheit und Selbstvertrauen zu erlangen. Außerdem macht es auf geeigneter Strecke auch noch viel Spaß.

Im Wildwasser schwimmen wir in aller Regel mit den Füßen voraus. Davon halte ich allerdings nicht viel, wenn anschließend ein besonders kritischer Abschnitt folgt. So können zwar Steinberührungen wenigstens etwas abgefedert werden, andererseits ist diese Art der Fortbewegung im Wasser passiv. Mit anderen Worten: Wir werden mehr oder weniger den Bach hinuntergespült. Aktives Schwimmen (in Rücken- und Brustlage) erscheint mir da sinnvoller, da wir ja so schnell wie möglich das rettende Ufer erreichen wollen.

Auf keinen Fall jedoch sollte man versuchen, sich im Wasser aufzurichten. Zu oft ist es schon passiert, daß Schwimmer mit einem Fuß in einem Steinspalt hängengeblieben sind. Bei kräftiger Strömung hat dies fatale Folgen: Der Oberkörper wird gnadenlos unter Wasser gedrückt. Erst im unmittelbaren Uferbereich, dort, wo die Strömung bereits minimal ist und man sich gut orientieren kann, richtet man sich auf.

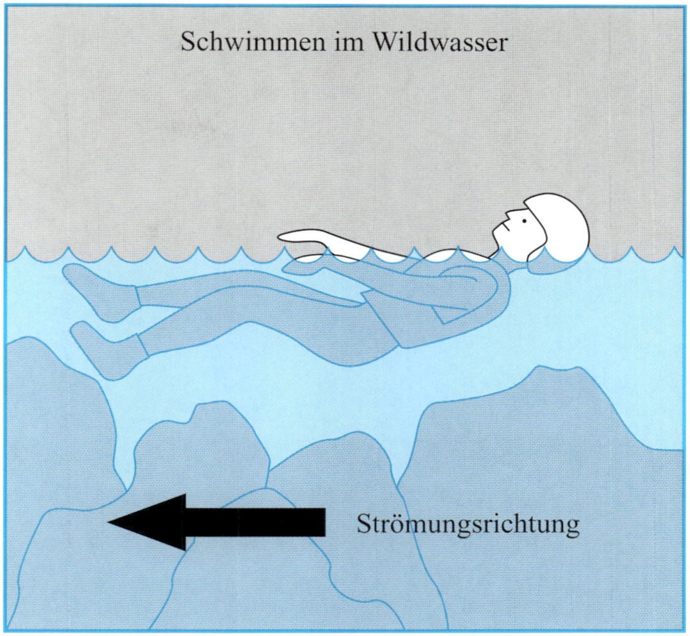

In felsigen und flachen Flüssen bleiben wir immer oberhalb des Kajaks. Wir vermeiden es so, zwischen dem Boot und einem Hindernis eingequetscht zu werden. Dabei legen wir uns auf den Rücken und versuchen, stromabwärts zu schauen. Hüften und Füße halten wir nach Möglichkeit an der Wasseroberfläche. Solange wir das Boot an der Schlaufe halten, versuchen wir, das rettende Ufer zusammen mit dem Boot anzuschwimmen (Bild Seite 117 unten). Wir bergen das Boot aber nicht um jeden Preis.
Besonders im Wuchtwasser ist es schwierig, den Überblick zu behalten. Die Orientierung aus der Schwimmerperspektive ermöglicht es aber auf jeden Fall, ein Ufer anzupeilen. Wenn man sich für ein Ufer entschieden hat, sollte man diesen Entschluß beibehalten, auch wenn man unterwegs durch unterschiedliche Strömungen versetzt wird. Gerade im Wuchtwasser wird man versuchen, so lange wie möglich am Boot zu bleiben und mit dem Boot an Land zu kommen. Das aber nur, sofern man noch gut »bei Luft« ist. Wird die Luft knapp, schwimmt man im Kraulstil ohne Boot an Land.

Das Schwimmen im Rücklauf von Wehren, in überspülten Blöcken und Stufen ist noch einmal ein Kapitel für sich. Instinktiv wird man versuchen, möglichst schnell an der Wasseroberfläche vom Wehr wegzuschwimmen. Das geht aber nur, wenn der Rücklauf schwach ausgeprägt ist. Die Schwierigkeit liegt also darin, gegen den Reflex zu handeln und abzutauchen. Wir schwimmen in diesem Fall mit dem Rücklauf flußauf in Richtung Wehr oder Stufe. Je stärker wir in das herabstürzende Wasser geraten, um so besser kommen wir nach unten in die ablaufende Strömung. Wir haben dann eine reelle Chance, im abfließenden Wasser unter dem Rücklaufbereich hinwegzutauchen. Zur Orientierung öffne man die Augen: Das sauerstoffreiche Wasser des Rücklaufs ist heller als das dunkle, ablaufende Wasser. Ein kühler Kopf und genügend Luft in der Lunge erleichtern diese Aktion. Schwierig wird es, wenn zunächst gegen den Rücklauf angeschwommen wird und die Kräfte bereits verbraucht sind. Zu schnell verliert man den Überblick und das Handlungsvermögen. (Bild unten links: Start einer Eskimorolle im Rücklauf einer Stufe.)

Helfen und Retten

Sicherheit ist unbezahlbar

Viele Hilfsmaßnahmen bleiben ohne den gewünschten Erfolg, weil das richtige Material falsch eingesetzt wurde. Auch hier bleibt es dabei: Sicherheit ist nicht käuflich. Es reicht nicht, wenn man den Wurfsack in der Hand hält; man muß ihn auch zielgenau, an der richtigen Stelle und im entsprechenden Moment zuwerfen können. Je intensiver wir uns auf schwierige Situationen vorbereiten, um so weniger überlassen wir etwas dem Zufall. Mit anderen Worten: Wenn wir das richtige Material besitzen, müssen wir auch lernen, damit umzugehen. Wir sollten uns doch einmal einige Situationen vorstellen: das Bergen eines Fahrers aus seinem verklemmten Boot, die Rettung eines Bewußtlosen aus dem Fluß, das Herausholen eines Schwimmers aus dem Rücklauf.
Jeder kann einmal auf schnelle Hilfe angewiesen sein, so wie der Fahrer auf dem Bild rechts, ihm brach mitten im Katarakt das Paddel, er rollte mit halbem Paddel hoch.

Offener Wurfsack mit Leine

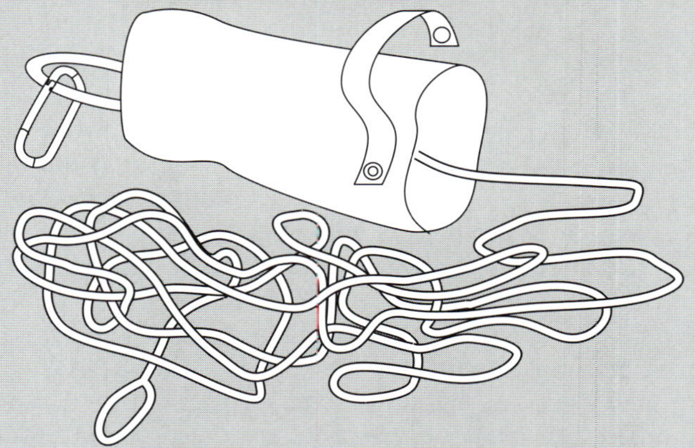

Geschlossener Wurfsack,
die Leine ist im Sack untergebracht.

Natürlich gab es Situationen, in denen das richtige Material nicht dabei war. Wurfsack, Paddelhaken, Karabiner und Messer gehören heute zum Standard, wie z. B. bei dem oben abgebildeten Rettungsmanöver.

Universelles Rettungssystem

Der Wurfsack ist das wichtigste Rettungsgerät des Kajakfahrers und gehört in jedes Wildwasserboot. Man benötigt ihn zur Rettung eines Schwimmers aus Schwällen, Katarakten und Rückläufen. Das im Wurfsack enthaltene Seil dient auch zum Sichern eines angeseilten Helfers, zur Rettung eines Schwimmers aus der Flußmitte oder zum Queren der Strömung. Der Brustgurt der Schwimmweste bietet dazu eine ideale Befestigungsmöglichkeit. Also: Nie direkt in das Seil einbinden; das Seil muß sich im Notfall, auch unter starkem Zug, lösen lassen. Der Schwimmer muß diese Notauslösung vorher geübt haben.
Der Wurfsack enthält eine schwimmfähige Leine mit einer Länge von etwa 15 bis 20 Meter. Der Durchmesser dieser Leine sollte etwa 8 bis 10 Millimeter betragen. Leine und

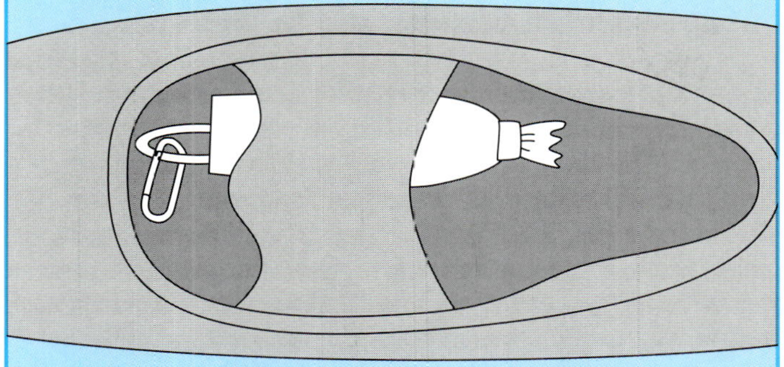

Bei manchen Booten ist seitlich unter dem Sitz ein Platz für den Wurfsack.

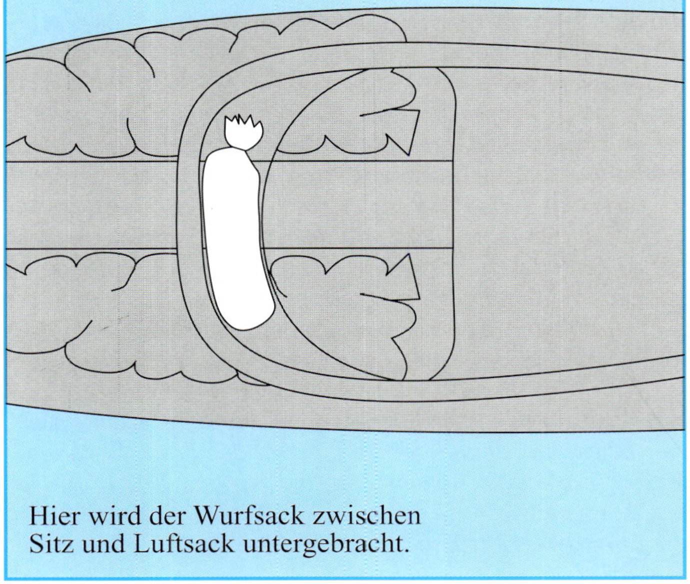

Hier wird der Wurfsack zwischen Sitz und Luftsack untergebracht.

Sack müssen für einen Schwimmer gut sichtbar sein. Deshalb weisen sie Signalfarben auf. Wurfsäcke sind in vielen Situationen einsetzbar. Sie sind somit ein universelles Rettungssystem und die Grundlage unserer aktiven Sicherheit. Wir können Schwimmern den Wurfsack zuwerfen, uns selbst und die Boote an steilen Ufern abseilen, verklemmte Boote bergen und vieles mehr.
Ummanteltes Tauwerk eignet sich besonders gut als Leine. Die Tatsache, daß es Wasser aufsaugt, macht sich beim Werfen positiv bemerkbar. Es wird dann schwerer und läßt sich gegebenenfalls weit werfen. Zu Hause sollte man die Leine aber auf jeden Fall zum Trocknen aufhängen und anschließend von Sand und Schmutz befreien, um eine sichere Funktion und lange Lebensdauer zu gewährleisten.
Die Öffnung des Wurfsacks ist so groß bemessen, daß man die Leine bequem und ohne Schlaufen im Sack unterbringen kann. Auf keinen Fall dürfen wir die Leine außerhalb des Wurfsacks zusammenlegen und dann in den Sack stopfen. Die Gefahr, daß sich die Leine verknotet und nicht weit genug geworfen werden kann, ist dann zu groß.
Tip: Am freien Ende der Leine befestigen wir in der Schlaufe einen Karabiner. Beim Transport im Boot haken wir den Karabiner im Rückengurt ein und verstauen den Wurfsack griffbereit hinter dem Sitz.
Zur Ausrüstung sollten auch Paddelhaken, Säge, Rettungssack, Erste-Hilfe-Kasten, Messer und Tape gehören.

Rettung eines Schwimmers

Mit Wurfsack und Boot

Es ist schwieriger, einen Schwimmer mit dem Wurfsack zu retten, als man es sich vorstellen kann. Es muß zielgenau geworfen werden, der Wurfsack wird während der Flugphase leichter, und es kann einen überaus starken Ruck geben, wenn der Schwimmer an der Leine festen Halt gefunden hat. Außerdem sollte nie mehr Leine in den Wurfsack gegeben werden, als man bis zum Schwimmer braucht. Wir verhindern so, daß sich die Leine in ihrer ganzen Länge abrollt und verheddert. Um zu vermeiden, daß der Retter mit ins Wasser gezogen wird, sollte die Leine am Ende oder an anderer Stelle gesichert werden. Man kann sie um

einen Baum oder einen Felsen schlingen. Auch hier leistet ein Karabiner wieder gute Dienste.
Schwierige Stellen werden in aller Regel vor der Befahrung abgesichert. Es gehört Erfahrung dazu, passende Wurfpositionen auszusuchen. Insbesondere dann, wenn nach einer heiklen Stelle ein unbefahrbarer Abschnitt droht, muß doppelt oder dreifach gesichert werden. Man versucht aber, etwas weiter über den Schwimmer hinauszuzielen, damit er auf jeden Fall die Leine greifen kann. Grundsatz: lieber zu lang als zu kurz!
Sollten wir trotzdem den Schwimmer verfehlen, holen wir die Leine wie ein Lasso ein und laufen gleichzeitig am Ufer entlang. Bevor wir erneut einen Wurfversuch starten, füllen wir den Sack nach Möglichkeit mit Wasser. Nur so können wir (jetzt ohne die Leine im Sack) halbwegs zielgenau werfen. Soweit die Theorie. In der Praxis laufen solche Dinge jedoch oft genug leider anders. In Sekundenschnelle müssen wir reagieren und die richtige Entscheidung treffen. Hier hilft am besten Training, Training, Training…
Gute Kajakfahrer, die so gut wie nie ihr Sportgerät verlassen müssen, sind erstaunlich hilflos, wenn sie dann doch einmal Baden gehen. Für den Schwimmer gilt: Versuche, den Helfer am Ufer im Auge zu behalten. Wenn der Helfer den Wurfsack geworfen hat: Packe die Leine mit beiden Händen und ziehe sie unter einem Arm durch. Lege Dich auf den Rücken und schaue auf Deine Füße! Mit den Füßen kann die Schwimmlage gesteuert werden.
Auf großen Wildflüssen kann man einen Schwimmer nur retten, wenn man zu ihm hinpaddelt und den Kajak als Rettungsboot benutzt. Man fährt den Schwimmer so an, daß er sich über das Heck zum Süllrand ziehen kann. Hierbei hilft ihm die auf dem Boot befestigte Decksleine. Wenn der Schwimmer sicher aufliegt und guten Halt gefunden hat, hebt er nach Möglichkeit die Füße aus dem Wasser. Diese würden ansonsten wie »Bremsklappen« wirken.

Rettung aus dem Rücklauf

Heikle Situation

Ein Schwimmer im Rücklauf eines Wehres oder Stufe: eine der heikelsten Situationen, die ich mir vorstellen kann.

Auf Korsika hatten wir einen herrlichen Wildwassertag fast hinter uns gebracht; nur noch wenige Meter lagen auf dem Rizzanese vor uns. Es galt nur noch, eine relativ harmlos ausschauende, kesselartige Stufe mit zwei Meter Höhendifferenz zu befahren.

Wir verließen die Boote, sicherten sie etwa zwanzig Meter oberhalb der Stufe und nahmen die jetzt vor uns liegende Stelle in Augenschein. Zwar sahen wir von oben auf das kräftige Rückwasser im Kessel, dachten aber, daß dies auf der linken Seite zu überspringen sei. Sicherungsmaßnahmen hielten wir nach den vorher gemeisterten Schwierigkeiten auf diesem anspruchsvollen Wildbach für unnötig. Bodenloser Leichtsinn, wie sich herausstellen sollte.
Nun gut, Lars fuhr los, konnte aber den Rücklauf wider Erwarten nicht überspringen. Es stellte ihn auf – er drehte die erste Rolle. Als er hochkam, hatte sich die Spritzdecke gelöst. Trotzdem versuchte er mit aller Kraft, das Boot flußab zu manövrieren. In der Zwischenzeit waren wir damit beschäftigt, einen Wurfsack zu holen. Nach einer erneuten Rolle mußte Lars das unterdessen vollgelaufene Boot aufgeben. Sofort wurde er in das herabfallende Wasser der Stufe gezogen und verschwand. Das mit viel Luft angereicherte Wasser des Rücklaufs lieferte wenig Auftrieb. Als er im Rücklauf wieder auftauchte, war es schwer für ihn, den Kopf über Wasser zu halten. Jetzt setzten wir endlich den Wurfsack ein. Lars hatte aber unterdessen in dieser chaotischen Situation völlig den Überblick verloren und konnte die Leine nicht greifen. Auch ein zweiter Wurfversuch scheiterte. Inzwischen war Lars mehrmals für längere Zeit untergetaucht und im Kreis gedreht worden. Schwimmbewegungen oder sonstige kontrollierte Reaktionen waren nicht mehr zu erkennen. Für uns gab es in dieser Situation nur noch eins: in einem günstigen Augenblick hineinspringen und versuchen, ihn aus dem Rücklauf herauszuziehen. Dabei bestand die Gefahr, daß ich als Retter selbst mit in den Rücklauf gezogen wurde. Als Lars dann fast bewußtlos einmal relativ nah an der Zone des ablaufenden Wassers auftauchte, sprang ich und bekam ihn an der Schwimmweste zu fassen. Glücklicherweise packte uns die ablaufende Strömung, zog uns mit und wir kamen an Land.

Um jemanden aus einem Rücklauf zu befreien, muß das Team gut zusammenarbeiten und bestens vorbereitet sein. Einfachste Möglichkeit ist der schnelle und zielgenaue Einsatz des Wurfsacks. Schon wenn wir die Boote verlassen, um eine Stelle auf ihre Befahrbarkeit hin zu untersuchen, sollten wir immer den Wurfsack mitnehmen. Wichtig ist aber auch, daß der Schwimmer das Seil bemerkt und greifen kann.

Man kann auch mit einem vorher bereitgemachten Boot vom Unterwasser her in den Bereich des Rücklaufs einfahren. Die Bootsspitze mit der Schlaufe wird dann als Halt angeboten. Da ein solches Manöver für den Retter gefährlich werden kann, wenn er selbst in den Rücklauf gerät, ist hier höchste Vorsicht geboten. Der Rücklauf darf nicht zu stark sein. Für diese Rettungsmethode kommen nur besonders gute und erfahrene Paddler in Betracht. Sicherer wird diese Aktion, wenn das Boot vorher mit dem Wurfseil verbunden wurde und ein Helfer vom Ufer aus das Boot aus dem Rücklauf ziehen kann ① und ②.

Eine erprobte Variante dieser Methode besteht darin, eine Bootskette zu bilden. Dazu befinden sich zwei Fahrer im Unterwasser. Einer von ihnen fährt in den Rücklauf zum Schwimmer. Der andere hält sich dicht bei ihm, bleibt aber im ablaufenden Wasser ③. Bekommt der Schwimmer die Schlaufe zu fassen, versucht der rückwärtige Fahrer Schwimmer und Vordermann aus dem Rücklauf herauszubugsieren.

Da der Schwimmer oft bereits bewußtlos ist, wenn er aus dem Rücklauf herausgespült wird, muß das Unterwasser abgesichert sein. Dies geschieht durch das Spannen einer Bergeleine, die den Verunglückten abfängt. Der richtige Einsatz der Bergeleine wird auf den Seiten 124 und 125 genauer beschrieben.

Eine gut funktionierende Praktik auf engen Bächen beherrschten auch meine französischen Kajakfreunde. Dabei springt oder schwimmt der Helfer selbst ein, nachdem er über Wurfleine, Karabiner und Brustgurt von einem Kameraden gesichert worden ist. Der Vorteil dieser Methode liegt darin, daß der Retter genau dann einspringen kann, wenn der Schwimmer an der Wasseroberfläche auftaucht.

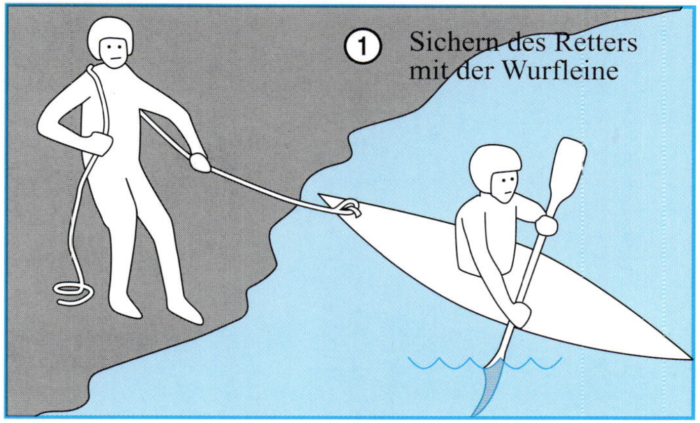

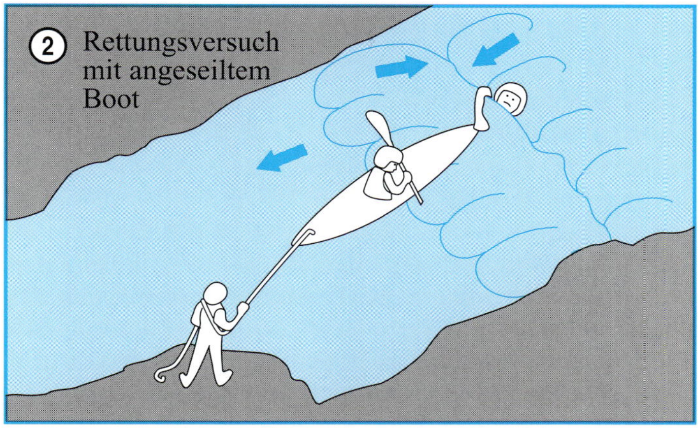

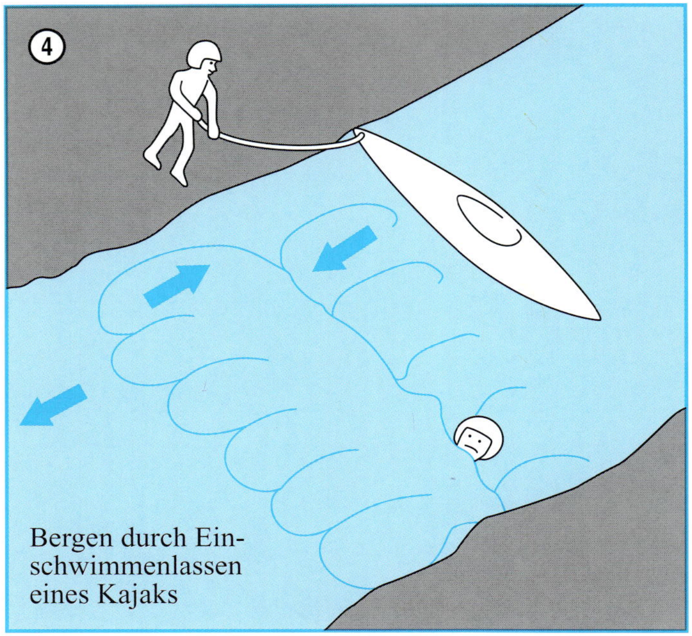

Bergen durch Einschwimmenlassen eines Kajaks

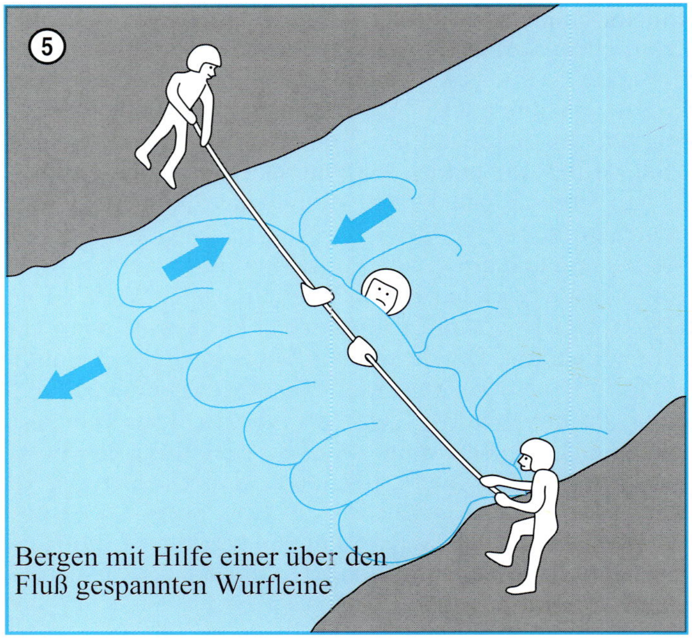

Bergen mit Hilfe einer über den Fluß gespannten Wurfleine

Auf breiten Flüssen kann man auch einen unbesetzten Kajak (natürlich mit reichlich Auftriebskörpern) an der Wurfleine gesichert von oberhalb in den Rücklauf einschwimmen lassen ④. Das Heranbringen von der Talseite ist schwieriger, vermindert aber die Verletzungsgefahr. Eine zweite Leine, die vom anderen Ufer aus geführt wird, erleichtert das genaue Einbringen. Diese Möglichkeit erfordert allerdings verhältnismäßig viel Zeit.
Eine recht sichere, aber auch zeitaufwendige Methode besteht darin, zwei Wurfleinen miteinander zu verbinden und vom Ufer aus in den Rücklauf einzubringen. Ist die Entfernung von einem Ufer zum anderen groß, muß eine Leine mit einem Boot an das andere Ufer transportiert werden. Auf jedem Ufer steht ein Retter, der ein Ende der Leine hält. Diese kann dann zielgenau in den Rücklauf eingebracht werden ⑤.
Übrigens liest man in älteren Publikationen gelegentlich, daß der Schwimmer im Rücklauf seine Schwimmweste abstreifen sollte. Abgesehen davon, daß mir bisher kein Fall bekannt geworden ist, in welchem ein solcher Rat tatsächlich befolgt wurde, erscheint mir das im Falle einer möglichen Bewußtlosigkeit als höchst riskant. Meines Wissens ist noch nie ein Kajakfahrer ertrunken, weil er eine Schwimmweste angelegt hatte.

Rettung mit der Bergeleine

Kurz und gut

Es ist so gut wie unmöglich, ohne Bergeleine einen handlungsunfähigen oder bewußtlosen Menschen schnell und sicher aus dem Fluß zu bergen. Wir kennen Systeme in Verbindung mit der Schwimmweste oder auf dem Kajak montiert, die eine kompetente Rettungsaktion auf unverblockten Flüssen ermöglichen. Bergeleinen finden immer öfter Berücksichtigung in der Sicherheitsausrüstung. Sie verfügen über einen handgroßen Karabiner, etwa zwei Meter festes Seil und eine zuverlässige Panikauslösung, falls der Geschleppte im Fluß an einem Hindernis hängen bleiben sollte.

Im Notfall muß so an den Treibenden herangefahren werden, daß sich dieser rechts vom Boot befindet. Dann wird der Karabiner eingeklinkt. Dazu klemmt man das Paddel kurz unter die Achsel, damit man eine Hand oder beide Hände frei bekommt. Hat der Treibende eine Gurtweste an, klinkt man im Gurt ein. Fehlt der Gurt, wird im Schulterbereich der Weste eingeklinkt. Danach fahren wir an eine geeignete Stelle und beginnen gegebenenfalls sofort mit der Wiederbelebung.

Klemm- und Steckunfälle

Fahrer in der Falle

Gelegentlich auf engen und steilen Bächen, insbesondere aber auch auf breiteren und auf den ersten Blick scheinbar nicht so schweren Flüssen kommt es dann und wann zu Klemm- oder Steckunfällen. Beim »Klemmer« oder »Stecker«, wie es in unserem Jargon heißt, wird man durch den Wasserdruck an ein Hindernis gepreßt, bleibt zwischen zwei Hindernissen oder bei der Befahrung einer Stufe mit

Stecken im Flußgrund

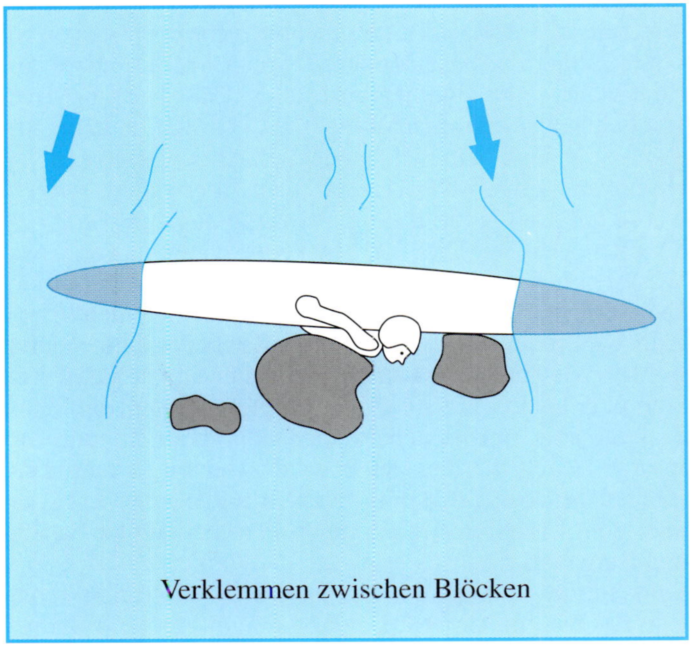

Verklemmen zwischen Blöcken

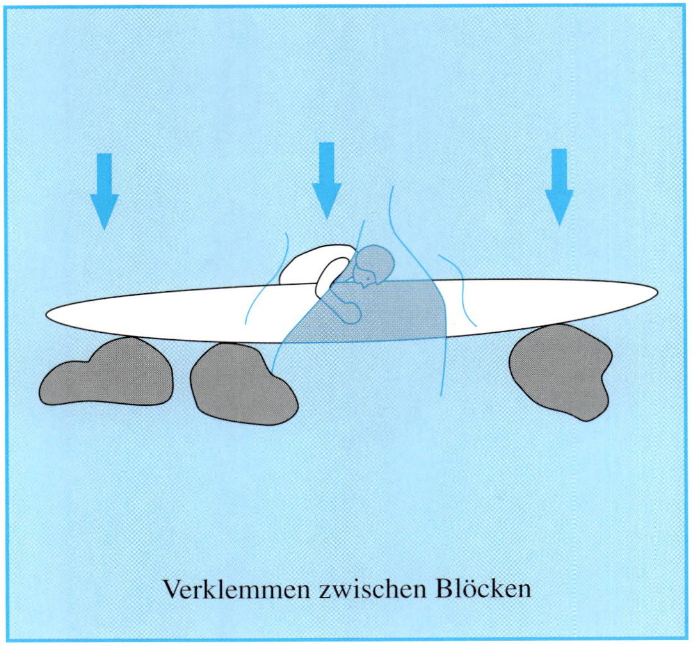

Verklemmen zwischen Blöcken

dem Bug stecken. Durch den Druck des strömenden Wassers wird in diesen Fällen das Verlassen des Bootes für den Fahrer sehr schwierig oder sogar unmöglich.
Daß diese Unfälle überwiegend auf mittelschweren Gewässern auftreten, ist vielleicht darauf zurückzuführen, daß hier besonders viele, oft aber auch weniger erfahrene Kanuten unterwegs sind. Man scheint die Gefahren sogenannter »leichter« Gewässer zu unterschätzen.
Hingegen werden an schwierigen Streckenabschnitten üblicherweise Sicherungsposten aufgestellt. Oft ist auch die notwendige Rettungsausrüstung und die Fähigkeit zur Rettung bei solchen Unfalltypen nicht vorhanden.

Wie schnell das Verhängnis seinen tödlichen Lauf nimmt, entnehmen wir folgendem Bericht:
»Egbert L. setzt mit zwei Freunden aus seinem Kanuverein etwa 200 Meter oberhalb der Fußgängerbrücke in Ötz ein, um den anschließenden Katarakt zu befahren. Etwa 50 Meter vor der Brücke gerät er in eine Walze und wird von ihr gehalten. Nach mehreren Rollversuchen kommt er zwar frei, wird aber von einer weiteren, kleineren Walze abermals gehalten. Als ihn schließlich auch diese Walze kopfunten entläßt, wird Egbert an den Brückenpfeiler und samt Boot unter Wasser gedrückt. Das Boot knickt sofort um den Pfeiler.
Zwei Helfer seilen sich nacheinander vom Brückengeländer zum Verunglückten ab, können aber weder ihn noch eine Bootsschlaufe erreichen. Gleichzeitig wird im Ort die Polizei verständigt. Nach Eintreffen einer Bergemannschaft übernimmt diese mit Spezialgeräten die Bergung. Sie gelingt etwa zwei Stunden nach dem Unfallzeitpunkt.«
Aus: AKC-Tip

Solche und andere Situationen können schon im Vorfeld zwar nicht ausgeschlossen, wohl aber vorsorglich bedacht werden. Boote mit runden, volumigen Enden, hartem Rumpfmaterial und voll aufgeblasenen Auftriebskörpern werden nicht so schnell in Klemm- oder Stecksituationen kommen.
Das Bild links, das einen Klemmunfall auf der Mittleren Ötz in Österreich zeigt, beweist, daß auch erfahrene Wildwasserfahrer in eine solche Falle geraten können. Wir müssen dann alles tun, um die Situation nicht noch weiter zu verschlechtern. Das kann beispielsweise bedeuten, daß das Boot nicht weiter abkippen und unter Wasser geraten darf. Wir halten uns also nach Möglichkeit in dieser Position, indem wir uns mit dem Paddel oder den Armen abstützen. Ist Hilfeleistung in absehbarer Zeit nicht zu erwarten, steigen wir so aus, daß beide Knie gleichzeitig aus dem Boot genommen werden. Dies ist besonders wichtig, wenn das Wasser mit hohem Druck auf den Rücken preßt. Nur so kann ein Hängenbleiben im Boot vermieden werden.
Falls wir einem Kameraden helfen, der in der Falle steckt, müssen wir ihn zuerst so sichern, daß er atmen kann. Bekommt er keine Luft, ist es vordringlich, seinen Kopf über das Wasser zu bekommen. Ist dies nicht möglich, muß das Boot so bewegt werden, daß er wieder frei atmen kann. Dazu braucht man fast immer ein Seil und Karabinerhaken oder eine Umlenkrolle, um einen Flaschenzug zu bauen, und Bergehaken.
Sind Sie der einzige Helfer, der rettend eingreifen kann, geht das fast immer praktisch und schnell mit dem Berge-

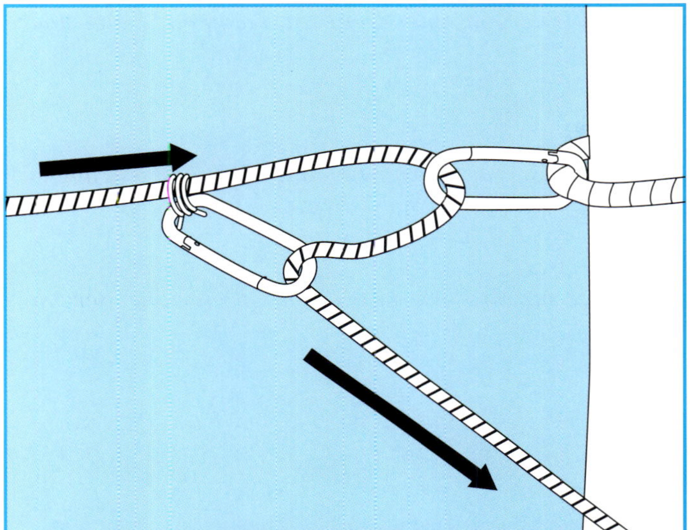

Die Konstruktion eines Flaschenzuges mit Hilfe von zwei Karabinerhaken

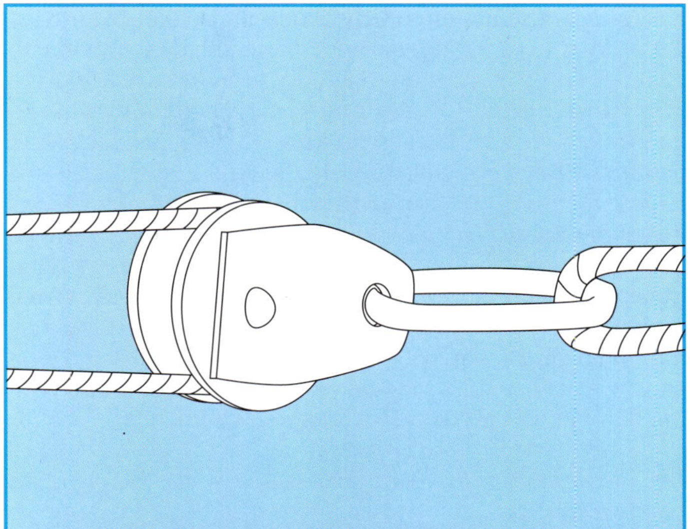

Statt der Karabinerhaken kann man auch eine Umlenkrolle verwenden, dadurch vermindert sich die Reibung.

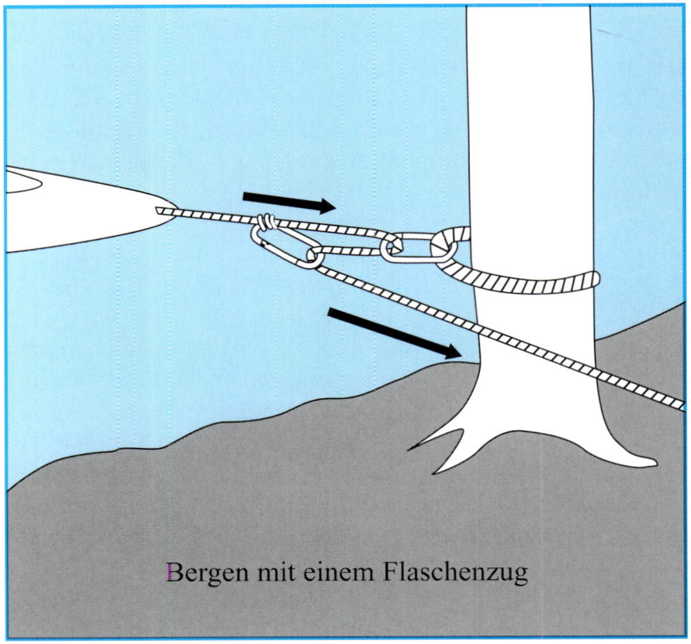

Bergen mit einem Flaschenzug

Bergen eines Bootes mit dem Vektorzug

haken. Sie können den Bergehaken an dem Rundumgurt der Schwimmweste des zu Rettenden einhaken und versuchen, dem Verunglückten dadurch zu helfen, daß Sie ihn über Wasser halten. Kann der Verunglückte atmen, wird der Haken an den Bergeschlaufen des Kajaks angesetzt, damit das Boot freigeholt werden kann.
Falls mehrere Helfer zur Verfügung stehen, können wir uns zweckmäßigerweise die Aufgaben teilen. Eine Gruppe kümmert sich um die Sicherung und Bergung des Verunglückten, während die andere Gruppe versucht, das Boot vor weiterem Verrutschen zu sichern und anschließend herauszuhieven. Da das strömende Wasser in aller Regel eine enorme Kraft ausübt, müssen wir mit allen Tricks arbeiten, um den Fahrer und das Boot freizubekommen.

Beispielhafte Beschreibung einer gelungenen Bergeaktion auf dem Inn:
»Bei der Befahrung der Ardezer Schlucht versuchte Helmut den ›Bockschlitz‹ (eine klemmgefährliche Stelle) durch die ›Lieferantenroute‹ links zu umfahren. In dem ca. zwei Meter hohen Fall verklemmte sich das Boot zu einem gefährlichen ›Stecker‹. Durch den Wasserdruck konnte Helmut das Boot nicht verlassen. Einem Kameraden gelang es, auf das Heck zu springen und mit seinem Körper einen Teil des Wasserdrucks abzuhalten. Helmut konnte sich so selbst über die Bergeleine seiner Schwimmweste an einem zugeworfenen Seil einhängen. Mit gemeinsamen Zugkräften gelang die Bergung.« *Aus: AKC-Tip*

Der Bergehaken
Universelles Werkzeug

Dieses Hilfsmittel ist in den letzten Jahren zum unentbehrlichen Standardzubehör bei Wildwasserfahrten geworden. Es ist ein nützliches Werkzeug, das am Paddel angebracht wird und die Reichweite bei Rettungsaktionen um etwa zwei Meter verlängert. Bei Klemm- und Steckunfällen hat der Einsatz eines Bergehakens schon oft genug dafür gesorgt, daß Boot und Fahrer schnell und sicher aus einer gefährlichen Falle befreit werden konnten.

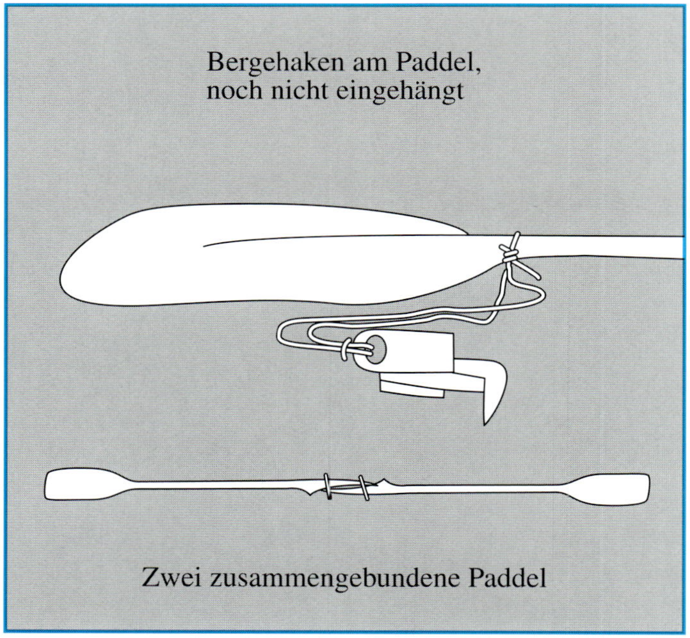

Die Abbildung oben zeigt, wie der Bergehaken am Paddel befestigt wird, dadurch erhöht sich die Reichweite bei Rettungsversuchen erheblich. Reicht das immer noch nicht, kann man auch zwei Paddel zusammenbinden.

Zeichensprache
Wichtige Kommunikation

Oft ist eine Verständigung auf dem Wildwasser wegen Lärm und großer Entfernungen nur mit Hilfe von Zeichensprache möglich. Dabei bedienen wir uns unmißverständlicher und vorher abgesprochener Gesten, die eine eindeutige Kommunikation ermöglichen. Falsch verstandene Zeichen haben möglicherweise fatale Folgen, eine schnelle unkomplizierte Verständigung durch Handzeichen kann sogar manchmal lebenswichtig sein. (Siehe Abbildungen rechts.)

Halt!
Diese Richtung!
Weiter!
Vorsicht!

Salzwasser

Die Geschichte des sportlichen Salzwasserfahrens ist mindestens ebenso alt wie die des Wildwasserfahrens. Aus heutiger Sicht ist es schwer auseinanderzuhalten, ab wann sich diese beiden Spielarten des modernen Kajakfahrens getrennt entwickelten. Tatsache ist, daß John MacGregor Mitte des letzten Jahrhunderts seinen »Rob Roy« im Salz- und auch im Wildwasser mit großer Freude fuhr. Unbestreitbar ist auch, daß sich das Salzwasserfahren in den letzten Jahrzehnten überall auf der Welt stürmisch entwickelt hat. Englische, kanadische und amerikanische Seekajakfahrer haben in diesem Zeitraum dem Sport wertvolle Impulse gegeben. Deutsche Salzwasserfahrer ziehen nach. Technik und Taktik wurden konsequent vorangetrieben, das Bootsmaterial wurde aufgrund neuer Werkstoffe überarbeitet und weiterentwickelt. Sicherheitsstandards und Rettungsmethoden wurden verfeinert. Für mich war nach dreißig Jahren Kajakerfahrung auf Zahm- und Wildwasser das Salzwasserfahren eine fremde, elektrisierende Welt. Es gab so viel Neues zu sehen und zu lernen, was sich von meinen bisherigen Erfahrungen völlig unterschied. Die Abhängigkeit vom Wettergeschehen und von der Navigation war absolutes Neuland für mich. Andererseits kam mir vieles bekannt und vertraut vor. Den Respekt vor der ungezügelten, wilden Natur empfand ich gleichermaßen. Ein hohes Maß an Sicherheit vermittelte mir die Vertrautheit mit fließendem Wasser. Es war mir gleich, ob ich in der rüttelnden Querwalze eines Flusses hing, oder ob mich die brechende Dünung einer Meeresküste durchschüttelte. Die grundsätzlichen Paddeltechniken unterschieden sich nur in Nuancen voneinander. Das Beherrschen der Kenterrolle in allen Situationen gab mir Selbstvertrauen. Sei es in der Eiswelt Grönlands, auf der stürmischen Beringsee zwischen Alaska und Sibirien oder an der wunderschönen Küste Neuseelands. Eines meiner schönsten Salzwassererlebnisse erfuhr ich mit meinem Freund Günter an der Nordsee.

Hier, hinter dem Deich, ist die Welt noch in Ordnung. Da klatschen die Wellen gemütlich an die Mole des kleinen Hafens. Möwen umkreisen uns. Die Sonne tanzt funkelnd auf der schiefergrauen Oberfläche des Wattenmeers. Von Schlüttsiel aus wollen wir beide einen viertägigen Törn durch den für Paddler freigegebenen Teil des Nationalparks »Nordfriesisches Wattenmeer« starten. Günter ist Profi – er hat bereits unzählige Ausfahrten in diesem Bereich der Halligen und Inseln absolviert. Ich bin Anfänger – jedenfalls was das Seekajakfahren angeht.

Deshalb höre ich voller Faszination seine Bemerkungen über die Auswirkungen von Ebbe und Flut auf unsere Fahrtenplanung, schaue interessiert in den Tidenkalender, erfahre, wie bedeutungsvoll Wind und Wetter für Salzwasserfahrer sind. Wie beispielsweise für jenen Kajakfreund, der vom Gewitter auf offener See überrascht wurde. Es war nicht die Gefahr des Blitzschlags, ohnehin schon ernst genug, die ihm zu schaffen machte. Die stürmischen Böen trieben das zu Schaum aufgewühlte Wasser in solcher Dichte über die Oberfläche, daß keine Luft zum Atmen verblieb. Nicht gekentert, nicht geschwommen und doch ertrunken? Wildwasser im Wattenmeer...

Heute ist das Wetter von anderer Art. Zwar weht der Wind stetig und steif aus Südwest, aber die Wettervorhersage ist günstig. Für Günter ist das morgendliche und abendliche Abhören des Seewetterberichts eine Pflichtveranstaltung. Was man kennen sollte, sind die Frequenzen, auf denen gesendet wird. Hat man kein Radio dabei, tut's auch ein Barometer, das regelmäßig abgelesen wird. Was aber gewiß dabei sein muß, sind Karte und Kompaß, um sich auf den großen Wasserflächen zwischen den Inseln und Halligen orientieren zu können.

Bei unserem Start in Schlüttsiel ist die Hallig Gröde bereits am Horizont (Günter nennt ihn seemännisch »Kimm«) auszumachen. »Alles, was an der Kimm erscheint, kannst Du unter normalen Verhältnissen in etwa einer Stunde erreichen«, klärt er mich über das Einschätzen von Distanzen auf offenen Wasserflächen auf. Und richtig, nach einer dreiviertel Stunde erreichen wir die Salzwiesen der Hallig. Ein schöner Zeltplatz ist schnell gefunden. Den Halligbauern bitten wir um Erlaubnis zum Übernachten. Mit den üblichen Handgriffen bauen wir unser Nachtlager auf. Dann

geht es auf Erkundungstour. Die Knudtswarft liegt malerisch vor uns. Stadtkinder verbringen dort ihre Ferien. Es gibt sogar einen kleinen Kaufmannsladen.
Der nächste Morgen dämmert heran. Frühzeitig sind wir durch unsere gefiederten Freunde, die Austernfischer, geweckt worden, die unweit unserer Zelte den neuen Tag begrüßen. Unsere Route führt uns heute an Langeneß vorbei nach Amrum. Es ist nahezu windstill, die Sonne brennt angenehm warm auf den Rücken. Mit der ablaufenden Tide machen wir gute Fahrt. Priggen und Bojen rauschen nur so an uns vorbei. Nordsee ist Mordsee? Man kann es an einem solch friedlichen Tag kaum glauben. Und doch tischt mir Günter immer neue Geschichten von Leuten auf, die maritime Gefahren unterschätzten. Sturm, Strömungen, Nebel und Hypothermie; die Litanei will kein Ende nehmen. Aber da sind wir schon auf der Höhe von Amrum. Nachdem wir die beladenen Boote etwas mühselig das Ufer hinaufgeschleppt haben, unternehmen wir einen ausgedehnten Spaziergang. Nebel ist auf Amrum kein Begriff für Wetter, sondern der Name für einen alten, heimeligen Ort mit reetgedeckten Fachwerkhäusern und, wichtig für uns, herrlichen Cafés mit tollen Sahnetorten. Zwar liebe ich das einfache Leben, aber ein solches Angebot kann ich einfach nicht ignorieren. Die Tortenorgie wird nur noch übertroffen durch das opulente Abendessen, das wir uns am inzwischen menschenleeren Strand einverleiben. Dazu ein Sonnenuntergang wie gemalt (Bild Seite 131). Schöner kann die Welt nicht sein.
Morgens hat der Wind aufgefrischt. Er bläst nun aus Süden. Das heißt für uns: genau von rechts. Jetzt merke ich, wie wichtig eine gut funktionierende Steueranlage für einen Seekajakfahrer ist. Ein leichter Pedaldruck reicht aus, um das Boot auf Kurs zu halten.
Von Amrum bis zur Hallig Hooge sind wir bei auflaufendem Wasser gut zwei Stunden unterwegs. Es ist diesig, und so hat sich Günter an der Numerierung der Fahrwassertonnen orientiert. Er kennt hier alles auswendig und braucht keinen Blick auf die Seekarte zu werfen. Den kleinen, gemütlichen Hafen auf der Nordseite der Hallig Hooge erreichen wir ohne weitere Umwege. Gegen eine geringe Gebühr nutzen wir den winzigen Zeltplatz direkt am Hafen. Hier frischen wir auch unsere Trinkwasserbestände auf. Der Abend sieht uns in einem gemütlichen Gasthof auf dem Königspesel. Wenn die Tagesgäste die Hallig verlassen haben, kehrt Ruhe ein. Dann schmeckt das herbe Ostfriesen-Pilsener noch mal so gut.
Heute fahren wir mit kräftigem Rückenwind und auflaufendem Wasser nach Schlüttsiel zurück. Es bauen sich Wellen auf, die zum Surfen einladen. Herrlich gleitet der Seekajak in rascher Fahrt dahin. Bei mir stellt sich ein Gefühl ein, das ich vom Wildwasserfahren her kenne: Wasser, Boot und Körper verschmelzen zu einer Einheit. Hier und da nutze ich die Kraft des Wassers, gelegentlich setze ich ein paar kräftige Paddelschläge zur Kurskorrektur.
Ich ahne, welche Kräfte auf einem großen Gewässer wirksam werden können. Für mich war diese Fahrt zu neuen Horizonten gleichzeitig eine Erweiterung meines Horizonts – eine Fahrt zu neuen Ufern.

Boote und Ausrüstung

Der Seekajak

Schmal oder breit, schnell oder sicher

Seekajaks unterscheiden sich in vielerlei Hinsicht von Zahmwasser- oder Wildwasserbooten. Seetauglich werden sie zum einen durch die Fähigkeit, Wellen zu schneiden oder zu reiten, sich auch bei schwierigen Wind- und Strömungsverhältnissen kipp- und richtungsstabil zu verhalten, zum anderen dadurch, daß sie nach einer Kenterung durch doppelte Abschottung und Lenzpumpe recht leicht und schnell wieder fahrbereit gemacht werden können. Wir unterscheiden zwei Typen von Seekajaks:

- den schmalen, schnellen Einer, gebaut für lange Strecken und wenig Gepäck,
- den etwas breiteren Einer oder Zweier, mit viel Zulademöglichkeiten und hoher Stabilität.

Der schmale Einer ist logischerweise kippliger als der breitere. Seine Seetüchtigkeit hängt im hohen Maß von den Fähigkeiten des jeweiligen »Kapitäns« ab. Vorausgesetzt werden bei diesen Booten viel Erfahrung und das Beherrschen der Kenterrolle. Andererseits ist der Begriff »kipplig« relativ. Natürlich gewöhnt man sich im Laufe der Zeit an ein solches Boot, nach einer Eingewöhnungsphase wird man es nicht mehr als so instabil empfinden wie am Anfang. Es läßt sich außerdem leichter rollen als ein breiteres Boot. Ein echter Nachteil dieser Boote: Sie sind weder geräumig noch verfügen sie über eine stabile Wasserlage, die wirklich entspanntes Fahren erlaubt. Problematisch können sie werden, wenn man mit ihnen in schweres Wetter gerät.

Die breiteren Einer und Zweier überwiegen im Angebot der Kanuhersteller. Sie sind generell ein wenig kürzer als

Schematische Darstellung eines Seekajaks

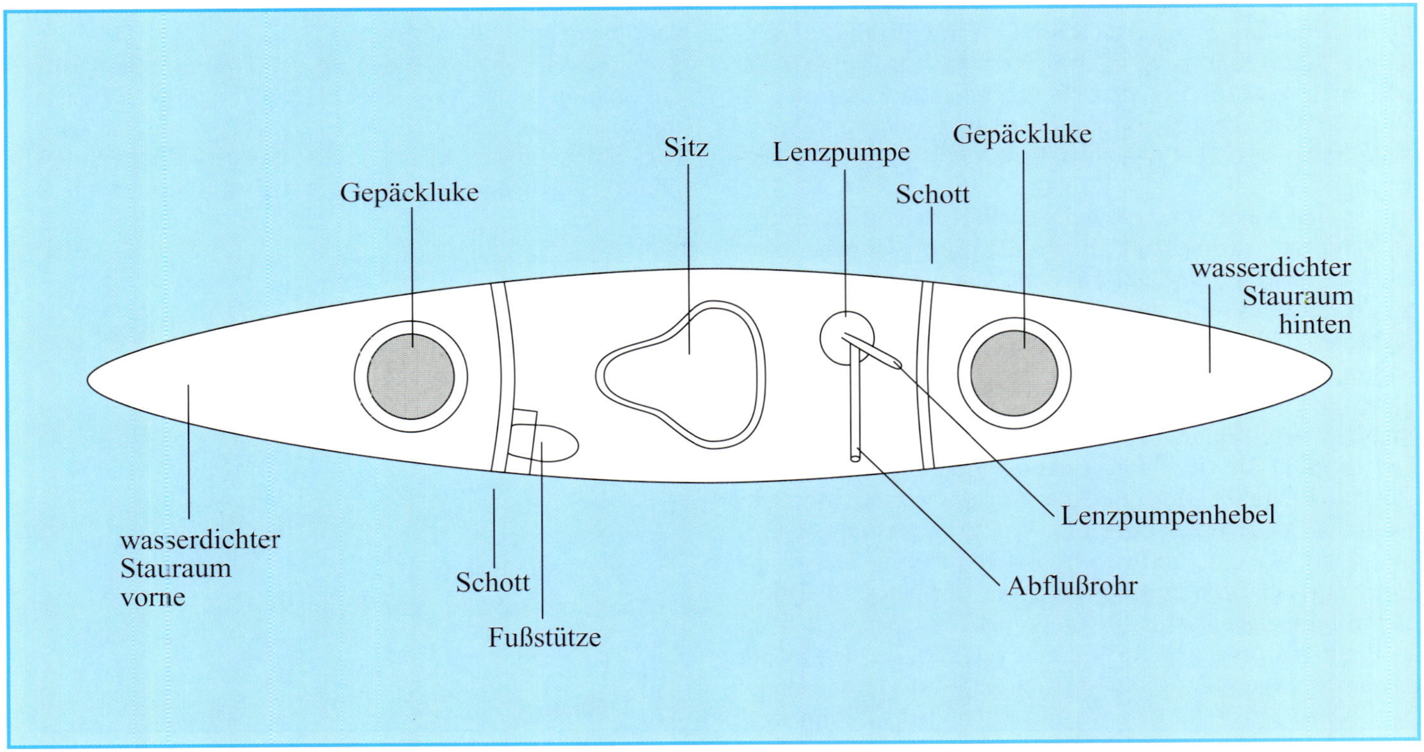

die schmalen, schnellen Einer. Manche weisen eine derartig stabile Wasserlage auf, daß man sogar darin stehen kann (auf ruhigem Wasser, versteht sich). Diese Stabilität macht ein entspanntes Fahren und ein genüßliches Ausruhen möglich. Die Boote nehmen viel Gepäck auf, sie sind allerdings im unbeladenen Zustand recht windanfällig. Natürlich sind sie nicht so schnell wie ihre schmaleren Brüder. Die Kenterrolle ist etwas schwieriger auszuführen, dafür fällt man mit ihnen aber auch nicht so schnell ins Wasser.

Die Palette der Materialien, aus denen Seekajaks gebaut werden, reicht vom noch weit verbreiteten Glasfaserboot über Kevlar/Karbon-Modelle bis zu den immer mehr Marktanteile gewinnenden Polyethylenbooten. Auch die guten alten Faltboote haben ihren Platz im Reigen der Seekajaks. Beim Kauf ist es wichtig zu wissen, was man wirklich will. Wer oft mit dem Flugzeug in die Kanuferien fliegt, wird sich ein Faltboot zulegen. Es wird ihm während des Urlaubs gute Dienste leisten, wenn es seetüchtig ausgestattet ist.

Für felsige Küsten und messerscharfe Korallenriffe eignen sich die nahezu unverwüstlichen PE-Boote. Ihnen macht auch der härteste Kontakt mit den manchmal tückisch unter der Wasseroberfläche liegenden Felsen kaum etwas aus. Geblasene PE-Boote (HTP) verfügen über eine deutlich höhere Steifigkeit als rotierte Boote. Die Molekülkette der geblasenen Boote ist etwa zehnmal länger; das verschafft ihnen einen entscheidenden Vorteil.

Glasfaser-Boote sind nicht ganz so strapazierbar wie ihre PE-Brüder, dafür sind sie in aller Regel etwas leichter. Das Angebot an unterschiedlichen Typen ist besonders umfangreich, da die Produktionskosten für eine Glasfaserform nur ein Bruchteil dessen einer Form für PE-Boote ausmachen. Die Farbe des Oberdecks entspricht den jeweiligen Anforderungen: Will man gesehen werden, wählt man eine Signalfarbe, und zwar möglichst Gelb. Wer jedoch unauffällig unterwegs sein will, wird sich eine gedeckte Farbe zulegen.

Eine gute Möglichkeit, sich als Einsteiger im Seekajakfahren beim Bootskauf zu orientieren, bieten Symposien oder Gebrauchtbootmärkte. Hier finden sich Fachleute, die ein neutrales Beratungsgespräch anbieten können.

Die Steueranlage

Ein »Muß« im Salzwasser

Die Steueranlage, mit den Füßen betätigen zu können, ist bei Fahrten auf großen, offenen Gewässern in jedem Kajak ein absoluter Vorteil. Mit ihr hält man auch bei kräftigem Seitenwind das Boot leicht auf Kurs. Als Anfänger bin ich einmal mit einem Wildwasserboot ohne Steuer auf einem großen Fluß gefahren. Der Seitenwind frischte auf, und ich mußte fast zehn Schläge auf einer Seite machen, um den Kajak auf Kurs zu halten. Es war eine extrem ermüdende Situation. Die Steueranlage befreit uns von solchen Problemen. Die Abbildungen zeigen, wie man mit Hilfe des Steuerblattes die Fahrtrichtung bei Seitenwind stabilisiert.

Ein gutes Steuerblatt, meist aus Aluminium oder rostfreiem Stahl gefertigt, kann über eine Aufholschnur abgesenkt und auch wieder aus dem Wasser gezogen werden. Dies ist der Fall, wenn wir anlanden oder über sehr flache Strecken fahren. Ansonsten könnte das Steuerblatt beschädigt wer-

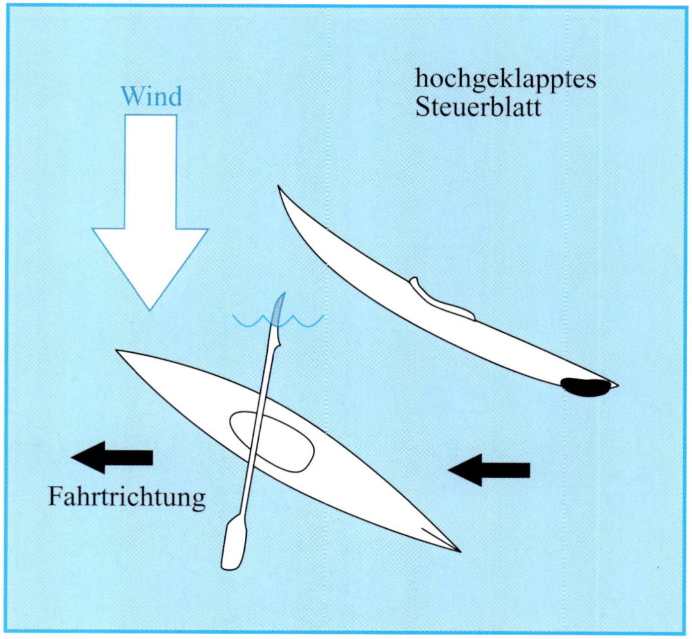

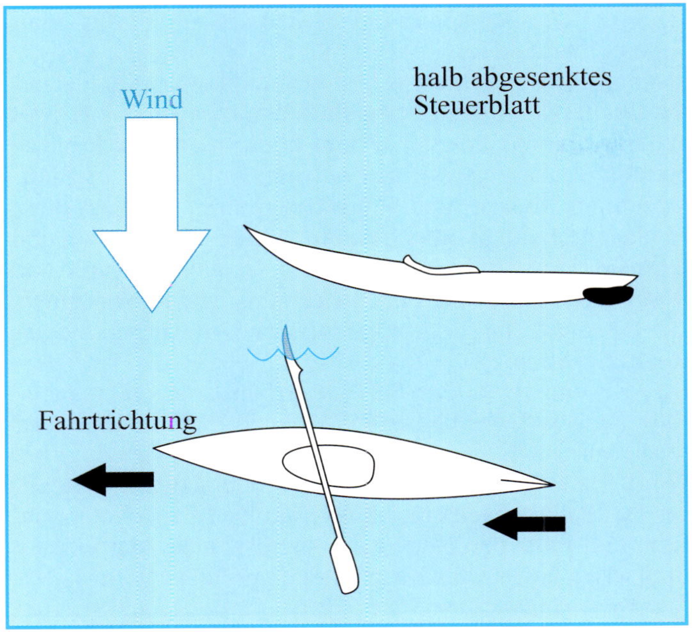

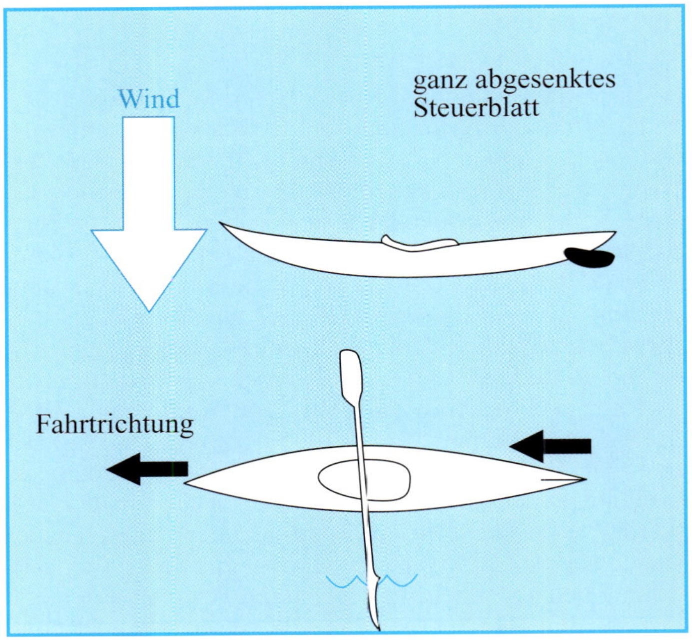

den. Auf jeden Fall muß das Steuerblatt aber so konstruiert sein, daß es sich bei unerwartet unter der Wasseroberfläche auftretenden Hindernissen automatisch hochklappt und bei einer Kenterung in der Brandung nicht abbricht.
Es werden aber auch Seekajaks mit einer einziehbaren Finne angeboten. Der große Vorteil: Finnen sind weniger empfindlich gegen Beschädigung. Aber Sand und Modder können dazu führen, daß die Führungen klemmen und dann wieder gereinigt werden müssen.

Auftrieb im Seekajak

Alle Schotten dicht

Das, was dem Wildwasserfahrer die Auftriebskörper, sind dem Salzwasserkapitän Zwischenwände aus Schaum oder Glasfaser im Vorder- und Hinterschiff: sogenannte Abschottungen. Diese Abschottungen sind obligatorisch für ein seetüchtig ausgerüstetes Boot. Viele ernsthafte Unfälle beim Salzwasserfahren resultieren aus fehlendem Auftriebsvolumen. »Der beste Auftrieb ist immer der meiste Auftrieb«, nach diesem Leitsatz verfahren wir zweckmäßigerweise grundsätzlich beim Kanufahren. Dem kommt beim Salzwasserfahren besondere Bedeutung zu. Wir können eben nicht einfach an Land fahren, um schnell einmal das Boot auszuleeren.
Um das Boot be- oder entladen zu können, verfügen abgeschottete Seekajaks über Gepäckluken. Diese sind (jedenfalls laut Angaben der Hersteller) absolut wasserdicht zu verschließen. In der Praxis sieht es oft ein klein wenig anders aus. Es sind da ganz verschiedene Systeme auf dem Markt. Praktisch und zuverlässig erscheint mir die Kombination von Neoprendecke und Lukendeckel, gehalten von Spanngurten.
Manche Boote verfügen nur im Vorder- oder Hinterschiff über eine Abschottung. In diesem Fall verwenden wir aufblasbare Auftriebskörper für den nicht abgeschotteten Teil des Kajaks. Es werden spezielle Ausführungen mit doppelter Verklebung und Reißverschluß angeboten. Man kann dann zunächst Gepäck laden und danach den Spitzenbeutel aufblasen.

Paddel

Werkzeug für Spezialisten

Paddel sind so individuell wie Boote. Sie sind das Handwerkszeug des Salzwasserkapitäns im engeren Sinne. Über die Länge habe ich im allgemeinen Teil des Buches schon einiges geschrieben. Im Salzwasser werden allerdings sehr spezielle Versionen benutzt, deren Vorläufer bei den Aleuten- und Grönlandeskimos zu suchen sind. Gerade im Bereich des Seekajakfahrens setzen sich nämlich die ungedrehten Paddel durch, neben dem schmalen und langen Blatt ein Hauptmerkmal der original Eskimopaddel. Die Gründe dafür sind schnell genannt. Zwar bieten gedrehte Paddel bei Gegenwind weniger Windwiderstand, dafür hat man bei Rückenwind Vorteile mit dem ungedrehten Blatt: Der Wind schiebt. Bei Seitenwind sind ungedrehte Paddel wiederum im Vorteil, da der Wind weniger Angriffsfläche hat. Auch das Drehen im Handgelenk (bei Langfahrten führt diese Dauerbelastung gelegentlich zur Sehnenscheidenentzündung) entfällt beim ungedrehten Paddel.

Spezialisten des Salzwassers sind durch teilbare Paddel besonders flexibel. Bei Gegenwind benutzen sie das Paddel in der gedrehten, bei Seiten- und Rückenwind in der ungedrehten Stellung. Außerdem bevorzugen sie andere Blattformen als Touren- und Wildwasserfahrer. Im Gegensatz zu den großen, breiten Blättern fahren viele von ihnen schmale, lange Blätter. Dies macht sie unabhängiger von Windeinflüssen. Außerdem ist es günstiger für Langfahrten, da so die Ausdauermöglichkeiten des Körpers besser genutzt werden.

Eine Besonderheit beim Salzwasserfahren ist, daß manche Kapitäne aus Sicherheitsgründen ihr Paddel mit einer kurzen Leine am Boot befestigen. Das hat insbesondere bei Wind, starken Strömungen und Wellengang den Vorteil, daß das Paddel nach einer Kenterung nicht abschwimmen kann und immer in Reichweite bleibt. Diese Methode ist somit durchaus nachahmens- und empfehlenswert.

Das Paddel ist aus Sicherheitsgründen am Boot befestigt

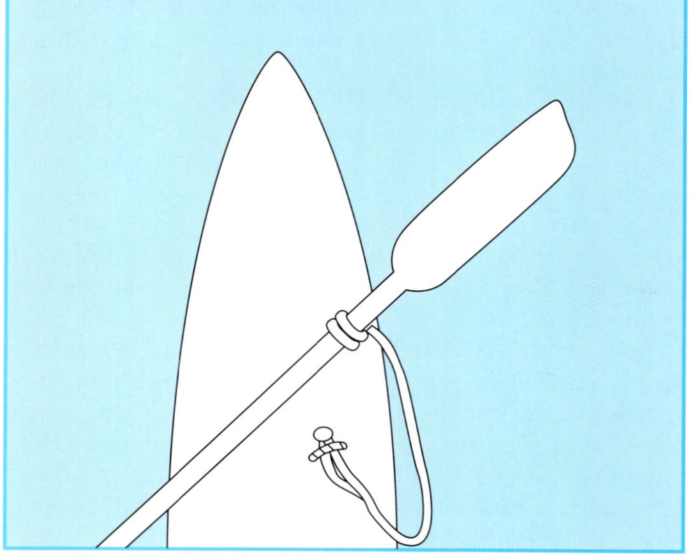

Rettungswesten

Komprimierter Auftrieb

Nur ein Lebensmüder wird sich ohne Rettungsweste fernab des Ufers bewegen. Sinn und Zweck einer Rettungsweste ist nicht, dem Nichtschwimmer das Kajakfahren zu ermöglichen. Sie ist vielmehr dazu ausgelegt, dem Gekenterten Schwimmbewegungen zu ersparen. Das ist überlebenswichtig im kalten Wasser. Eine gekenterte Person, die zusammengekauert in der HELP-Position *(heat escape lessening position)* schwimmt, verdoppelt für sich die Überlebenszeit. Die »Embryo-Position« kann letztendlich nur mit Rettungswesten eingenommen werden, die über ausreichenden Auftrieb am Hals- und Kopfbereich verfügen. Diese Westen werden im Jargon auch als »ohnmachtssicher« bezeichnet. Gemeint ist damit die sichere Rückenlage für entkräftete Gekenterte. In der Schaumausführung sehen sie recht unförmig aus; der hochstehende Kragen kann außerdem auch die Sicht zur Seite und nach hinten einengen. Allerdings bieten die Schaumwesten einen gewissen Schutz gegen kaltes Wetter und Wasser.

Immer mehr setzen sich hingegen Rettungswesten durch, die mit Preßluftpatronen aktiviert werden. Diese sind zwar teurer als Schaumstoffwesten, bieten aber besonderen Tragekomfort. Durch ihre engen Packmaße behindern sie kaum beim Paddeln. Der Auftriebskörper besteht aus langlebigem, robustem Nylongewebe in Signalfarbe. Für Kanuten empfehlen sich diese Rettungswesten in halbautomatischer Ausführung: Nach der Kenterung wird ein Verschluß manuell ausgelöst, der die Preßluft aktiviert. Der Druck kann an einem Mundventil reguliert und bei Druckabfall erneuert werden. Von Zeit zu Zeit (etwa alle zwei Jahre) werden diese Westen durch autorisierte Händler einem Funktionstest unterzogen, der auf der Serviceplakette vermerkt wird.
An jeder Rettungsweste sollte sich eine Signalpfeife befinden. Sie ermöglicht es dem Gekenterten, sich bemerkbar zu machen. Aber auch im Nebel kann eine Signalpfeife wertvolle Dienste leisten.

Lenzpumpen

Manuell oder elektrisch

Jeder gut ausgerüstete Seekajak sollte über eine Lenzpumpe verfügen. Dabei ist es zunächst völlig unerheblich, ob es sich um eine Hand- oder Fußpumpe oder sogar um eine elektrische Pumpe handelt. Mit diesen Pumpen wird das im Kajak befindliche Wasser nach einer Kenterung außenbords befördert. Aber auch Spritzwasser kann mit der Pumpe zuverlässig gelenzt werden.
Alle Methoden, mit denen ohne eine Pumpe Wasser aus dem Boot befördert werden soll, sind ziemlich fragwürdig, jedenfalls außerhalb des Schwimmbads. Das Wasser, das man mühsam mit dem Kochtopf oder dem Trinkbecher aus dem Kajak hinausbefördert hat, schwappt auf offener See womöglich mit der nächsten Welle wieder hinein. Ein Schwamm im Boot ist ebenfalls ziemlich lächerlich. Es sei denn, er wird dazu benutzt, auch noch den letzten Tropfen Wasser oder Sand aus dem Boot zu entfernen.
Bleiben wir also bei den Lenzpumpen. Besonders effektiv arbeiten die elektrischen Pumpen. In aller Regel wird ein Akku im abgeschotteten Teil des Kajaks montiert. Er ist ohne Wiederaufladen etwa ein Jahr betriebsbereit und garantiert ca. 20 komplette Lenzvorgänge. (Wer öfter kentert, sollte vielleicht doch noch ein wenig die Kenterrolle üben.) Innerhalb weniger Minuten ist das Boot komplett gelenzt. Großer Vorteil: Paddler hat beide Hände frei, um mit dem Paddel den Kajak zu stabilisieren. Kleiner Nachteil dieser Pumpe: Das Gewicht liegt deutlich höher als das für Hand- oder Fußpumpen.
Handpumpen arbeiten nicht ganz so schnell wie Elektropumpen, sind aber immerhin in der Lage, ein vollgeschlagenes Boot zügig zu lenzen. Sie bieten sich insbesondere für den Zweier an: Während ein Paddler stützt, kann der andere die Handpumpe betätigen.
Die Fußpumpe schließlich befördert größere Wassermengen nur langsam außenbords. Diese Pumpe ist also nicht unbedingt etwas für den Notfall nach einer Kenterung. In Verbindung mit einer Handpumpe leistet sie allerdings gute Dienste. Man kann wechselweise vorgehen, je nachdem, wieviel Wasser sich gerade im Boot befindet.

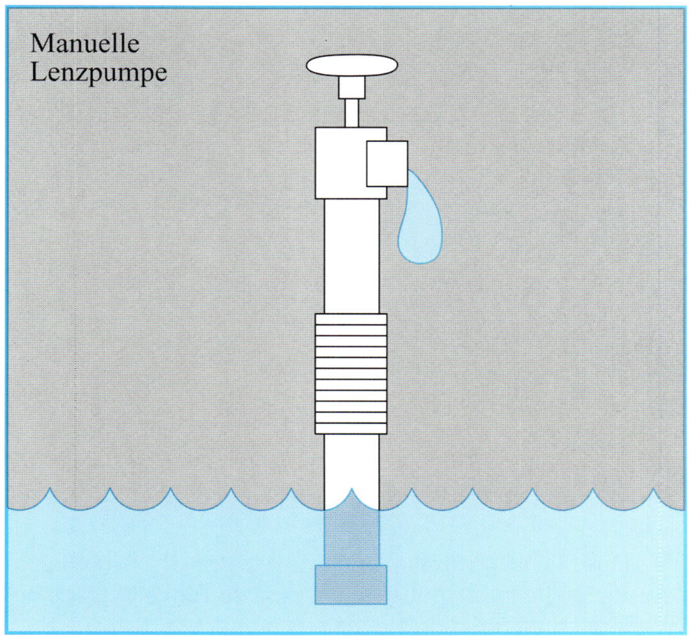

Rundumleine und Spanngummis

Alles im Griff

Rundumleinen (manchmal auch »Lifeline« genannt) helfen uns, den Kajak auf Wasser und am Land »im Griff« zu behalten. Insbesondere an schwierigen Ein- und Ausbootstellen sowie bei Rettungsaktionen sind sie sinnvoll. Die Leine ist so stramm gespannt, daß man gerade noch mit der Hand darunterfassen kann. Sie führt über mehrere Befestigungspunkte vom Bug zum Heck und wieder zurück. Eine zusätzliche Leine dient zum Abschleppen anderer Kajaks. Die auf dem Deck angebrachten Spanngummis sind praktische Vorrichtungen, um wichtige Dinge schnell zur Hand zu haben, ohne gleich die Spritzdecke öffnen zu müssen. Dazu gehören Reservepaddel, Karte und Kompaß, Leuchtraketen und ähnliches. Aber denken Sie daran: Die Spanngummis bieten keine letzte Sicherheit. So mancher Brecher hat schon teure Teile über Bord gespült und ins nasse Grab geschickt. Spanngummis sollten daher von Zeit zu Zeit auf ihre Elastizität und eventuelle Beschädigungen geprüft werden. Auch die Rundumleine hält nicht ewig. Tauschen Sie daher die alte Leine hin und wieder gegen eine neuwertige aus.

Die Gestaltung des Decks

Ordnung auf dem Oberschiff

Jeder, der mit einem Seekajak unterwegs ist, hat ein höchst privates Rezept, seine Karten, Raketen, Reservepaddel, Schleppanker usw. an Deck anzubringen. Grundsatz: Die wirklich wichtigen Dinge gehören in Reichweite des Fahrers. Was wichtig werden könnte, hängt selbstverständlich von den Besonderheiten einer Tour ab. Wenn wir immer und zu jeder Zeit alle nur denkbaren Zubehörteile mitschleppen wollten, hätten wir kaum noch Platz für Zelt, Schlafsack und Lebensmittel. Außerdem würde der beladene Kajak viel zu schwer.
Vor jeder größeren Fahrt werden wir uns also überlegen, welche Dinge wir benötigen und welche Teile auf Deck befestigt werden müssen.

Einer

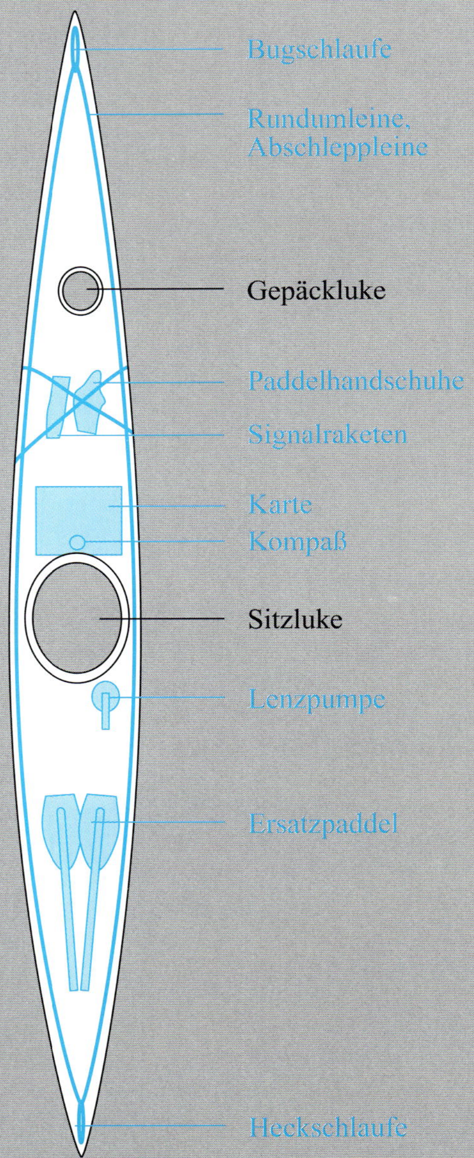

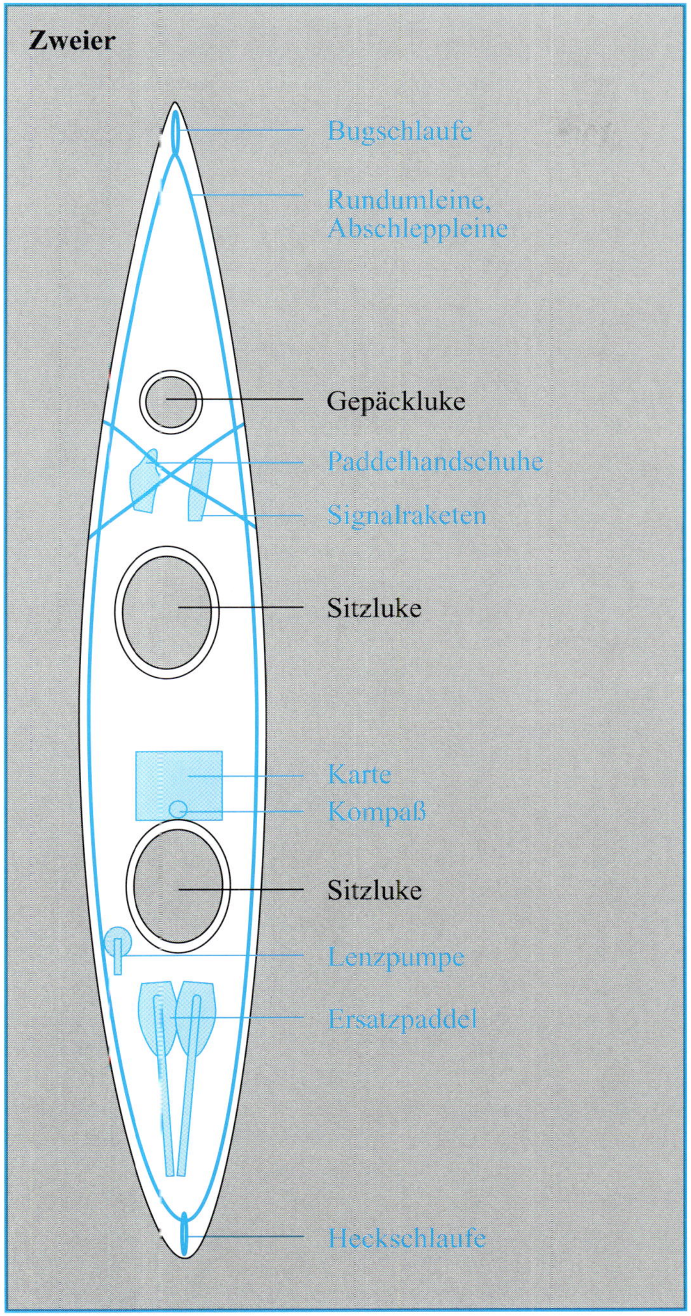

Zur Wahl stehen:
- Karte
- Kompaß
- Signalraketen
- Ersatzpaddel
- Paddelhandschuhe
- Verpflegung
- Abschleppleine
- Fernglas
- Schleppanker
- Lenzpumpe

Wem das zuviel wird, der kann zurückgreifen auf Schwimmwesten mit integrierten Taschen. Darin lassen sich einige Teile gut unterbringen.

Signalmittel

Sehen und gesehen werden

In jeden Seekajak gehören Signalmittel, um im Notfall bemerkt oder gefunden zu werden. Zur Wahl stehen:
- Signalraketen
- Signalstifte
- Fallschirmraketen
- Leuchtfackeln
- Rauchfackeln
- Spiegel

Für einige dieser Signalmittel muß man einen Kurs absolvieren. Besonders wirkungsvoll sind Fallschirmraketen, die hoch steigen und lange leuchten. Rote Signale werden nur im Notfall eingesetzt. Zunächst nur ein Signal, um auf sich aufmerksam zu machen, nach einer Minute dann ein zweites zur Bestätigung. Ein weiteres Signal wird schließlich eingesetzt, wenn sich Hilfe nähert. Damit wird die genaue Position lokalisiert. Grüne Signale zeigen Entwarnung an. Mit weißen Signalen will man auf sich aufmerksam machen, z. B. bei drohender Kollision mit Schiffen.
Je mehr Signalmittel Sie dabeihaben, um so besser. Das Minimum auf einem Trip, der wirklich sehr ausgesetzt ist, sind zwei Fallschirmraketen im Boot und drei Signalraketen in der Paddeljacke oder in einer wasserfesten Tasche auf dem Boot. Eine Leuchtfackel und eine Rauchfackel pro

Boot sind ebenfalls sehr zu empfehlen. Im Notfall sollte das auffälligste Signalmittel gleich zu Beginn eingesetzt werden. Eine Fallschirmrakete kann auf eine Entfernung von etwa 20 Kilometern (je nach Sichtverhältnissen) gesehen werden. Es kann also eine Stunde dauern, bis Rettung eintrifft. Die weniger auffälligen Signalmittel sparen wir uns, bis die Helfer nahe genug herangekommen sind.
Tip: Wenn Sie im Notfall nachts unterwegs sind, sollten Sie eine wasserdichte Taschenlampe dabeihaben. Auf Schifffahrtsstraßen ist ein weißes Rundumlicht vorgeschrieben. Um im Nebel oder nachts von Booten mit Radar geortet werden zu können, eignet sich eine Angel, die aufgestellt und mit einem Reflektor aus Metall versehen wurde.

Schleppanker

Bremsende Wirkung

Beim Salzwasserfahren ist eine Reihe von Situationen denkbar, in denen ein Schleppanker komfortabel eingesetzt werden kann. Während wir bei ungünstigen Windverhältnissen im Kajak Nahrung aufnehmen oder uns einfach nur ausruhen, stabilisiert uns der Schleppanker und verhindert unnötiges Abdriften. Im Starkwind ist es mit dem am Bug eingesetzten Schleppanker möglich, den Kajak in den Wind zu halten und den Sturm abzuwarten, ohne allzusehr abzudriften. Auch das Anlanden bei starker Brandung wird durch die bremsende Wirkung des Schleppankers erleichtert.
Ein Schleppanker kann in seiner Funktion vielleicht am besten mit einem Bremsschirm verglichen werden. Nicht zuletzt deshalb sieht er auch so ähnlich aus: Er ist an beiden Seiten offen und wird an einer etwa zehn Meter langen, dehnfähigen Leine geführt. Diese Leine wird an der Rundumleine des Kajaks befestigt und durch die Trageschlaufen geführt. Zusätzlich kann an der kleineren Öffnung des Schleppankers für müheloses Einholen noch eine Rückholleine befestigt werden. Sie sollte schwimmfähig sein und ebenfalls an der Rundumleine befestigt werden.
Tip: Das beste Material für einen Schleppanker stellt RipStop Nylon dar. Es ist leicht und verrottet im Salzwasser nicht so schnell. Bei guten Schleppankern ist ein Auftriebskörper eingearbeitet, der ihn an der Wasseroberfläche hält. Schleppanker sind in verschieden großen Ausführungen für Einer- und Zweierkajaks erhältlich.

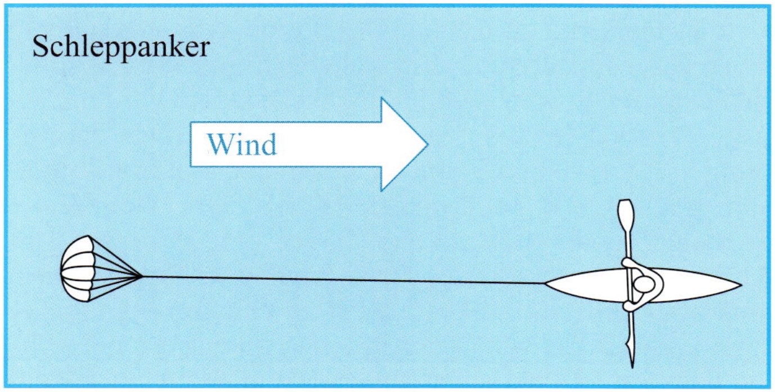

Auf dem Meer

Schwierigkeitsgrade im Salzwasser

Überblick vor dem Einbooten

Anders als im Wildwasser hat sich bisher zur Bewertung der Schwierigkeiten beim Salzwasserfahren noch kein einheitlicher Maßstab herausgebildet. Bislang ist jeder Seekajakfahrer bei der Beurteilung eines Reviers oder einer Route auf sein eigenes Urteilsvermögen angewiesen.
Die folgende Tabelle (nach Udo Beier) soll Entscheidungshilfen für die Schwierigkeit einer Tour oder Teilstrecke liefern. Sie bezieht sich nicht auf den Leistungsstand von Anfängern, sondern auf erfahrene, richtig ausgerüstete Seekajakfahrer mit entsprechendem Bootsmaterial. Dominierende Einflußgröße ist dabei die Windstärke als Auslöser fast aller Gefahren beim Salzwasserpaddeln. Die Tabelle vermittelt Näherungswerte, die auf persönlicher Erfahrung beruhen. Eine Objektivierung steht noch aus. Trotzdem: Dieser Überblick ist besser als nichts!

Berechnung der Salzwasser-Schwierigkeitsgrade:
Ermittle die Windstärke in Bft. und vermindere den Wert um zwei Einheiten. Führe weitere Korrekturen gemäß Tabelle durch.

Salzwasser-Schwierigkeitsgrad		I un-schwierig	II mäßig schwierig	III schwierig	IV sehr schwierig	V äußerst schwierig	VI Grenze der Belastbarkeit	Problem
Windstärke	in Bft.	0 bis 3	4	5	6	7	8 bis 12	Windsee Winddruck
Winddauer	seit 12 Std. mit 100 m Fetch	–	+ 1	+ 1	+ 1	+ 1	*	höhere Windsee
Tide** ab 2 kn	mit dem Wind	–	–	–	– 1	– 1	– 1	flacher Seegang
	gegen den Wind		+ 1	–	+ 1	+ 1	*	steiler Seegang
Windsee**	auf Strand	–	+ 1	+ 2	+ 2	+ 1/+ 2	*	Brandung
	auf Steilküste	–	+ 1	+ 2	+ 2	+ 1/+ 2	*	Kreuzsee/ Aufprall
	um Insel herum	–	–	+ 1	+ 2	+ 1/+ 2	*	»Clapotis«
Windsee/Tide** ab 2 kn trifft auf	Untiefen	–	+ 1	+ 1	+ 2	+ 1/+ 2	*	Grundsee
	Hindernisse	–	+ 2	+ 2	+ 2	+ 1/+ 2	*	Brandung/ Aufprall
Dünung** ab 1 m trifft auf	Windsee oder Tidenwelle	–	–	+ 1	+ 1	+ 1	*	Kreuzsee
	Strand, Insel, Steilküste oder Hindernisse	+ 1 bis 5	+ 1 bis 5	+ 1 bis 5	+ 1 bis 5	+ 1 bis 5	*	Brandung, Aufprall, »Clapotis«, Grundsee, »Kaventsmänner«, Kreuzsee
ablandiger Wind	ohne Fallwinde	–	– 1	– 2	– 2	– 2	– 2	flache Windsee
	mit Fallwinden	–	– 1	–	–	+ 1	*	sehr böig
Sicht max. 20 m	ohne Probleme	–	–	+ 1	+ 1	+ 1	*	Orientierungslosigkeit
	mit Problemen (z. B. Untiefen)	–	+ 1	+ 2	+ 2	+ 2	*	

* Wirkt sich nicht weiter auf den Salzwasser-Schwierigkeitsgrad aus.
** Die Schwierigkeit nimmt mit der Entfernung von der Gefahrenquelle (z. B. Strömung, Untiefe, Hindernisse, Steilküste, Strand, Brandung, Grund-/Kreuzsee, Stromkabbelung, »Clapotis« stetig ab.

Gezeiten

Wechselspiel zwischen Ebbe und Flut

Ebbe und Flut spielen auf dem Meer eine dominierende Rolle. Etwa alle sechs Stunden wechseln sie sich ab. Wir wissen: Neben der Erdrotation hält die Anziehungskraft des Mondes gemeinsam mit der halb so starken Anziehungskraft unserer Sonne das Wasser der Ozeane in Bewegung. Daraus resultieren die Gezeiten, auch Tiden genannt. Wirken Sonne und Mond zur gleichen Zeit zusammen (bei Voll- und Neumond), sind höher auflaufende Flut und niedrigere Ebbe zu beobachten. Dann ist von einer Springtide die Rede. Stehen die beiden Gestirne im rechten Winkel zueinander (bei Viertel-Monden), verringert sich die Anziehungskraft. Das bewirkt die Nipptiden. Der Sechs-Stunden-Rhythmus stimmt allerdings nicht genau. Da der Mond rund 50 Minuten mehr als 24 Stunden für seine Bahn um die Erde braucht, verschiebt sich der Tidenwechsel von Tag zu Tag um 50 Minuten. Die »Zwölferregel« gibt Auskunft über den Verlauf der Gezeiten (Grafik unten).

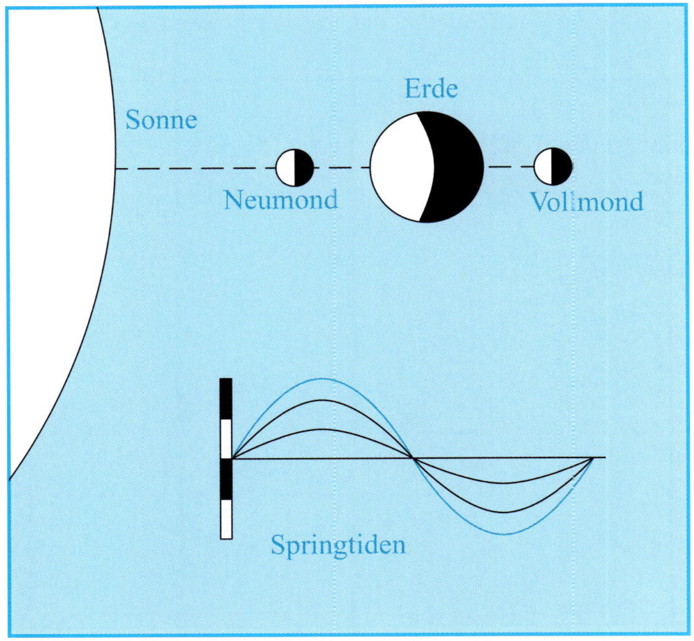

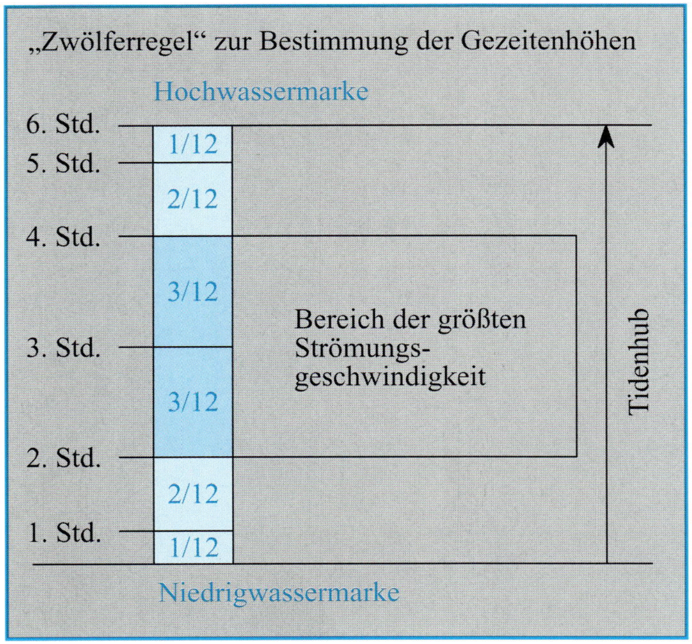

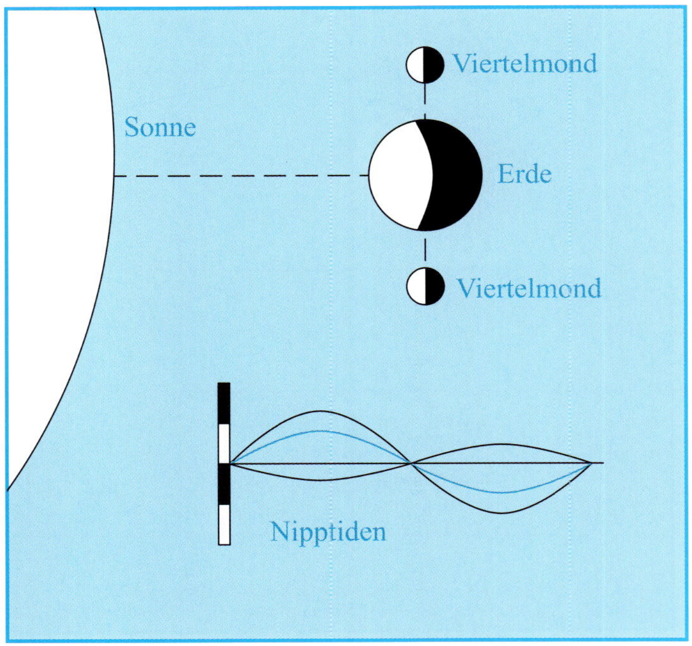

Tidenströme

Salziges Wildwasser

Die an der Küste ankommende Flut drückt in Flußmündungen und Fjorde, sie fließt an den Ufern entlang. Mit der Ebbe wechselt die Richtung. Wir sprechen dann im Jargon vom »Kentern« der Tide. Der Zeitraum des Wechsels zwischen den Strömungen ist unterschiedlich lang. Die Länge des Tidenwechsels hängt in erster Linie davon ab, wie schnell der Ebb- oder Flutstrom fließt. Über den Daumen gepeilt ergibt eine Strömung mit 4 km/h einen Zeitraum von einer Stunde mit »totem« Wasser zwischen Ebbe und Flut. Bei 7 km/h beträgt dieser Zeitraum nur etwa dreißig Minuten. 10 km/h bedingen etwas mehr als zwanzig Minuten, 15 km/h nur zehn Minuten für das Tidenkentern. Von einigen wenigen Ausnahmen abgesehen, wird die Strömung dort am schnellsten sein, wo das Wasser am tiefsten ist. Wenn wir also einmal aus irgendwelchen Gründen gegen den Tidenstrom anpaddeln müssen, sollten wir uns in Ufernähe halten. Dort können Kehrwasser entstehen,

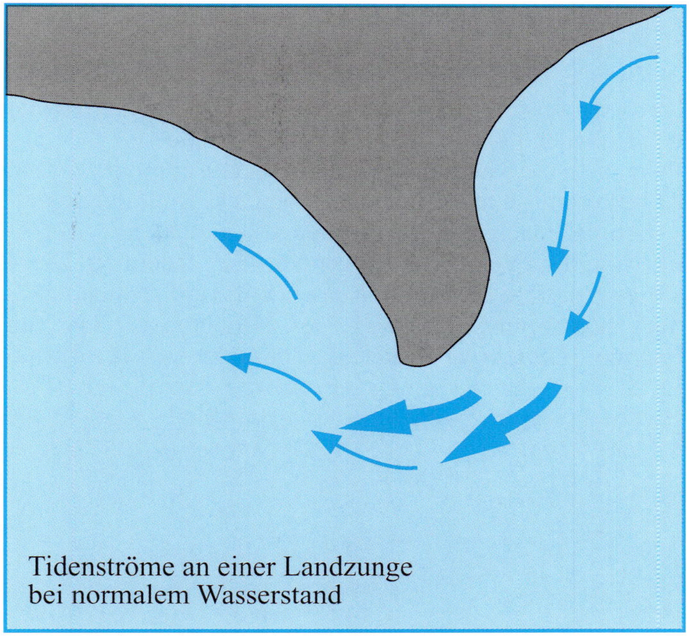

Tidenströme an einer Landzunge bei normalem Wasserstand

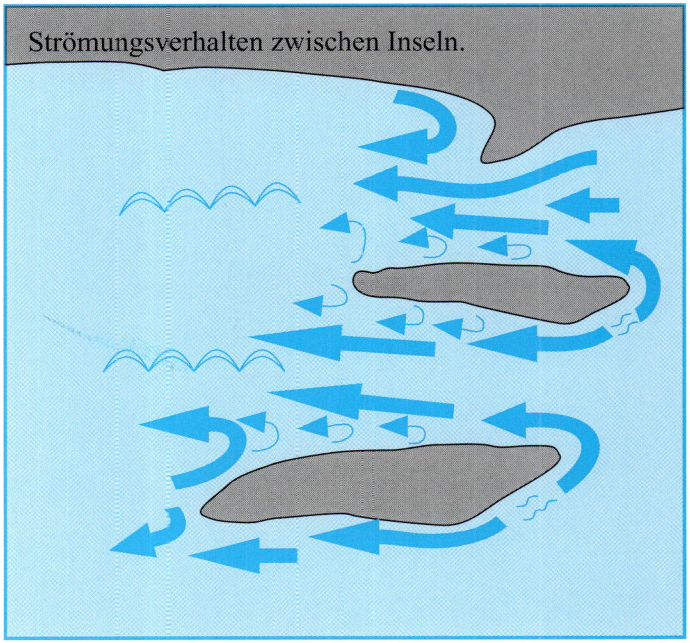

Strömungsverhalten zwischen Inseln.

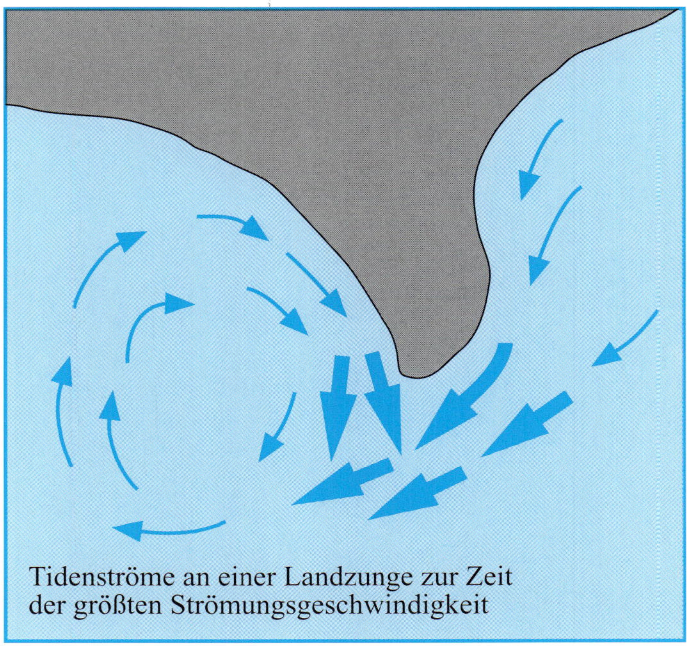

Tidenströme an einer Landzunge zur Zeit der größten Strömungsgeschwindigkeit

ähnlich dem Kehrwasser in Wildflüssen. Wo sich jedoch plötzlich Untiefen der Strömung entgegenstellen, wird das strömende Wasser noch einmal beschleunigt. In diesem Fall wird uns die Strömung gnadenlos durch einen Wald von stehenden Wellen peitschen.

Wenn sich die Tide durch einen flachen Kanal preßt, kann zu gewissen Zeiten eine steile, überschlagende Welle entstehen. Ihre Geschwindigkeit hängt in erster Linie von ihrer Höhe und der vor ihr liegenden Wassertiefe ab. Diese Gezeitenwellen entstehen in erster Linie auf großen Sand- oder Schlammbänken sowie im Mündungsbereich von Flüssen. Südlich von Anchorage befindet sich der Turnagain-Arm. Das ist eine große Bucht mit ausgedehnten Schlammbänken. Hier sind bereits einige Surfer und Kanuten durch eine plötzliche Gezeitenwelle *(tidal bore)* in ernste Bedrängnis geraten. Wer kenterte und sein Boot verlassen mußte, geriet womöglich mit den Füßen in den Schlamm und somit in eine (manchmal) tödliche Falle.

Besonders unangenehm können auch die durch Gezeiten bedingten Mahlströme in den engen Passagen der Lofoten werden. Die dort rotierenden Wassermassen bilden manchmal riesige Strudel.

Die Tidenströme können aber auch für viel Spaß sorgen. Beispielsweise im Bereich der Bitches/GB. Im Wechsel

der Gezeiten bilden sich an der Küste von Wales stehende Wellen, die zum Surfen einladen (Bild links). Das Spielchen dauert einige Stunden, das läßt das Herz des Kajakakrobaten höher schlagen. An dieser Stelle wurden bereits die inoffiziellen Weltmeisterschaften der Paddelartisten ausgetragen.
Auch in den Prielen der Wattenmeere zieht der Tidenstrom mit beachtlichen Geschwindigkeiten. Gegen einen solchen Tidenstrom anzupaddeln, ist nicht besonders ergiebig. Bei einem Eigentempo von etwa 6 km/h im beladenen Kajak ist bereits ein Tidenstrom mit 4–6 km/h ein ernstzunehmendes Hindernis. Dann warten wir besser, bis die Tide wieder kentert.
Besonders unangenehm kann es werden, wenn die Tidenströmung gegen die vorherrschende Windrichtung läuft. Dann prallen zwei Welten aufeinander. Kurze, steile Wellen entstehen, die das Boot permanent abbremsen. Der Krafteinsatz kann beträchtlich werden. Die Suche nach Windschatten wird sich bezahlt machen. Vielleicht ist es in einem solchen Falle aber auch sinnvoll anzulanden, das Zelt aufzuschlagen, eine Tasse Tee zu trinken und abzuwarten, bis der Wind einschläft oder die Tide wechselt.

Tidenkalender

Unentbehrliche Fahrtplanung

Weil wir es bei Ebbe und Flut unter Umständen mit lokalen Besonderheiten zu tun haben, veröffentlichen die Hydrographischen Institute in aller Welt die sogenannten Tidenkalender. In ihnen wird Eintritt, Dauer und Höhe der Gezeiten angegeben. Als Kalender, Karten und Tabellen erscheinen sie jährlich im voraus. Sie sind unentbehrliche Grundlage für eine gutgeplante und gelungene Wanderfahrt im Tidenbereich. Kaufen kann man sie in Fachgeschäften für den Segel- und Kanusport, manchmal auch in gutsortierten Buchläden.
Die geschickte Ausnutzung der Gezeiten macht den guten Salzwasserkapitän aus. Beispielsweise ist es möglich, einen Trip um eine Insel herum so zu planen, daß man mit der Flut bis zu einem Punkt paddelt an dem die Tide kippt. Im weiteren Verlauf nutzt man dann die Ebbe, um wieder zum Ausgangspunkt zurückzukommen.

Fahrtenplanung

Im Wattenmeer und sonstwo

Eine der Besonderheiten des Salzwasserfahrens im Kajak resultiert aus der Tatsache, daß wir in unserem kleinen Boot auch bei Ebbe beweglich bleiben. Wenn die Dickschiffe schon längst trockenliegen, können wir noch mit wenigen Zentimetern Wasser unter dem Kiel umherschippern. Daher erreichen wir Gebiete, die einem Großteil anderer Wassersportler verschlossen bleiben. Dazu gehört auch das Wattenmeer in den Bereichen, die Kajakfahrern offenstehen.
Fahrten im Wattenmeer sind interessant, aber leider nicht ungefährlich. Sie setzen voraus, daß man Kenntnisse hat über die Tiden, die Tidenströmungen und das Wetter. Sorgfältige Vorplanung der Route (dabei sind routinierte Kameraden behilflich) und ein für Salzwasserfahrten geeignetes Boot nebst kompletter Ausrüstung sind unabdingbar. Die Fahrt im Wattenmeer beginnt im allgemeinen bei Eintreten des Hochwassers von einem geeigneten Ort an der Küste aus. Zunächst hören wir den aktuellen Seewetterbericht. Ist der positiv, können wir den Ebbstrom nutzen, um leichter vorwärts zu kommen. Bereits vorher haben wir anhand der Tabellen und Karten ausgerechnet, wie weit wir bis zum Tidenwechsel kommen. Wir haben Strömungsgeschwindigkeit plus eigene Fahrt addiert, den Gegenwind abgerechnet. Auf der Strecke liegen Sand- und Schlickbänke, die irgendwann trockenfallen. Das passiert unter Umständen bereits drei Stunden vor Niedrigwasser. Am besten befahren wir diese Bänke nur bei Flut, sonst besteht die Gefahr, daß wir plötzlich festsitzen. Und das kann sehr unangenehm werden. Auf einer Sandbank zelten, wenn die Wellen gerade mal zehn Zentimeter vor dem Zelteingang ausschwappen, ist nur etwas für Leute mit besonders guten Nerven.
Aber auch die beste Vorbereitung und eine umfangreiche Ausrüstung garantieren keine Sicherheit. Plötzlich auftretender Nebel, Gewitter oder ein Wettersturz zwingen uns zu flexiblem Verhalten. Was in diesem Fall zu tun ist, hängt von der jeweiligen Situation ab. Grundsatz bleibt aber: Je besser wir (auch körperlich) vorbereitet sind, um so sicherer verläuft die Fahrt.

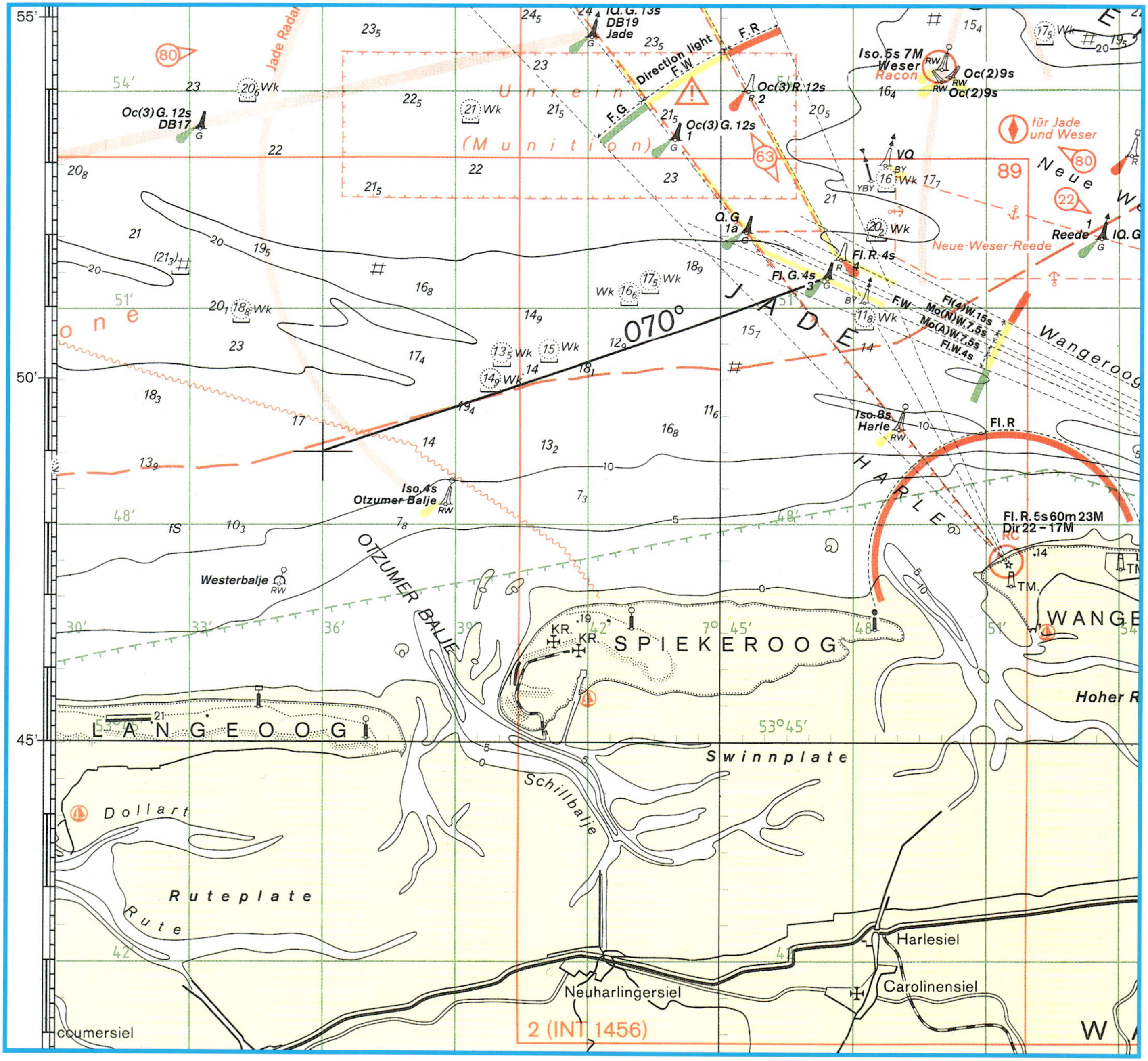
Jade Radar
IQ.G.13s
DB19
Jade
Oc(3)G.12s
DB17
Direction light
F.W
F.R
F.G
Unrein
(Munition)
Oc(3)R.12s
2
Oc(3)G.12s
1
Iso.5s 7M
Weser
Racon
Oc(2)9s
für Jade
und Weser
VQ
Neue
Neue-Weser-Reede
Reede
IQ.G
Q.G
1a
Fl.R.4s
Fl.G.4s
3
070°
JADE
F.W
Fl(4)W.15s
Mo(N)W.7,5s
Mo(A)W.7,5s
Fl.W.4s
Wangerooger
Iso.8s
Harle
Fl.R
HARLE
Fl.R.5s 60m 23M
Dir 22 - 17M
Iso.4s
Otzumer Balje
OTZUMER BALJE
Westerbalje
SPIEKEROOG
WANGE
LANGEOOG
Swinnplate
Hoher R
Dollart
Schillbalje
Ruteplate
Rute
Harlesiel
Carolinensiel
Neuharlingersiel
ccumersiel
2 (INT 1456)
55'
50'
45'
53°45'

Orientieren

Die Seekarte

Grade, Minuten und Sekunden

Mit der Seekarte und dem Kompaß einen Kurs bestimmen und einhalten können, peilen und den eigenen Standort ermitteln können: Das ist das gutgelernte Handwerk des Salzwasserfahrers. Es gibt Bücher, die ausführlich in die Kunst des Orientierens mit Karte und Kompaß einweisen. Ich setze voraus, daß Sie bereits über grundlegende Kenntnisse verfügen. Im folgenden möchte ich Sie mit einigen Feinheiten vertraut machen.

Seekarten sind zu groß, um sie »am Stück« mit ins Boot zu nehmen. Wir können sie in Einzelteile zerschneiden oder Fotokopien für einzelne Gebiete anfertigen. Dann passen sie in eine wasserdichte Klarsichttasche, die im oder auf dem Boot befestigt werden kann. Auf jeden Kartenabschnitt zeichnen wir den Nordpfeil in der durch die Mißweisung korrigierten Richtung und eine Linie mit Meßwerten in Kilometer und in Seemeilen ein. Buchstaben kennzeichnen, welche Kartenteile aneinandergehören.

Wenn Sie an der Seekarte herumschnippeln: Lassen Sie den Rand ruhig dran. Der waagerechte Kartenrand enthält Informationen über die Abweichung der Längenkreise vom Null-Meridian (Greenwich/England). Der senkrechte Kartenrand zeigt die Gradabweichungen der Breitenkreise, und zwar vom Äquator aus zum Nord- als auch zum Südpol hin. Es werden jeweils 90° über die Halbkugeln gemessen. Der Abstand von Grad zu Grad ist konstant. Er entspricht 60 Seemeilen, rund 111 Kilometer. Eine Minute (') auf dem Kartenrand entspricht 1 Seemeile oder 1850 Meter. Ein 5'-Abstand auf dem Kartenrand entspricht einer Entfernung von rund 10 Kilometer. Jeder Punkt der Erde ist durch Längen- und Breitengrad zu bestimmen.

Auf Seekarten befindet sich keine Legende für die verwendeten Zeichen. Dafür gibt es vom Bundesamt für Seeschiffahrt und Hydrographie die »Karte 1«, zum Entziffern englischer Seekarten die »Karte 501«. Für den Anfänger sind sie empfehlenswerte Hilfen.

Tip: Seekarten sollten auf dem aktuellen Stand sein. Das ist nicht nur wegen der topographischen Veränderungen interessant. Alte Ausgaben zeigen womöglich unzutreffende Farben, Toppzeichen und Tonnen. Das könnte zu bösen Verwechslungen führen.

Der Kurs

Zwischen Soll und Ist

Die Auswahl des Kurses reflektiert Ihre Kenntnisse über das Paddeln im Seekajak. Landschutz, Wellengang, Windrichtung und -stärke, Gezeiten und Tidenstrom, Inseln, Untiefen und Schiffahrtswege: Sie sind der Kapitän und bestimmen den Kurs. Das ist dann schon ein Stück echter Seemannschaft. Die Seekarte bleibt während des Paddelns einsehbar. Der Kompaß ist entweder auf Deck montiert (gut so), oder er hängt am Hals.

Wir können zwischen dem Kurs über Grund (Kartenkurs) und dem Kurs durchs Wasser unterscheiden. Den ersteren können wir als »Sollkurs« bezeichnen, der zweite ist allerdings der tatsächliche Weg, der »Istkurs«. Zwischen beiden Kursen liegt die sogenannte Abdrift, eine Kursverschiebung durch Abtreiben aufgrund von Strömungs- oder Windeinflüssen. Wir fahren dann einen Bogen (im Jargon auch »Hundekurve« genannt), obwohl wir unser Ziel immer gerade vor Augen sehen. Wie stark diese Abdrift einzuschätzen ist? Dazu braucht es Erfahrung und Fingerspitzengefühl. Aus einer vermeintlich kurzen Überfahrt kann ein Marathon werden. Kommt auf halbem Weg noch starker Gegenwind hinzu, paddelt man auf der Stelle. Die Situation muß überdacht werden; vielleicht ist man ja mit einem kontrollierten Rückzug besser beraten.

Der »Normalfall« stellt sich allerdings übersichtlicher dar. Wir paddeln am Ufer entlang und fahren sozusagen »auf Sicht«. Nur ab und an werfen wir einen Blick auf die Karte, um unsere Position zu bestimmen. Schwieriger wird das im Nebel. Wir können den Kurs nach den Schallereignissen ausrichten, die der Nebel von weither trägt. Manchmal kann man auch das Land aus der Ferne riechen. Gelegentlich zeigen Vögel den Weg ans Land: Auch sie zieht es bei schlechter Sicht ans Ufer.

Die Peilung

Mißweisung und Windrose

Die Richtungskoordinaten (W, N, S, O) stimmen mit denen der Karte überein. Der eingezeichnete Richtungspfeil, der die Kompaßnadel darstellt, sollte in Richtung Norden zeigen. Dies tut er allerdings nicht überall auf der Welt. Diese »Mißweisung« ist eine erdmagnetisch bedingte Abweichung. Geographischer Nordpol und Magnetischer Nordpol unterscheiden sich deutlich voneinander. So beträgt die Mißweisung im Nordwesten Grönlands etwa 45° nach Westen. Obendrein verändert sich der Magnetische Nordpol ständig. Seekarten nennen also neben der Mißweisung die jährliche Verschiebungsrate. Den neuesten Stand der Mißweisung können wir so aus dieser Angabe in Verbindung mit dem Ausgabejahr der Karte ermitteln.
Doch keine Bange, so kompliziert, wie es auf den ersten Blick erscheint, ist es nicht. Angenommen, die Karte gibt eine Mißweisung von 10° nach Westen an. Sie peilen mit dem Kompaß einen Punkt auf 120°. Dann rechnen wir, um die Mißweisung zu berücksichtigen, folgendermaßen:

Kompaßpeilung	120°
Mißweisung	–10°
rechtweisende Peilung	110°

Diesen Winkel übertragen wir auf unsere Karte.
Umgekehrt: Messen wir auf unserer Karte den geplanten Kurs mit 120° mit derselben Mißweisung von 10° nach West, so ist die Differenz hinzuzurechnen.

Kartenkurs	120°
Mißweisung	+10°
Kompaßkurs	130°

Jetzt können wir mit der »Marschzahl« 130 weiterpaddeln.
Zeigt der Pfeil für die Mißweisung statt in den westlichen in den östlichen Quadranten, also rechts neben den Nordpunkt der Windrose, kehren sich die Berechnungen um. Bei der Messung zum angepeilten Punkt zählen wir die Mißweisung hinzu, beim Errechnen des Kompaßkurses ziehen wir die Mißweisung vom Kartenkurs ab.

Tip: Metallgegenstände in Kompaßnähe können die Nadel ablenken. Konservenbüchsen im Boot wirken sich da möglicherweise schon aus. Und dann wundern wir uns, warum wir nicht dort ankommen, wo wir es eigentlich vorgesehen hatten. Daher ist es ratsam, vorher zu prüfen, ob ein Gegenstand die Kompaßanzeige beeinflußt, bevor er in Kompaßnähe gelegt wird.

Wetterkunde

Wind und Wetter

Salzwasserfahrers täglich Brot

Das, was das Wasserlesen für den Wildwasserfahrer ist, ist die Wetterkunde für den Salzwasserfahrer. Wenn wir auf Kleinflüssen, Bächen und übersichtlichen Seen herumpaddeln, hat das Wettergeschehen normalerweise keinen besonders großen Einfluß auf das Gelingen unserer Fahrt. Einmal davon abgesehen, daß Regen in aller Regel als mißlich empfunden wird.
Auf großen Seen und an der Küste ist alles grundlegend anders. Der Wind und die mit ihm einhergehenden Wellen werden zum entscheidenden Faktor für eine sichere, gelungene und damit genußvolle Fahrt.
Windstärken um 5 Beaufort sind für den durchschnittlichen Paddler das obere Limit. Dann zieht und zerrt der Wind an unserem Boot und am Paddel, wir können unseren Kajak nicht mehr drehen, Gischt fliegt durch die Luft, der Körper kühlt aus. Weil wir obendrein bei starkem Gegenwind kaum noch vorankommen, sind wir nach kurzer Zeit matt, schlapp und demoralisiert. Wie aber wollen wir feststellen, welche Windstärke vorherrscht? Wir können uns zur Einschätzung der Situation des aktuellen Wetterberichts bedienen oder unseren Windmesser ablesen.
Die nebenstehende Tabelle vermittelt einen Überblick über die Zusammenhänge zwischen Windstärke, Wellenhöhe und Seegang. Die Beschreibungen der Zeichen auf See und an Land helfen uns bei der Einschätzung.
Aber auch die Einschätzung der Situation aufgrund der oben genannten Hinweise ist nur in Grenzen zuverlässig.

Windstärke, Seegang, Wellenhöhe

Windstärke	Beaufort	Km/h	Knoten	Seegang	Wellen/m	Zeichen auf See	Zeichen an Land
leichter Zug	1	2 – 5	1 – 3	1	– 0,1	Kräuselwellen, Wimpel kaum bewegt	Rauch zeigt leicht die Windrichtung
leichte Brise	2	6 – 11	4 – 6	2	0,1 – 0,3	kleine, kurze Wellen, Wimpel halb entfaltet	Blätter bewegen sich leicht im Wind
schwache Brise	3	12 – 19	7 – 10	2–3	0,3 – 1,0	Wellenbildung, Wasser rauh, Wimpel streckt sich	dünne Zweige bewegen sich dauernd
mäßige Brise	4	20 – 28	11 – 16	3	1,0 – 1,5	viele Schaumköpfe, Wimpel voll entfaltet	dünne Zweige bewegen sich
frische Brise	5	29 – 38	17 – 21	4	1,5 – 2,5	lange Wellen, etwas Gischt, Wimpel straff	Laubbäume schwanken
steife Brise	6	39 – 49	22 – 27	5	2,5 – 4,0	große brechende Wellen, aufwehende Schaumköpfe	starke Astbewegungen, Drähte singen
harter Wind	7	50 – 61	28 – 33	6	4,0 – 5,5	See türmt sich, erste Schaumstreifen	Bäume biegen sich
stürmischer Wind	8	62 – 74	34 – 40	7	5,5 – 7,5	hohe Wellen brechen, breite Schaumstreifen	Äste und Zweige brechen
Sturm	9	75 – 88	41 – 47	7–8	7,5 – 9,0	Wellen rollen, Gischt fliegt, Sichtbehinderung	große Äste brechen
schwerer Sturm	10	89 – 102	48 – 55	8	9,0 – 11,5	See kocht, lange Brecher, Gischt, verminderte Sicht	Bäume entwurzeln und/oder brechen
orkanartiger Sturm	11	103 – 117	56 – 63	9	11,5–14,0	gewaltige Wellenberge, kaum noch Sicht	Sturmschäden bedeutend
Orkan	12	118 – ...	64 – ...	10	14,0 – ...	weiße, tobende See, sehr wenig Sicht	verbreitet Verwüstungen

Lokale Winde werden beeinflußt von Uferformationen. Kanäle, Deiche, Berge und Fjorde können den Wind so bündeln und lenken, daß gelegentlich der sogenannte »Düseneffekt« auftritt. Windsurfer nutzen ihn beispielsweise am Gardasee. Sie haben dabei viel Spaß. Für uns sieht die Sache dann unter Umständen nicht so lustig aus. Wind ist der große Gegenspieler des Salzwasserfahrers.
Allerdings: Was für den Wildwasserfahrer das Kehrwasser, ist für den Salzwasserfahrer der Windschatten! Wir finden ihn an der Leeseite von Steilküsten und Kaps. In der Tat ähnelt der Wind oft genug dem Verhalten von strömendem Wasser. Nur: Das ungeschulte Auge vermag nicht zu erkennen, wie der Wind sich in Wirbelzonen verhält. Drachen- und Gleitschirmflieger können ein Lied davon singen. Die »normalen« Windverhältnisse werden in solchen Zonen auf den Kopf gestellt.
Wer sich bei ruhiger See mit seinem Boot sehr weit von der Küste entfernt wie auf dem Bild unten, der sollte sich über die Wetterlage der folgenden Stunden gründlich informieren – für eine sichere Rückkehr unabdingbar!

Die vorherrschenden Windstärken ergeben sich aus dem Druckgefälle zwischen Hoch- und Tiefdruckgebieten, vom Temperaturunterschied zwischen Land und Wasser und von der Intensität der jeweiligen Sonneneinstrahlung. Wir verfügen also über Anhaltspunkte, die uns eine relativ zuverlässige Wettervorhersage ermöglichen.

Dazu gehören auch:
- die Wettervorhersage im Radio
- Kenntnisse über Wolkenformationen und deren Bedeutung für das Wetter (siehe Abbildungen auf der nächsten Seite)
- das regelmäßige Ablesen des Barometers
- ein Telefonanruf beim örtlichen Wetterdienst oder einer Küstenschutz-Station
- Kenntnisse über Wetterbedingungen in den vorhergehenden Jahren
- Erfahrung aus vielen Touren mit dem Seekajak
- Ratschläge der Anwohner

Wolkenbilder

Aus Erfahrung gut

Wer zu Fuß, mit dem Kajak oder mit anderen Sportgeräten oft in der Natur unterwegs ist, der wird Interesse für Wolkenbilder entwickeln. Er wird langsam lernen, aufgrund der gemachten Erfahrungen anhand von Wolkenformationen eine einigermaßen verläßliche Wettervorhersage zu treffen. »Wolken sind Gedanken, die am Himmel stehen«, sagen die Indianer Nordamerikas. Für sie war, wie für die meisten anderen Naturvölker, die genaue Kenntnis über Wolkenbilder wichtig für das (Über-)Leben in der freien Natur.
Wolken verfügen nicht immer über deutschsprachige Namen. Oft sind die Namen aus lateinischen Worten zusammengesetzt. So bedeutet:

Cumulus = Haufen
Stratus = Schicht
Cirrus = Feder
Nimbus = Regen
Alto = Hoch

Cumuluswolken (Haufenwolken) bedeuten schönes Wetter

Lösen sich aufgehäufte Cumuluswolken gegen Abend nicht auf, folgt bald schlechtes Wetter

Diese hoch aufgetürmten Cumuluswolken bringen Gewitter

Eine aufgehäufte Cumuluswolke mit »Amboß« kündigt Unwetter und Gewitter an

Große Schäfchenwolken, die sich gleichmäßig über den Himmel verteilen, garantieren schönes Wetter

Hohe kleine Schäfchenwolken treten am Rande eines Tiefs auf, aber sie sind nicht zwangsläufig Regenkünder

Federwolken deuten auf eine nahende Wetterfront hin, ein Wetterumschwung ist wahrscheinlich

Hohe Schichtwolken, die die Sonne nur ahnen lassen, bewirken trübes Wetter

Barometer

Tendenz steigend

Zur Standardausrüstung des Salzwasserfahrers gehört ein zuverlässig arbeitendes Barometer. Dieses gibt es inzwischen auch in Funktionseinheit mit einer Armbanduhr und ist somit jederzeit ohne große Mühe ablesbar. Für ein Handbarometer oder ein in die Armbanduhr integriertes Barometer darf man ruhig etwas mehr Geld ausgeben. Salzwasserfahrer benutzen natürlich nur wasserdichte Ausführungen. Das Barometer registriert den umgebenden Luftdruck, zeigt, ob er fällt oder steigt. Normalerweise ist die Tendenz des Luftdrucks im Laufe eines Tages steigend bis zum Maximum kurz vor Mittag. Danach sinkt er wieder. Fällt jedoch das Barometer vor dem Erreichen des Tagesmaximums, so ist mit Regen zu rechnen. Das abrupte Fallen des Barometers bedeutet fast immer starken Wind (ab 6 Bft.) oder Sturm (ab 9 Bft.).
Das Barometer zeigt natürlich auch eine Wetterbesserung an. Stetiges Steigen über mehrere Tage hinweg deutet auf eine stabile Wetterlage hin. Schnelles Steigen innerhalb weniger Stunden verspricht zwar gutes Wetter, aber nicht für einen längeren Zeitraum. Ein Anstieg nach dem Tagesmaximum in der Mittagszeit läßt ähnliche Schlüsse zu.
Wenn das Barometer bei Windstille und hoher Luftfeuchtigkeit einen besonders hohen Stand erreicht hat, ist mit Nebel und anschließender Aufhellung zu rechnen. Fällt es in der gleichen Konstellation rasch, aber nicht sehr tief, ist ein Gewitter sehr wahrscheinlich.

Wellen

Brandung und Brecher

Freund oder Feind

Für jeden Kajakfahrer jenseits des Anfängerstadiums haben Wellen ganz unterschiedliche Bedeutung. In all den Jahren des Kanufahrens waren auch für mich Wellen ständige, meistens freundliche Begleiter. Das Boot klatschte lustig auf und nieder, die Surfwelle lud zum nicht endenwollenden Spielen ein. Es gab aber auch Zeiten, da haben mir riesige, überschlagende oder explodierende Wellen einfach angst gemacht. Das war im Wildwasser nicht anders als auf dem Salzwasser. Trotzdem gibt es da einen feinen Unterschied: Wenn wir auf Wildbächen unterwegs sind, besteht in fast allen Fällen die Möglichkeit des Umtragens kritischer Stellen. Die Wellen sind stationär, resultierend aus Ufer- und Grundformationen.

Auf Salzwasserfahrt stellt sich das anders dar. Der Wind erzeugt die Wellen. Nach einem Start in der Brandung (Bild oben) müssen wir uns mit dem abfinden, was uns präsentiert wird. Wir haben jedoch die Chance, uns mit einer sorgfältigen Vorbereitung auf die kommenden Verhältnisse einzustellen. Dazu gehören der Blick auf das Barometer, den Tidenkalender und die Seekarte sowie das Abhören des Wetterberichts.
Mit Windstärken ab 5 Bft. ist grundsätzlich – auch für erfahrene Paddler/innen – nicht zu spaßen. 6 bis 7 Bft. sind

die Grenze der Befahrbarkeit. Allerdings sagt der Seegang vor Ort noch nicht alles über den Seegang in anderen, angrenzenden Paddelrevieren aus. Tidenströmungen, Flußmündungen, Untiefen, Uferformationen und die Länge der Wasserstrecke, die dem Wind frei ausgesetzt ist (Fetch), nehmen Einfluß auf die Wellenbildung (siehe auch Tabelle »Salzwasser-Schwierigkeitsgrad«, Seite 141).
Laufen Wellen auf den Strand auf, entsteht die Brandung. Die Wellen werden, je näher sie an den Strand rollen, immer höher und steiler, bis sie sich schließlich überschlagen. Finden sich im Brandungsbereich Untiefen, verschiebt sich der Brandungsverlauf. Abhängig von den Untiefen kann er direkt am Ufer oder weiter draußen verlaufen. Im Regelfall zeigt der Brandungsverlauf immer wieder einmal Lücken. Diese suchen und nutzen wir, wenn wir die direkte Durchfahrung der Brandung mit vollgeladenem Boot scheuen.
Auch sollte man im Windschatten einer Steilküste die Höhe der Wellen weiter draußen nicht unterschätzen (Abbildung unten).

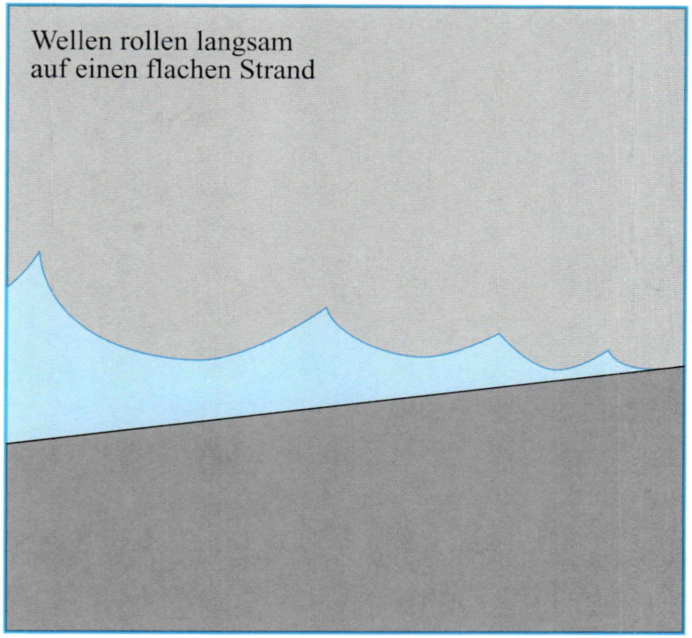

Wellen rollen langsam auf einen flachen Strand

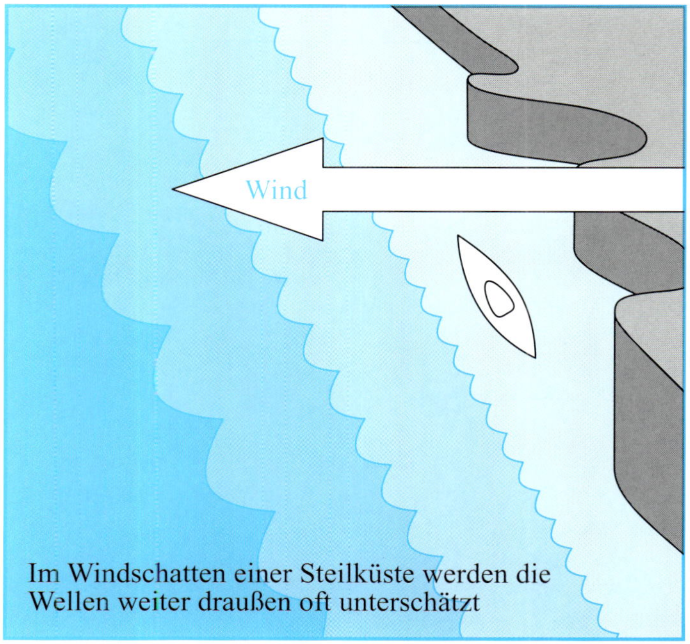

Im Windschatten einer Steilküste werden die Wellen weiter draußen oft unterschätzt

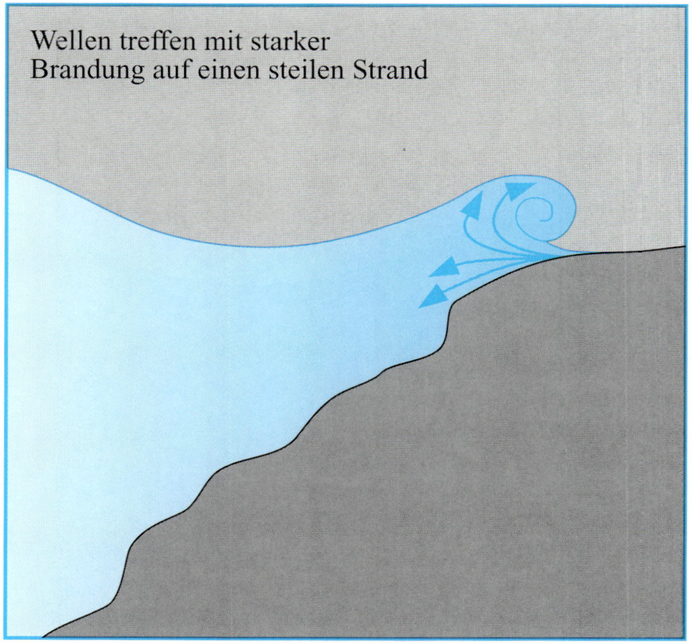

Wellen treffen mit starker Brandung auf einen steilen Strand

Wellen von vorn nehmen

Schräg anfahren

Solange sich die Welle nicht überschlägt, fahren wir sie schräg an. Wir bekommen dann weniger Wasser über unser Boot, die Spritzdecke und das Gesicht. Der Kajak fällt bei dieser Fahrweise auch nicht mit hartem Klatschen in das Wellental. Nur selten ist es notwendig, mit der Paddelstütze zu stabilisieren. Bei solch einem Wellengang ohne Gegenwind im Kajak unterwegs: das ist wie in der Wiege liegen und geschaukelt zu werden…

Wellen seitlich nehmen

Paddelstütze gefragt

Wellen von der Seite bringen Unruhe in die Fahrt. Bei entsprechender Größe drohen sie das Boot umzuwerfen. Erst recht, wenn die Wellen sich überschlagen. Wenn wir die Wellen seitlich nehmen müssen, stabilisieren wir uns mit der Paddelstütze. Das Boot geht zwar in eine unangenehme Schräglage, liegt aber auf der Welle eigentlich immer »von selbst« richtig.
Ganz anders stellt sich die Situation in überschlagenden Wellen dar. Wir müssen uns in die Schräglage begeben, und zwar immer zur Welle hin; also zur Wellen-Luvseite.
Reflexartig wollen wir uns eigentlich zur Leeseite hin bewegen. Also lernen wir ganz bewußt, uns zum anrollenden Wellenkamm hin zu legen. Bei kleineren Wellen reicht auch hier die Paddelstütze. Wird eine bestimmte Wellenhöhe überschritten, werden wir den Paddelhang anwenden. Wo lernen wir das? Am besten dort, wo man entsprechende Wellen vorfindet und bei einer Kenterung sicher sein kann, an den Strand getrieben zu werden. Sind Felsen, Pfähle, Anleger, ablandiger Wind und Schiffe mit im Spiel, sollten wir uns lieber einen anderen Platz suchen. Außerdem gehen wir nicht allein aufs Wasser. Wie beim Skat sind drei Paddler notwendig für ein optimales Spiel mit den Wellen. Auch und gerade in solchen Übungssituationen gehört die Kenterrolle (Abbildung ganz links) definitiv zum Basiskönnen. Das verhält sich auf Salzwasser sicher nicht anders als im Wildwasser. Übung macht den Paddelmeister!

Boote mit rundem Rumpf schmiegen sich an die Welle

Boote mit flachem Rumpf kentern leicht bei Wellengang

Wellen von hinten nehmen

Tolles Surfen, unberechenbares Schieben

Die Freunde des Surfens lieben und brauchen sie: die von achtern anrollende Welle mit der richtigen Höhe und Geschwindigkeit. Sich von Surfwellen tragen, ihre Kraft und Schnelligkeit für sich arbeiten zu lassen, das gehört zu den ganz großen Erlebnissen der Küstenfahrer. Mit viel Übung werden wir genau den Moment erwischen, in dem wir unserem Kajak noch ein paar schnelle Paddelschläge mitgeben, um ihn zu beschleunigen. Der Bug schneidet schräg ins Wellental, wir legen uns leicht zurück, um ihn zu entlasten. Unser Kajak wird immer schneller. Mit der Welle surfend erreichen wir leicht das Dreifache unserer normalen Geschwindigkeit.
Irgendwann überholt uns die Welle, unsere Fahrt verlangsamt sich, das Boot stellt sich quer und schneidet durch die sterbende Welle. Jetzt ist die Zeit gekommen, wieder hinauszufahren. So weit, daß wir den nächsten Wellenritt einleiten können. In Durban, am Indischen Ozean, konnte ich beobachten, wie sich die Surfbegeisterten vor den mächtigen überschlagenden Wellen schützten. Sie ließen sich einfach kurz vor dem Überrolltwerden ins Wasser fallen und drehten erst dann wieder auf, als der Brecher sie passiert hatte.
Das Spielen in und mit den Wellen macht viel Spaß (Bilder rechts). Außerdem können wir auf diese Art jede Menge Kilometer in erstaunlich kurzer Zeit zurücklegen. Was geschieht aber, wenn die Wellen mit dir spielen? Wenn du in das kalte, graue Wasser schaust, Meilen und Meilen von der Küste entfernt? Wenn du merkst, daß die heranrollenden Brecher immer rabiater werden? Wellen von hinten können das Boot schiebend drehen. Sie heben das Heck in die Luft und setzen somit das Steuer außer Funktion. Wir können diese unangenehme Situation allerdings vermeiden, indem wir mit dem Vorwärtspaddeln immer dann aufhören, wenn die Welle das Boot am Heck anhebt. Die Eigengeschwindigkeit wird noch stärker vermindert, wenn wir zusätzlich ein oder zwei Rückwärtsschläge einlegen. Diese Methode hilft, das unkontrollierte Surfen zu vermeiden.

Wellen schräg von hinten sind wieder ein Kapitel für sich. Das Boot fängt an zu schlingern. Manchmal hilft es, den Kajak zu beschleunigen, ein andermal müssen wir auf unsere bewährte Paddelstütze zurückgreifen.

Dünungs-, Reflex- und Kreuzwellen

Gemütlich bis unangenehm

Die großen Dünungswellen werden durch starken Wind oder sogar Sturm hervorgerufen, dessen Zentrum oft einige hundert Kilometer weit entfernt zu suchen ist. Sie können auf offener See fast 500 Meter lang werden, von Wellenkamm zu Wellenkamm gerechnet. Manchmal wandern sie mit einer Geschwindigkeit von nahezu 50 km/h. Auf ihnen zu paddeln ist einfach. Mühelos tragen sie unseren Kajak auf und ab. Extrem ungemütlich werden Dünungswellen, wenn sie in die Nähe der flacheren Küste kommen oder wenn sie gegen starke Strömung anlaufen. Sie werden steiler und steiler, bis sie brechen. Nur Könner werden sich beim Surfen an ihnen erfreuen.

Dünung, die vom steilen Felsufer reflektiert wird, verursacht bis weit aufs Meer hinaus ein ziemliches Durcheinander. Manchmal hebt sich die Kraft gegenläufiger Wellen auf, dann bleibt es ruhig. Gelegentlich tritt aber auch ein Synergieeffekt zweier aufeinandertreffender Wellen auf: Unberechenbare Reflex- und Kreuzwellen entstehen (Abbildungen unten). Diese Gebiete großräumig umfahren! Die Karte hat uns hoffentlich vorher verraten, wo Reflex- und Kreuzwellen auftreten können. Geraten wir trotzdem in ein solches Gebiet: mit Volldampf durch. Keine Richtungsänderungen, nur Stützen, wenn unbedingt nötig.

Unsere beiden Seekajaks liegen auf dem Sandstrand von Wales. Dieses Eskimodorf befindet sich dort, wo die Landkarte zu Ende ist. Cape Prince of Wales ist der westlichste Zipfel Nordamerikas. Wenn man an klaren Tagen auf den Gipfel des Kaps klettert, kann man über die Beringstraße bis nach Asien hinüberblicken. Luftlinie fast 100 Kilome-

Kreuzwellen brechen sich an einer Kaimauer

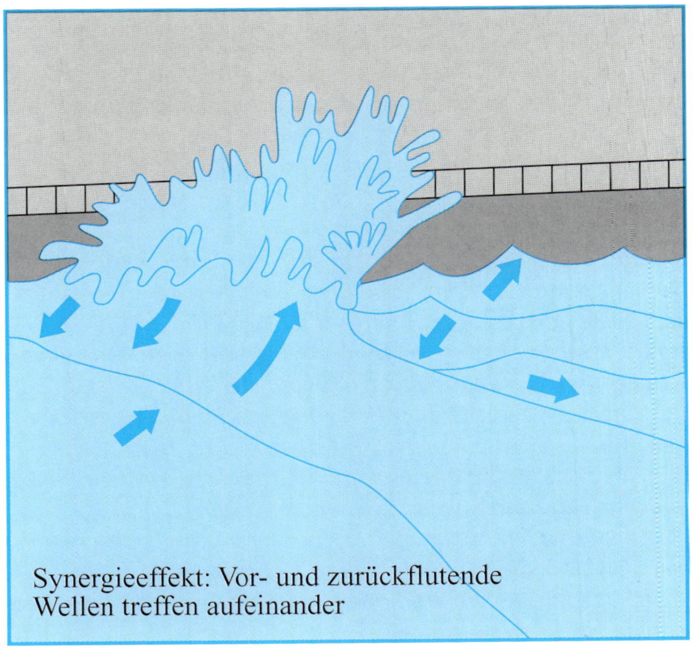

Synergieeffekt: Vor- und zurückflutende Wellen treffen aufeinander *ter. Dort, im Dunst, erkennen wir Kap Deshnev. Das düstere, abweisend steile Kap taufen wir Kap Breschnew. Unter Breschnew war die damalige Sowjetunion genauso unzugänglich wie dieser Küstenstreifen Sibiriens, der östlichste Punkt Asiens. Dort drüben angekommen, könnten wir theoretisch zu Fuß nach Deutschland gehen. So weit die Füße tragen... Ziemlich genau in der Mitte der Beringstraße liegen zwei Inseln, Little und Big Diomede. Die kleinere gehört noch zu Amerika, die andere bereits zu russischem Territorium.*

Vor Jahren, ich war auf dem Noatak in der Brooks Range, im Norden Alaskas unterwegs, kam mir die Idee zur Querung der Beringstraße. Der Eiserne Vorhang begann gerade, sich zu öffnen. Jetzt sind wir bereit, eine der stürmischsten Meerengen der Welt im Kajak zu überqueren. Günter Siebke, der alte Salzbuckel, in einem seetüchtigen Einerkajak, meine Frau Tina und ich im Zweierkajak. Für eine Fernsehdokumentation ist ein Kameramann und ein Kameraassistent auf einem winzig kleinen Begleitboot mit Außenborder untergebracht. Die Strecke von Asien nach Sibirien mag kurz erscheinen im Vergleich zu dem, was Kapitän Lindemann im Faltboot leistete, als er vor Jahrzehnten auf der Kolumbus-Route den Atlantik überquerte. Aber wir haben es mit anderen Gefahren zu tun. Das Packeis ist hier erst vor wenigen Wochen aufgebrochen (Bilder rechts), das eiskalte Wasser des Polarmeeres kann bei einer Kenterung zur Falle werden. Ohne spezielle Trockenanzüge wären wir nach einigen Minuten steif und bewegungsunfähig, dann bewußtlos.

In solchen Gegenden ist man völlig vom Wetter abhängig. Der »Eskimofahrplan« bedeutet: Das Ziel ist das Wetter, das Wetter ist der Weg. Die Luft ist auch im Juni nicht besonders warm. Aus dem Norden wird polare Kaltluft ohne Umwege direkt importiert. Südwind bedeutet Nebel, Ostwind geht oft genug mit hohen Windgeschwindigkeiten einher. Westwind ist bremsender Gegenwind – bei der Länge der Strecke können wir uns auch ihn nicht erlauben. Wind aus Nordost, am besten aber windstilles Wetter, das ist es, was wir dringend brauchen. Oft genug öffnet sich ein solches »Wetterfenster«, wie es die Eskimos nennen, nur für wenige Stunden. Diese Chance müssen wir nutzen, um zum großen Sprung anzusetzen.

Die Entscheidung ist gefallen. Wir sitzen in den Kajaks. Endlich wird wahr, was wir seit drei Jahren planen. Die Eskimos in dieser Gegend sprechen Yupik, die alte Sprache der Inuit, aber auch genausogut Englisch. Und so ruft Francis, unser Eskimofreund, den ablegenden Booten »I will pray for you« hinterher. Während der ersten Kilometer manövrieren wir noch zwischen Treibeis, dann lassen wir den Eisgürtel hinter uns (Bild oben). In der klaren arktischen Luft liegt Little Diomede vor uns, zum Greifen nah. Aber noch sind es 45 Kilometer. Unsere Taktik ist klar definiert: Wir müssen so schnell wie möglich unterwegs sein, um einem plötzlichen Wetterumschwung zu entgehen. Bei ruhiger See rechnen wir etwa 6 bis 7 Stunden für die Überfahrt. Gegenwind und ungünstige Strömungen können aber diese Kalkulation leicht über den Haufen werfen. Alle Eskimos haben uns vor den tückischen Strömungen gewarnt, die manchmal mit fast sieben Knoten wie ein reißender Wildfluß von der Beringsee zur Tschuktschensee ziehen. Die Zahl der Eskimomänner, die von der Jagd auf Robben, Walrosse und Wale nicht mehr nach Hause kamen, ist unbekannt. Man macht in den Eskimodörfern nicht viel Aufhebens davon. Als Francis erstmals davon hörte, daß wir die See in Kajaks queren wollen, war sein Kommentar lapidar: »Not for a million dollars!« Die Eskimos haben das Paddeln in den traditionellen Kajaks längst verlernt. Schnelle Außenborder, pro Motorboot zwei, wegen der Sicherheit, bringen sie heute in ihr Jagdrevier.
Heute zeigt sich die See gnädig (Bild unten). Kein Lüftchen regt sich, wie Glas liegen 50 oder 60 Meter Wasser unter uns. Die Beringstraße ist ein vergleichsweise flaches Gewässer. Trotzdem registrieren wir nach zweistündiger Fahrt eine erhebliche Abdrift Richtung Norden. So halten wir also nicht direkt auf Little Diomede zu, sondern richten unseren Kurs mehr nach Südwest aus, um diese Abdrift zu kompensieren.
Dann legen wir unsere erste Fünf-Minuten-Pause ein. Günter kommt längs. So können wir uns gegenseitig ein wenig stabilisieren und entspannen. Warmer Tee und Energieriegel bringen verbrauchte Kraft zurück. Obgleich wir bereits 15 Kilometer hinter uns haben: Wenn wir uns zum Festland hin umschauen scheint es so, als ob wir eben erst abgelegt hätten. Auf hoher See verschieben sich die

Dimensionen. Daran muß sich insbesondere Tina erst gewöhnen. Stundenlang auf ein Ziel zuzufahren, das sie zwar sieht, das aber optisch kaum näherkommt, belastet sie.
Mit Günter vergleiche ich noch einmal unseren Kompaßkurs, dann geht es weiter. Die Monotonie des Paddelns wird unterbrochen von zahlreichen Vögeln, die in dieser Zeit des Jahres die Inseln bewohnen. Dreizehenmöven, Alken und Trottellummen verfügen hier über ein abwechslungsreiches Jagdrevier. In dieser Zeit des Jahres ist der Tisch für sie üppig gedeckt.
Nach gut drei Stunden Fahrt liegt die Hälfte der Strecke hinter uns. Der »Point of no Return« ist erreicht. Ab jetzt führt kein Weg mehr zurück. Das ist eine kritische Phase im Ablauf der Fahrt. Sollte jetzt stürmisches Wetter eintreten, träfe uns das zum ungünstigsten Zeitpunkt. Seit einiger Zeit beobachten wir, wenn wir uns drehen und zurückschauen, am Cape Prince of Wales eine föhnartige Wolkenformation. Diese wiederum signalisiert hohe Windgeschwindigkeiten, die schnell auf die offene See übergreifen können. Die älteren, erfahrenen Eskimos hatten uns vor dieser Konstellation gewarnt. Sie kann bedeuten, daß innerhalb der nächsten zwanzig Minuten das Wetter völlig umschlägt. Irritiert, von Sorge und Angst besetzt schauen wir uns immer öfter um. Ungewollt paddeln wir noch schneller als bisher, um uns aus der Gefahrenzone zu bringen. Obwohl die See um uns herum sich noch völlig friedlich verhält, trauen wir dem Wetter nicht. Vielleicht hörten wir aber auch schon zu viele Horrorgeschichten von den Wetterkapriolen in dieser Ecke der Welt. Die letzte Expedition, eine Gruppe von Amerikanern, hatte fast vier Wochen auf günstiges Wetter gewartet. Ungeduldig geworden, starteten sie trotz der Warnungen der Einheimischen. Fünfzehn Stunden waren sie unterwegs, bevor sie von Eskimos aus Little Diomede im Umiak, dem Großboot der Eskimos, gerettet wurden. Nebel und aufkommender Sturm machten diese Rettungsaktion zu einem waghalsigen Unternehmen.
Fünf Stunden liegen seit der Abfahrt aus Wales hinter uns. Stündlich, darüber waren wir uns einig, wollten wir uns kurz ausruhen und stärken. Es ist 22.00 Uhr. Die Sonne steht zwar im Juni in der Arktis um diese Zeit noch hoch am Himmel, wärmt aber kaum. Da der durch die Anstrengung abgegebene Schweiß in unseren Trockenanzügen kondensiert, beginnen wir zu frieren. Die Außentemperatur beträgt 4 bis 5° C über Null.
Der härteste Teil der ersten Etappe unserer Querung liegt vor uns. Eine starke Gegenströmung hatten uns die Eskimos für diesen Streckenteil prophezeit. Jetzt macht sie sich bemerkbar. Da wir ohnehin fühlen, wie unsere Kräfte schwinden, wird es jetzt doppelt schwer. Little Diomede liegt zwar nur noch einige Steinwürfe weit von uns entfernt, will aber partout nicht näherkommen. Unsere Seekajaks aus Kevlar sind in Leichtbauweise gefertigt, sie erscheinen uns aber jetzt bleischwer. Zischend geht unser Atem, die Arme verrichten ihre Arbeit nur widerwillig. Irgendwie schaffen wir es doch bis an das Steilufer der Insel (Bild unten). Eine unübersehbare Anzahl von Seevögeln nistet hier. Tausendstimmiges Gegacker empfängt uns.
Das Eskimodorf, das wir ansteuern, liegt an der Ostküste der Insel. Wir müssen also noch das Südkap umrunden. Endlich sind wir da. Vor uns tauchen, eng an die steile

Bergflanke geschmiegt, die Häuser des Dorfes auf. Alle Eskimos sind auf den Beinen. Es hat sich bereits herumgesprochen, daß die »crazy germans« in ihren Kajaks bald anlanden werden. Mit Begeisterung werden wir aufgenommen, Glückwünsche werden ausgesprochen. Man erinnert uns an die letzte Kajakexpedition. Unter dramatischen Umständen verloren fünf amerikanische Kanuten während der Rettungsaktion in Sturm und Nebel ihre Boote.
Müde und ausgepumpt gehen wir ins Schulhaus, trinken noch etwas und verkriechen uns dann in die Schlafsäcke. Aber der Schlaf ist nur leicht, zu sehr beschäftigen uns noch die Ereignisse und intensiven Eindrücke der letzten Stunden.
Über eine Woche warten wir, bis sich eine brauchbare Gelegenheit zur Fortsetzung der Querung ergibt. In der Zwischenzeit tobt sich ein Nordoststurm aus. Klatschend schlagen die Brecher an die Steilküste. Daher ist das Meer immer noch rauh, als wir uns dazu entschließen, den zweiten Teil der Querung anzugehen. Durch das lange Warten sind wir aber so ungeduldig geworden, daß wir die sich

jetzt bietende Chance auf jeden Fall nutzen wollen. Der Wetterbericht verspricht für die nächsten Stunden Windgeschwindigkeiten von 10 bis 15 Knoten. Auch diesmal ist die Taktik klar: Möglichst schnell wollen wir unterwegs sein.
Es ist schließlich Abend geworden, als wir in einer kleinen geschützten Felsbucht unsere Kajaks einsetzen. Wir nehmen Kurs auf die Südspitze von Ostrov Ratmanova (Bild links), wie Big Diomede im Russischen heißt. Dreißig Minuten dauert es, bis wir die Datumsgrenze erreichen. Bei leichtem Rückenwind surfen wir mit unseren Kajaks auf einer Welle vom Montag in den Dienstag, von Alaska nach Sibirien. Wir kreuzen jetzt in russischen Gewässern und warten gespannt darauf, daß sich ein Patrouillenboot nähert, um unsere Visa zu überprüfen. Nichts dergleichen geschieht. Statt dessen vermuten wir plötzlich am Ufer einen Trupp russischer Grenzsoldaten. Gewehre zu Stoßzähnen: Die vermeintlichen Wachen entpuppen sich als eine Herde von Walrossen. Deren Gewehre sind freilich aus Elfenbein. Respektvoll halten wir Abstand von diesen massigen Tieren, zumal der Wind plötzlich zunimmt. An der Südseite der Insel haben wir es mit tückischen Fallwinden zu tun. Wir entkommen ihnen nur, wenn wir uns ganz nah an der Küstenlinie halten.
Kaum haben wir diesen Abschnitt und das Südwestkap der Insel hinter uns gelassen, türmen sich die bisher mäßigen Wellen steil auf. Eine ausgeprägte Meeresströmung trifft hier auf genau entgegengesetzten Wind. Das ist die Ursache für den enormen Wellengang, der glücklicherweise nur wenige »whitecaps«, also überschlagende Wellen bedingt. Die Situation ist nicht gefährlich, aber unangenehm. Jede Welle verpaßt uns eine kräftige Salzwasserdusche. Jetzt bewähren sich erneut der Trockenanzug, die Sturmhaube aus Polarfleece und unsere Paddelhandschuhe. Nach etwa zwei Meilen forscher Fahrt liegt auch dieser Bereich hinter uns. Das Meer hat sich ein wenig beruhigt und gönnt uns eine kleine Pause.
Eineinhalb turbulente Stunden liegen hinter uns, sechs Stunden werden wir ab hier benötigen, um bei Kap Deshnev anzulanden. Wir können die dunkle Linie des Festlands sehr deutlich erkennen, das Kap hebt sich aber nur in Umrissen ab. In den nächsten Stunden werden wir das Gefühl nicht los, daß all unser Bemühen, vorwärts zu kommen, er-

folglos ist. Die Küstenlinie will einfach nicht näherkommen. Das Lied der Monotonie klingt in unseren Köpfen. Wir atmen das Gefühl der Weite. Plötzlich taucht ein einsamer Finnwal vor uns auf. Dreimal sehen wir seinen Blas, während er auf das Polarmeer zuwandert. Papageientaucher leisten uns Gesellschaft. Die Clowns der Arktis sehen aus wie frisch geschminkt. Ihre großen, farbigen Schnäbel stehen in schönem Kontrast zu ihrem dunklen Federkleid.
Noch rund 90 Minuten oder zehn Kilometer sind zu bewältigen. Langsam können wir Einzelheiten an der sibirischen Küste ausmachen. Dämmerung legt sich über das Wasser. Die Sonne steht nur knapp über der Küstenlinie. Es ist empfindlich kalt geworden. Obwohl wir zwei Paar dicke Socken tragen, werden die Füße zuerst gefühllos. Dann folgen die Hände. Der Körper kann einfach nicht mehr soviel Wärme heranschaffen wie nötig wäre. Jetzt treibt uns nur noch der Wille nach vorn. Immer wieder beschleicht uns das Gefühl, daß wir gegen eine mächtige Strömung anpaddeln.
Acht Stunden nach unserem Start: Vor der Küste Sibiriens paddeln wir einen Slalom durchs Treibeis. Wir erkennen Naukan, ein verlassenes Eskimodorf. Noch vor wenigen Tagen wäre wegen der Eissituation ein Anlanden nicht möglich gewesen. Uelen, die Stadt der Elfenbeinschnitzer, hätten wir gerne besucht. Sie liegt weiter nördlich und ist immer noch vom Eis eingeschlossen. Wir bahnen uns den Weg zwischen Mini-Eisbergen, können aber keine passende Stelle zum Ausbooten finden. Vor uns baut sich das steile Küstengebirge bedrohlich auf. Finster und abschreckend ragt Kap Deshnev in den grauen Himmel. Ein kleiner Streifen grober Kiesel ist schließlich die einzige Möglichkeit, auf russischem Boden anzulanden. Ausgefranste Eisschollen verhindern allerdings eine schnelle und genaue Anfahrt auf den relativ steilen Strand. So rutschen wir, nachdem wir mit unserem Zweier anlanden, rückwärts ins Wasser. Die Kiesel wirken unter dem Boot wie ein Kugellager. Günter scheint mehr Glück zu haben. Schon öffnet er die Spritzdecke, setzt ein Bein auf sibirischen Boden und versucht aufzustehen. Da gleitet auch sein Boot wieder rückwärts. Das bringt ihn aus dem Gleichgewicht, läßt ihn zunächst straucheln und dann fallen. Die nächste Brandungswelle schlägt über ihm und dem Boot zusammen. Geistesgegenwärtig packt er sein Boot an der Rundumleine, seine Füße finden Halt, er zieht den Kajak an Land. Inzwischen sind auch wir im zweiten Versuch angelandet und ausgestiegen. Gemeinsam lenzen wir Günters Boot, dann fallen wir uns in die Arme. Wir freuen uns wie kleine Kinder. Trotz aller Zweifel, trotz aller Schwierigkeiten: Wir haben es geschafft, ein Traum wurde für uns wahr. Wir haben auf der Route der Eskimos die Beringstraße von Kontinent zu Kontinent, von Alaska nach Sibirien gequert. Für heute bleibt nur ein letzter Wunsch: trockene Klamotten und ein warmer Schlafsack!

Rettungsmethoden

Wiedereinsteigen nach Kenterung

Rettung mit und ohne Hilfe

Obgleich ich davon ausgehe, daß immer mehr Salzwasserfahrer auch die Kenterrolle beherrschen werden: Keiner ist vor dem Aussteigen unter Wasser nach einer Kenterung gefeit. Daraus folgt, daß wir die verschiedenen Methoden, die uns nach einer Kenterung den Wiedereinstieg in den Kajak ermöglichen, beherrschen müssen. Sich nur auf die Kenterrolle verlassen zu wollen wäre ebenso naiv wie anzunehmen, daß immer nur die anderen kentern. Nach der Kenterung und dem folgenden »wet exit« kommt der Wiedereinstieg mit und ohne Hilfe der Paddelfreunde in Betracht. Voraussetzung ist aber (fast) immer das Lenzen des Bootes. Nur so läßt sich eine halbwegs stabile Normallage erreichen.
Eine rauhe See sorgt allerdings für harte Bedingungen. Das betrifft das Paddeln, das Kentern und die Rettung. Die Techniken zum Wiedereinstieg, die erfolgreich im Schwimmbad erlernt werden, eignen sich noch längst nicht für die Anwendung bei Starkwind auf hoher See. Das Lenzen vor dem Wiedereinsteigen in den Kajak wird unter sol-

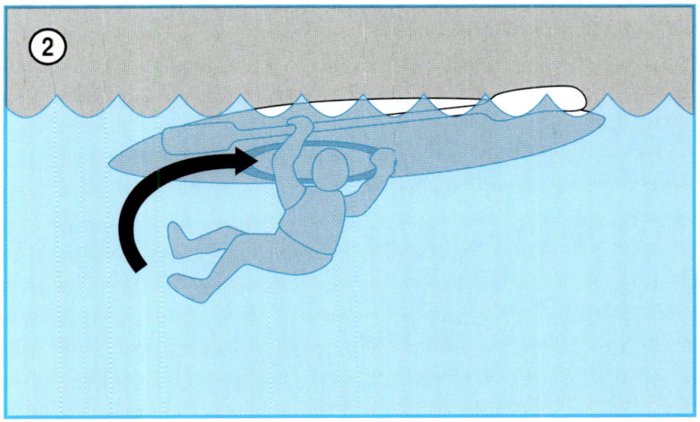

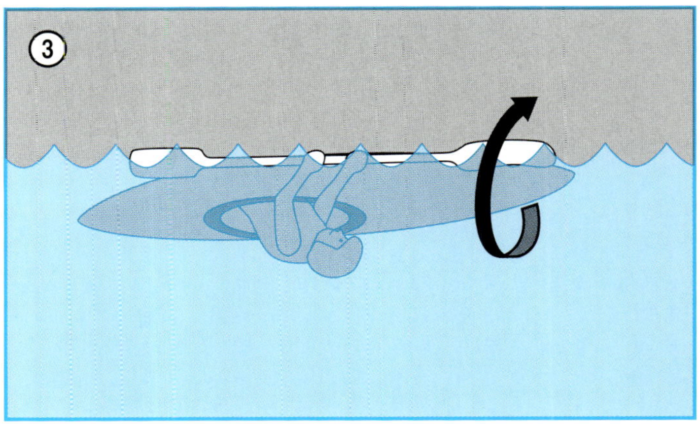

chen Bedingungen schnell zum Unding. Hier bietet sich das Einsteigen unter Wasser an (Abbildungen links). Ein solch »nasser« Wiedereinstieg kann entweder alleine oder mit Partnerhilfe durchgeführt werden. Diese Praxis ist oft genug einfacher und schneller, zuverlässiger und sicherer als ein Wiedereinstieg mit vorhergehendem Lenzen und Aufrichten des Kajaks in die Normallage.

Tip: Allgemein gilt, daß der eigene Kajak nach einer Kenterung niemals verlassen wird. Bei Wind und entsprechenden Wellen wird man in aller Regel nicht hinter dem Boot herschwimmen können. Alle im Folgenden vorgestellten Methoden funktionieren nur dann schnell und einwandfrei, wenn das gekenterte Boot über eine doppelte Abschottung verfügt.

Wiedereinsteigen allein ohne Paddel

Rettung vor dem kalten Wasser

Solofahrten bergen immer ein besonderes Risikopotential in sich. Sie haben (vielleicht gerade deshalb) natürlich ihren besonderen Reiz. Ich gebe gerne zu, daß auch ich mich diesem Reiz nicht immer entziehen kann. Für mich ist es eine noch intensivere Art der Natur- und Selbsterfahrung als die Fahrt mit einer Gruppe, sei sie auch noch so harmonisch. Lediglich unter Sicherheitsaspekten betrachtet sind Solofahrten allerdings unverantwortlich. Die Chancen für eine schnelle und zuverlässige Rettung steigen enorm, wenn wir zu zweit unterwegs sind. Um so wichtiger erscheint es mir, an dieser Stelle relativ ausführlich auf die Selbstrettung einzugehen.

In unseren Breiten findet Seekajakfahren fast immer auf Gewässern statt, die als kühl oder kalt einzustufen sind. Wie schon eindringlich beschrieben, sind Kenterungen im kalten Wasser grundsätzlich ein Problem. Die damit verbundene rasche Auskühlung des Körpers macht es erforderlich, daß wir uns möglichst schnell wieder in unseren Kajak retten. Aber auch in tropischen Gewässern (der »Weiße Hai« wartet schon) empfiehlt sich ein schneller Wiedereinstieg nach einer Kenterung.

Daher beschreibe ich zunächst eine Möglichkeit, schnell aus dem kalten Wasser wieder aufs Boot zu gelangen. Eine verbreitete Methode ist das Umdrehen des Kajaks nach der Kenterung, verbunden mit einem anschließenden Hinaufklettern auf das Heck. Dies ist einfacher geschrieben als getan. In das wieder aufgerichtete, fast vollgeschlagene Boot zu gelangen, ist schon unter den günstigen Lernbedingungen eines Schwimmbades nicht ganz einfach. Ein wenig Seegang, geschweige denn brechende Wellen, machen es zu einem Kunststück. Man muß schon sehr ausführlich üben, um diese Art der Selbstrettung sicher ausführen zu können.

Die Methode:

- Drehe den Kajak wieder in die Normallage (hoffentlich ist er abgeschottet, so daß er viel Auftrieb hat, das macht es einfacher).
- Hechte auf das Boot, greife mit den Händen quer über den Kajak. Packe den Süllrand auf der gegenüberliegenden Seite und lasse dich in das Wasser zurückfallen. Das Boot liegt jetzt wieder in der Normallage.
- Klettere dann von der Seite her auf das Heck. Robbe mit dem Kopf vorwärts über das Achterdeck, bis der Körper über dem Süllrand liegt.
- Richte dich dann mit einem Liegestütz auf und ziehe gleichzeitig die Beine unter dem Körper durch. Setze dich in das Boot hinein und stabilisiere es mit dem Paddel.
- Schließe die Spritzdecke und befördere das Wasser mit der Lenzpumpe aus dem Boot.

Die letzten Bewegungsabläufe sind in der Bildfolge rechts noch einmal dargestellt.

Eine weitere brauchbare Möglichkeit ist das »nasse« Wiedereinsteigen. Hierbei bleibt das Boot in der Kenterlage, und der Gekenterte steigt unter Wasser wieder in den Kajak. Das Verfahren wird im Abschnitt »Wiedereinsteigen zu zweit« genau beschrieben. Grundsätzlich ist das Einsteigen unter Wasser natürlich auch allein möglich. Danach versucht der Gekenterte, mit der Eskimorolle das Boot wieder aufzurichten (siehe hierzu auch die Abbildungen auf Seite 163).

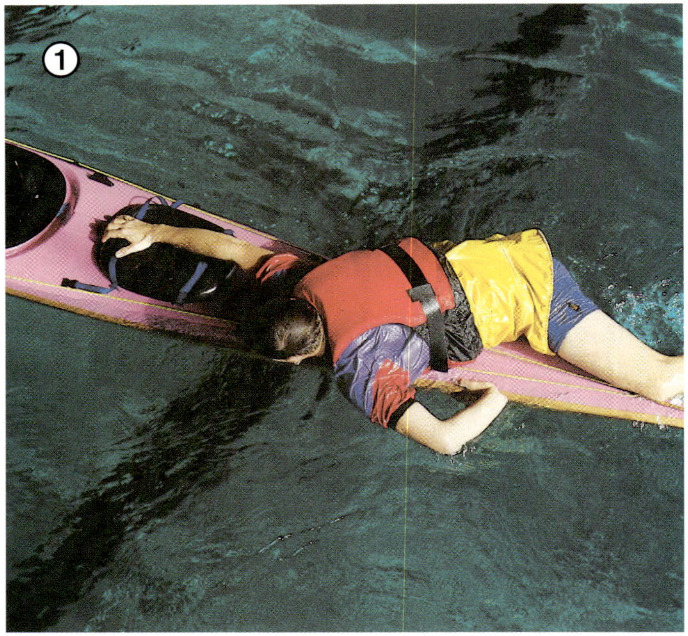

3

4

5

6

Wiedereinsteigen mit dem Paddelfloat

Langsam, aber sicher mit Ausleger

Das Wiedereinsteigen nach einer Kenterung kann in Verbindung mit einem Auftriebskörper, dem aufblasbaren Paddelfloat, wesentlich erleichtert werden. Es kann hervorragend als Ausleger zur Stabilisierung benutzt werden. Der Auftriebskörper wird nach der Kenterung an einem Paddelblatt befestigt und dann aufgeblasen. Inzwischen sind im Handel auch Modelle mit einer Druckluftpatrone zu haben. Zum Sichern an Deck und am Paddel sind bei guten Floats zwei Ösen vorgesehen. Wenn das Paddelfloat voll aufgepumpt ist, liegt es fest am Paddelblatt an.

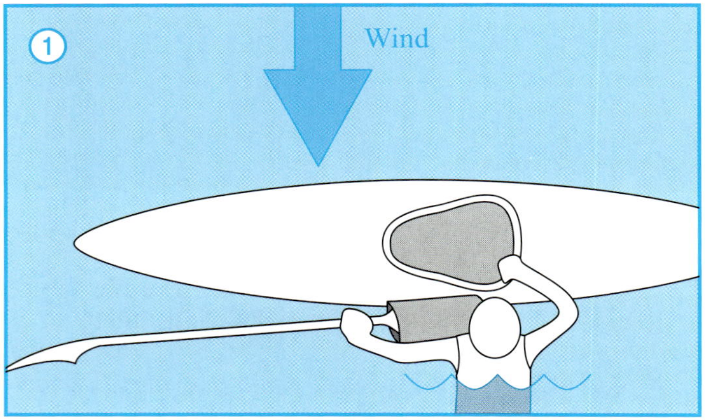

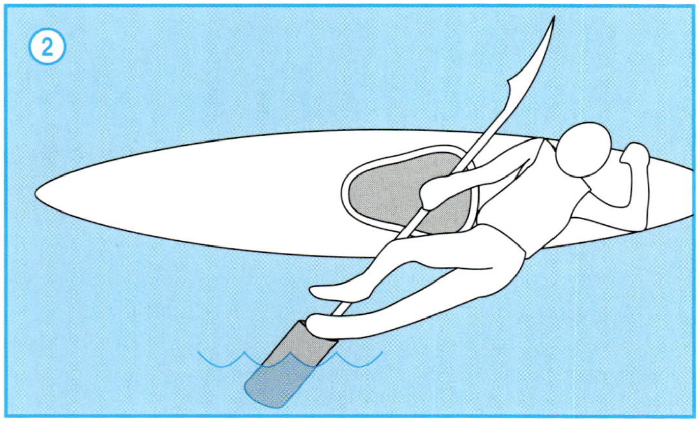

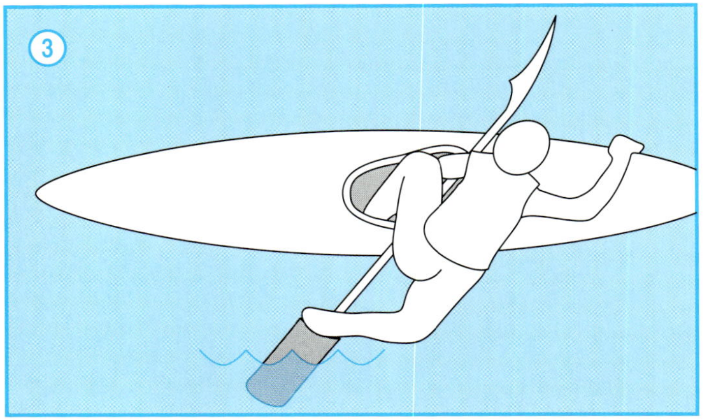

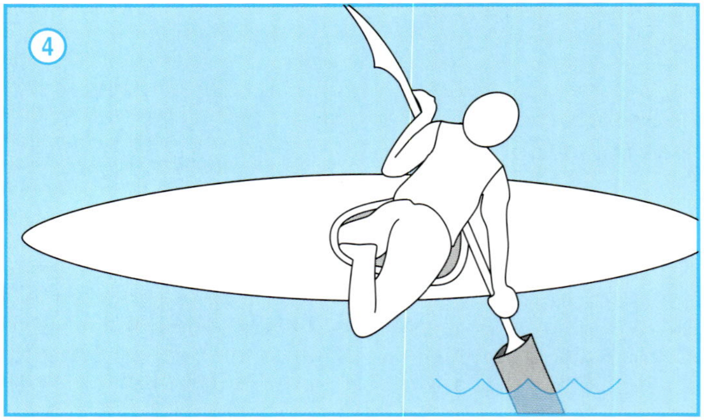

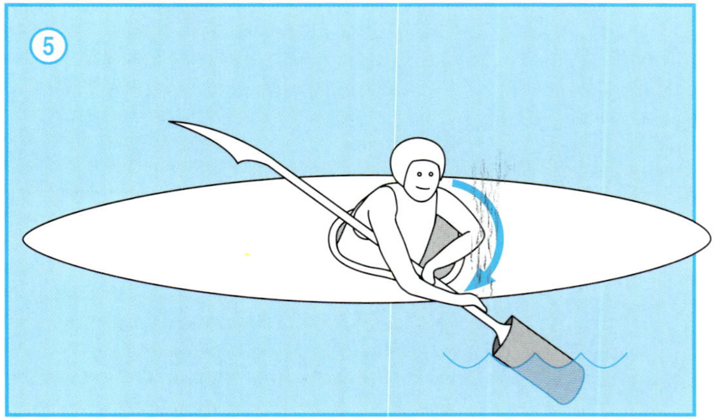

Die Methode (Bildfolge links):

- Richte den Kajak auf.
- Befestige das Blatt unter der Rundumleine am Achterdeck oder lege es auf den Süllrand.
- Bringe das Paddelfloat am anderen Blatt an und blase es auf.
- Fasse mit einer Hand auf den Süllrand, greife mit der anderen den Schaft und stemme dich auf das Achterdeck. Der größere Teil des Körpergewichts liegt dabei auf dem Paddelschaft.
- Lege ein Knie auf den Sitz, dann das andere, drehe dich in den Sitz hinein.
- Schließe die Spritzdecke, leere das Boot mit der Lenzpumpe und nimm das Paddel.

»Nasses« Wiedereinsteigen mit und ohne Partnerhilfe

Von den Eskimos haben wir es gelernt

Das »nasse« Wiedereinsteigen ähnelt sehr den Rettungstechniken, die von den Eskimos Grönlands und Nordamerikas erfolgreich entwickelt und angewandt wurden. Dabei versucht der gekenterte Fahrer, den Bug oder das Paddel des Partners zu greifen, um sich daran aufzurichten. Die Eskimos waren in der Lage, nach der Kenterung ihren Kajak für eine gewisse Zeit nicht verlassen zu müssen, auch wenn die Rolle nicht klappte. Sie waren offensichtlich so beweglich, daß sie durch »Seitschwimmen« das Gesicht so weit über die Wasseroberfläche bringen konnten, daß Gelegenheit zum Atmen verblieb. So warteten sie auf Hilfe. Diese Fähigkeit scheint uns verlorengegangen zu sein. Die hier vorgestellten Rettungstechniken setzen daher den »wet exit« voraus; also das Aussteigen nach der Kenterung und das anschließende Wiedereinsteigen – ebenfalls naß.
Wir werden beide Hände benötigen, um uns am Bug oder am Paddel des Partners hochzuziehen. Daher ist es ratsam, entweder das Paddel anzubinden oder es dem Partner zu reichen. Der Retter hat jetzt zwei Möglichkeiten: Entweder er fährt im rechten Winkel mit seinem Bug an den Gekenterten heran (Bugrettung), oder er stellt sein Boot parallel zum gekenterten Kajak (Paddelbrücke). Ob durch den Retter die eine oder andere Position eingenommen wird, hängt von den jeweiligen Wasser- und Windbedingungen ab.
Es gibt grundsätzlich zwei Möglichkeiten, in den gekenterten Kajak einzusteigen. Manche machen es mit einem Salto rückwärts, andere schieben sich seitwärts hinein. Obwohl der Rückwärtssalto schwieriger aussieht: Für meine Begriffe ist er leichter anzuwenden als das seitliche Hineinschieben. Am besten probieren Sie aus, was Ihnen am einfachsten gelingt. Es hängt schließlich auch davon ab, wieviel Auftrieb die Rettungsweste hat. Mit einer aktivierten Preßluft-Rettungsweste den Salto zu drehen und einzusteigen, kann ein hartes Stück Arbeit sein...

Salto rückwärts ins Boot:

- Sie schauen zum Heck des Bootes und greifen mit einer Hand an die Spitze des Süllrands.
- Jetzt machen Sie einen Salto rückwärts, um die Füße ins Cockpit zu bringen.
- Der Salto wird weitergeführt, indem die Hände am Süllrand weiter nach hinten greifen und die Füße am Bootsboden entlang gedrückt werden.
- Wenn Sie im Boot sitzen, verspreizen Sie die Oberschenkel im Kajak, damit Sie nicht herausfallen.
- Beugen Sie sich nach vorn und greifen Sie mit beiden Armen über das Boot. Ertasten Sie den Bug oder das Paddel des Retters.

Seitwärts in den Kajak hineinrutschen:

- Schauen Sie nach vorn und legen Sie einen Arm über den Kajak.
- Heben Sie die Beine in den Cockpit.
- Greifen Sie mit der Hand, die über dem Boot gelegen hat, an die nahegelegene Seite des Süllrands.
- Greifen Sie jetzt den Süllrand auf beiden Seiten und ziehen Sie sich ganz in das Boot.
- Wenn Sie im Boot sitzen, verspreizen Sie die Oberschenkel im Kajak, damit Sie nicht herausfallen.
- Beugen Sie sich nach vorn und greifen Sie mit beiden Armen über das Boot. Ertasten Sie den Bug oder das Paddel des Retters und ziehen/drücken Sie sich hoch.

Bugrettung

Zuverlässig und schnell

Wenn eine Bugrettung durchgeführt werden soll, ist schnelles, aber umsichtiges Handeln gefragt. Der Retter muß vorsichtig im rechten Winkel an das gekenterte Boot heranfahren. Er wird dann versuchen, seinen Bug so nah an eine Hand des Gekenterten zu bringen. Der Retter muß allerdings vorsichtig manövrieren, um die Hand des Gekenterten nicht zu verletzen. Sobald der Gekenterte den Bug fühlen kann, greift er mit beiden Händen danach. Jetzt erst kann er sich mit einem gekonnten Hüftschwung daran aufrichten. Während des Rettungsmanövers befindet sich der Gekenterte ohne Atemluft unter Wasser, schnelle Hilfe ist also lebensnotwendig. Es ist deshalb ratsam, die Bugrettung gründlich zu trainieren, nur so lassen sich im Ernstfall Zeitverzögerungen vermeiden. Die Bildfolge auf dieser Seite veranschaulicht die einzelnen Schritte.

Paddelbrücke

Rettung von der Seite

Zwar kennen wir die Paddelbrücke auch vom Ein- und Aussteigen, in diesem Zusammenhang benutzen wir sie allerdings als Rettungsmethode. In beiden Fällen dient sie zuverlässig zur Stabilisierung des Kajaks. Ein oder zwei Paddel werden vom helfenden Partner wie eine Brücke quer über beide Boote gelegt und festgehalten. Wenn der gekenterte Paddler mittels Salto rückwärts oder Seitrutschen wieder fest in seinem Boot sitzt, bewegt er die Hände über Wasser, um dem Retter zu signalisieren, daß er bereit ist. Der Retter greift dann eine Hand und führt sie an den Paddelschaft. Sodann führt der Gekenterte auch die andere Hand an den Schaft und richtet sich mit Hüftschwung auf.

Vorsicht: Wenn man versucht, sich »einarmig« aufzurichten, ist die Gefahr des Schulterauskugelns groß. Nach dem Aufrichten hilft der Retter beim Lenzen und beim Schließen der Spritzdecke.

»Trockenes« Wiedereinsteigen

Lenzen mit der TX-Methode

Im Gegensatz zum »nassen« Wiedereinstieg unter Wasser ist beim »trockenen« Wiedereinsteigen der Gekenterte über Wasser. Aber: Während einer Kenterung läuft fast immer viel Wasser ins Boot. Trotz Abschottungen ist es oft so viel, daß zunächst gelenzt werden muß, um überhaupt einigermaßen kippstabil einsteigen zu können.
Faustregel: Je weniger Wasser sich im Boot befindet, um so stabiler verhält es sich beim Wiedereinsteigen.
Ziel des Lenzens mit der TX-Methode ist es daher, soviel Wasser wie möglich aus dem Cockpitbereich zu entfernen. Das restliche eingedrungene Wasser wird nach dem Wiedereinstieg und dem Schließen der Spritzdecke mit der Lenzpumpe entfernt.
Das Lenzen mit dieser Methode ist die Voraussetzung für die im folgenden beschriebenen Möglichkeiten zum Wiedereinsteigen. Aus der Vogelperspektive gesehen nehmen die Kajaks des Helfers und des Gekenterten zunächst eine T-Stellung und dann eine X-Stellung zueinander ein. Daher die Bezeichnung TX-Methode.

Die Methode:

- Der Helfer greift an den Bug des in Normallage befindlichen Bootes. Wenn möglich, wird er von einem dritten Paddler, der parallel zum Helfer liegt, gestützt.

- Der Gekenterte schwimmt zum Heck seines Bootes, damit der Bug leichter aus dem Wasser zu heben ist.
- Der Helfer zieht den Bug des gekenterten Bootes auf sein Vordeck.
- Danach wird der Kajak in die Kenterlage gedreht. Das Wasser läuft aus dem Boot, anschließend wird der Kajak in die Normallage zurückgedreht.
- Der Gekenterte nutzt eine der beschriebenen Möglichkeiten zum Wiedereinstieg.

Die Parallel-Methode

Rettung für Seiteneinsteiger

Diese Methode setzt einen kräftigen Helfer voraus, der das gekenterte Boot nach dem Umdrehen im Gleichgewicht hält. Bei »sanften« Wetterbedingungen, also wenig Wind und Wellengang, kann die Parallelmethode erfolgversprechend angewendet werden.

Die Methode:

- Der Gekenterte dreht sein Boot um einen Viertelkreis.
- Der Helfer fährt längsseits, beugt sich über das Boot des Gekenterten und hält es am Süllrand fest.
- Der Gekenterte steigt von der Außenseite her ein.
- Nun bringt er die Beine in den Cockpit und setzt sich.
- Er zieht sich an den Händen des Helfers hoch, schließt die Spritzdecke und leert das Boot mit der Lenzpumpe.

Die V-Methode

Im stabilen Winkel

Der Helfer muß beim Wiedereinstieg des Gekenterten dessen Boot so kräftig halten, daß es sich nicht zur Seite neigen kann. Danach schwimmt der Gekenterte zwischen die beiden Boote.

Die Methode (Bildfolge 1–3):

- Der Helfer paddelt mit seinem Bug längsseits zum Heck des gekenterten und wieder aufgerichteten Bootes.
- Er umfaßt den Rumpf mit einem Arm und mit dem anderen den Süllrand. So stabilisiert er beide Boote, die aus der Vogelperspektive gesehen ein V bilden.
- In dieses V schwimmt der Gekenterte hinein, stützt sich auf beide Oberdecks und schwingt sich mit den Füßen voran in sein Cockpit.
- Die Spritzdecke wird geschlossen, das Boot mit der Lenzpumpe geleert und das angebundene Paddel gegriffen.
- Der Helfer löst die V-Verbindung.

Tip: Bei der Parallel- und bei der V-Methode kann ein Dritter den Helfer bei der Arbeit zweckmäßig unterstützen, indem er an dessen Boot heranfährt. Er greift über den Süllrand des Helfers und stabilisiert seinerseits dessen Kajak.

Die Paddel-Steigbügel-Methode

Mit sicherem Tritt ins Boot

Zur Anwendung dieser Technik sind mindestens zwei Kajaks erforderlich. Neben dem üblichen Paddelzubehör braucht man etwa zwei Meter Schwimmseil. Aus dem Schwimmseil wird eine Schlinge geformt, in die der Gekenterte hineintreten kann. Personen mit unzureichender Stützkraft werden mit dieser Praxis besser zurechtkommen als beispielsweise mit der V-Methode.
Die Bildfolge auf Seite 173 veranschaulicht die einzelnen Bewegungsschritte der Paddel-Steigbügel-Methode.

Die Methode:

- Der Retter paddelt mit seinem Boot auf der Luvseite neben das gekenterte Boot.
- In der Zwischenzeit hat der Gekenterte sein Boot umgedreht, er befindet sich auf der Leeseite.
  Der Helfer legt beide Paddel auf dem Süllrand quer über die Boote und fixiert sie, während er mit der anderen Hand das Boot des Gekenterten festhält.
- Die Schlinge des Schwimmseils wird über die Schäfte gelegt.
- Der Gekenterte taucht zwischen beide Boote, tritt mit einem Fuß in die Schlinge, stützt sich mit beiden Händen auf die Boote und drückt sich hoch.
- Dann zieht er das andere Bein in den Cockpit und setzt sich ins Boot.
- Die Spritzdecke wird angelegt und das Boot mit der Lenzpumpe geleert.

Tip: Diese Vorgehensweise eignet sich besonders gut, wenn jemand in sehr kaltem Wasser gekentert ist, da die starken Beinmuskeln länger Kraft entwickeln als die kälteanfälligen Hände und Arme. Besonders Anfänger werden diese Technik gerne anwenden, da der erfahrene Helfer ihr Boot zuverlässig stabilisiert, während sie wieder einsteigen.

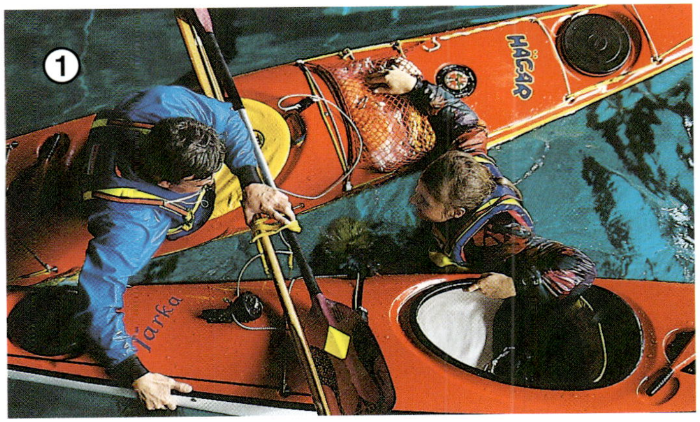

Die Team-Methode

Wenn es alle auf einmal erwischt

Diese Rettungsart hat sich für den Fall bewährt, daß eine ganze Gruppe (drei oder mehr Kajakfahrer) von einer plötzlichen Böe erwischt wurde und kenterte. Das ist sicher eine der unangenehmsten Situationen. Voraussetzung für diese Methode: Die Gekenterten dürfen nicht zu weit auseinander sein. Der schwierigste Schritt: das Flottmachen des ersten Bootes.

Die Methode:

- Alle Schwimmer versammeln sich so, daß keiner vom Wind weggetrieben werden kann.
- Zwei Schwimmer begeben sich an die Seiten des Bootes mit dem besten Auftrieb. Sie greifen einen zu lenzenden Kajak und heben ihn bis zum Süllrand über dieses Boot.
- Der Kajak wird gelenzt, indem Bug und Heck abwechselnd angehoben werden (TX-Methode).

- Der zweite Kajak wird ebenso gelenzt.
- Das gelenzte Boot wird neben den anderen Kajak gebracht. Ein Paddel wird als Stütze quer über beide Boote gelegt.
- Ein Fahrer stützt sich auf das Boot, steigt ein mit Hilfe der bereits beschriebenen V- oder Parallel-Technik, schließt die Spritzdecke und entleert das Boot mit der Lenzpumpe (Bild 1–2).
- Der zweite Fahrer folgt (Bild 3–6).
- Die restlichen Boote werden unter Verwendung der TX-Methode flottgemacht.
- Weiterer Fahrer folgt (Bild 7 und 8).

Tip:
Der Erfahrenste innerhalb der Gruppe sollte zuerst in sein Boot zurück, damit er die weiteren Rettungsmaßnahmen leiten kann. Dann sollte derjenige folgen, der am schlechtesten gegen das kalte Wasser gewappnet ist.

Risiken im Kanusport

Kälteschock und Unterkühlung

Die »kaltblütige« Gefahr

Wer die Kenterrolle nicht oder nur unzureichend beherrscht, wird sein Kajak nach einer Kenterung verlassen müssen. Viele Kenterungen im kalten Wasser enden mit einer Unterkühlung des Körpers. Daß der Körper seine normale Temperatur nicht halten kann, hat seinen Grund in der Auskühlung durch Wind oder Wasser. Menschen, die sich in der Natur aufhalten, fühlen sich bedroht von Spinnen, Schlangen, Bären, Gewittern und dergleichen. Aber kaum jemand macht sich aus unverständlichen Gründen Gedanken über die Gefahr der Unterkühlung. Das Problembewußtsein ist bei vielen Kanuten noch nicht ausreichend geschärft. Daher soll im folgenden ausführlich auf die Gefahren der Hypothermie eingegangen werden.
Den aktuellen Diskussionsstand faßte *Udo Beier* zusammen: Paddeln bei eiskaltem Wasser und Wetter, sei es nun im Wild- oder Zahmwasser, im Süß- oder Salzwasser, ist im Falle einer Kenterung mit Gefahren verbunden, die keinesfalls zu unterschätzen sind. Sinkt doch bei einer Wassertemperatur von zum Beispiel 4 Grad nach nur 20 Minuten Verweildauer im Wasser die Überlebenschance auf 50 Prozent. Nach zwei Stunden besteht nach Angaben der US Coast-Guard keine Überlebenschance mehr.

Aber wir können dieser eiskalten Gefahr vorbeugen:

- Die perfekte Beherrschung der Kenterrolle ist der beste Schutz.
- Die Daten über die Überlebenschancen im kalten Wasser zeigen eindeutig, daß ein Trockenanzug mit dicker Faserpelzbekleidung für Fahrten bei niedrigen Temperaturen besonders geeignet ist.
- Eine Neopren- oder Faserpelzkopfhaube mit Ohrenabdeckung (Bild oben rechts) sorgt für die richtige Temperatur des Kopfbereiches, der am meisten Wärme abgibt und daher auch die meiste Wärme benötigt.
- Wind- und wasserdichte Paddelpfötchen oder Neoprenhandschuhe helfen, die Wärme in den Händen zu halten. Wasserdichte Schuhe oder Neoprensocken bewirken das gleiche für die Füße. Die Sachen dürfen jedoch keineswegs den Bewegungsspielraum einschränken.
- Die Techniken des Wiedereinsteigens müssen geübt werden.
- Nur in Gemeinschaft paddeln. Eine Dreier-Gruppe ist dabei sicherer als eine Zweier-Gruppe.
- Ist man nicht mehr in der Lage, auf sein Kajak hinauf- und hineinzuklettern, sollte man alle überflüssigen Bewegungen vermeiden.
- Eine ohnmachtssichere Rettungsweste, am besten eine selbstaufblasende, hält den Gekenterten auch im Erschöpfungszustand in der richtigen Lage an der Wasseroberfläche.

Werden diese vorbeugenden Maßnahmen nicht berücksichtigt, kommt es zwangsläufig zu Komplikationen. Zwei lebensgefährliche Probleme treten auf, wenn ein Kanute im kalten Wasser kentert: der Kälteschock und die Unterkühlung. Kälteschockreaktionen können bei Wassertemperaturen unter 13° C auftreten. Aber bereits ab 21° C müssen Vorkehrungen gegen Unterkühlung getroffen werden.

Kälteschockreaktionen

Nasses Gähnen, schnelles Hecheln, null Orientierung

Die Folgen eines Kälteschocks treten unmittelbar nach einer Kenterung auf, und zwar dann, wenn der Körper relativ ungeschützt mit dem kalten Wasser in Kontakt kommt. Das läßt sich allerdings vermeiden. Selbst in den eiskalten Gewässern vor Grönland (Bild rechts unten) schützt ein Trockenanzug vor einem Kältschock.

Folgende Schockreaktionen lassen sich unterscheiden:

- **Unkontrolliert tiefes Luftholen (Gähnen):**
  Unmittelbar nachdem die Haut mit dem kalten Wasser in Berührung kommt, kann es passieren, daß der Gekenterte plötzlich mehrmals unkontrolliert gähnen muß. Befindet er sich in diesem Moment gerade unter Wasser, dringt logischerweise durch diesen Atmungsvorgang Wasser in seine Lungen ein (nasses Gähnen). Er wird sofort handlungsunfähig und fällt kurz danach in Ohnmacht. Diese Situation läßt ihm weder die Chance zum Aufrollen noch zum Aussteigen und Auftauchen und führt letztendlich zum Ertrinken.
  Die begleitenden Kameraden müssen in der Lage sein, sofort einzugreifen und das gekenterte Kajak auch ohne Mithilfe des Gekenterten aufzurichten, statt teilnahmslos bzw. hilflos in ihren Booten sitzen zu bleiben und sich zu fragen, wann der Gekenterte nun endlich auftaucht.
- **Verlust des Gleichgewichtsgefühls:**
  Das Eindringen von sehr kaltem Wasser in Nase und Ohren kann im ungünstigen Fall zum sofortigen Verlust des Orientierungsvermögens und sogar zur sofortigen Bewußtlosigkeit führen. Ersteres ist nahezu genauso schlimm, da bei einem Ausfall des Gleichgewichtsgefühls der Gekenterte nicht mehr in der Lage ist zu eskimotieren bzw. aufzutauchen.
  Der Gekenterte ist auch hier wieder auf die sofortige Mithilfe seiner Begleiter angewiesen. Hilfe kann aber nur dann rechtzeitig geleistet werden, wenn der Abstand zu den Mitfahrern nicht zu groß ist, der Gekenterte also schnell erreichbar ist. Grundsätzlich sollte beim Winterpaddeln der Minimalabstand zu den Mitfahrern auch der Maximalabstand sein.
- **Unkontrolliertes, schnelles Atmen (Hecheln):**
  Normalerweise folgt dem Gähnanfall das Hecheln, wobei der Gekenterte etwa 4–5mal schneller als sonst atmet. Erst nach etwa 5 Minuten pendelt sich das Atmen auf etwa die doppelte Normalfrequenz ein. Die Problematik des Hechelns liegt darin, daß die Blutzirkulation gestört wird. Die Folgen sind Schwindel, Verwirrung, Ohnmacht, Kribbeln, einsetzende Taubheit und Krämpfe in den Extremitäten. Ganz abgesehen davon erhöht sich durch das unkontrolliert schnelle Atmen die Gefahr, daß der Gekenterte Wasser schluckt und unter Umständen handlungsunfähig wird.

- **Atemnot:**
  Statt des Hechelns kann auch Atemlosigkeit eintreten, und zwar objektiv, was bedeutet, daß der Gekenterte keine Luft holen kann, und subjektiv, wenn er das Gefühl hat, zu wenig oder keine Luft zu bekommen. Die Atemnot dauert bis zu drei Minuten.
- **Verminderung der Fähigkeit, den Atem anzuhalten:**
  Untersuchungen haben ergeben, daß bei Wassertemperaturen unter 15° C der Atem nur noch ein Drittel so lange angehalten werden kann wie sonst üblich. Bei 5° C vermindert sich dies auf etwa ein Fünftel. Gelingt dem Paddler nach einer Kenterung die Eskimorolle nicht sofort, muß er notgedrungen aussteigen.

Unterkühlungsprobleme

Frieren, Erschöpfung, Lähmung

Vor den Folgen einer Unterkühlung ist kein Paddler geschützt, egal welche Kleidung er trägt. Wohl aber kann die Bekleidung die drohende Unterkühlung hinauszögern.

Man unterscheidet drei Grade der Unterkühlung:

1. **Grad (Erregungsstadium):**
   Der erste Grad der Unterkühlung deutet sich durch Frieren und Muskelzittern an. Außerdem tritt neben Kräfteschwund in den Armen und Beinen auch Verwirrtheit und Desorientierung auf. Die Kerntemperatur im Körper sinkt auf 35 Grad.
2. **Grad (Erschöpfungsstadium):**
   Es tritt Gefühllosigkeit und zunehmende Muskelstarre ein. Der Gekenterte bekommt Krämpfe, wirkt apathisch und schläfrig. Er leidet unter Bewußtseinsstörungen. Die Kerntemperatur liegt zwischen 34 und 30 Grad.
3. **Grad (Lähmungsstadium):**
   Der Gekenterte verliert endgültig das Bewußtsein. Puls und Atmung sind kaum noch feststellbar. Der Pupillenreflex nimmt allmählich ab. Die Kerntemperatur fällt unter 30 Grad. Spätestens bei einer Kerntemperatur von 24 Grad tritt im allgemeinen der Tod ein.

Der Mensch sorgt durch körperliche Regulation und Kleidung dafür, daß seine Kerntemperatur gleichbleibt. Beim Paddeln im Winter (Bild rechts) können Wasser- und Lufttemperatur sowie der Wind entscheidend dazu beitragen, daß ihm diese Regulation nicht auf Dauer gelingt. Auch auch bei sonnigem Wetter im Sommer kann es z. B. im Wattenmeer bitter kalt sein (Bild links).
Das Wasser stellt dabei für den Paddler die größte Gefahrenquelle dar. Die Wärmeleitfähigkeit des Wassers und damit die wärmeentziehende Wirkung gegenüber der Luft ist 25mal größer. Die körpereigene Gegenregulation sorgt aber dafür, daß zunächst der Wärmeverlust nur um 25 bis 50 Prozent größer ist, als an der Luft. In diesem Punkt herrscht allerdings keine einheitliche Meinung, da andere Quellen von bis zu 500 Prozent sprechen.
Die Folgen kann man der nachstehenden Tabelle entnehmen, wobei unter »durchschnittlicher Lebenserwartung« zu verstehen ist, daß widerstandsfähige Kajakfahrer eine längere, geschwächte Paddler eine geringere Lebenserwartung haben. Entscheidend kann zum Beispiel eine vorangegangene, längere Paddeltour sein oder eine gerade überstandene Grippe.

Durchschnittliche Lebenserwartung in kaltem Wasser

Wasser-temperatur	Trocken-anzug	Neopren	Sonstiges
+ 15°C	über 6 Std.	4 Std.	2 Std.
+ 10°C	6 Std.	2 Std.	1 Std.
+ 5°C	3 Std.	1 Std.	½ Std.
– 1°C	2 Std.	½ Std.	¼ Std.

Ein weiteres Problem stellt die Lufttemperatur in Verbindung mit der Windstärke dar. Beides trägt zur Auskühlung des Paddlers bei, auch wenn er noch nicht gekentert ist. Der dabei auftretende Abkühlungseffekt wird als Windchill bezeichnet. Er läßt die Hautfeuchtigkeit schnell verdunsten und entzieht dem Körper Wärme. Die Wirkung des Windes von der tatsächlichen auf die empfundene Temperatur kann man folgender Tabelle entnehmen:

Auskühlungseffekt des Windes

Windstärke	tatsächliche Lufttemperatur	empfundene Lufttemperatur
3 Bft.	+ 10°C	+ 4°C
	+ 5°C	– 2°C
	0°C	– 9°C
	– 5°C	– 15°C
5 Bft.	+ 10°C	0°C
	+ 5°C	– 8°C
	0°C	– 15°C
	– 5°C	– 22°C
7 Bft.	+ 10°C	– 3°C
	+ 5°C	– 10°C
	0°C	– 18°C
	– 5°C	– 26°C

Unterkühlungsprobleme können besonders auf windigen und bewegten Großgewässern auftreten. Sind die Hände kaltem Wasser und Wind ausgesetzt, können sie je nach Verfassung und Empfindlichkeit sehr schnell völlig kraftlos werden, auch wenn der übrige Körper durch einen Trockenanzug warmgehalten wird. Paddelpfötchen oder Neoprenhandschuhe bieten einen guten Schutz.
Ein weiteres Problem stellt die Bewegung des Gekenterten im Wasser dar. Zum einen wird dem Körper Wärme entzogen, da durch die Bewegungen das wärmere Blut im Körper zu den Armen und Beinen fließt und durch das dort befindliche, abgekühlte Blut ausgetauscht wird. Zum anderen beschleunigt der durch die Bewegung hervorgerufene Wasseraustausch zwischen den Bekleidungsschichten den Prozeß der Auskühlung. Ist man also erst einmal ins eiskalte Wasser gefallen, sollte man sich möglichst wenig bewegen (auch keine kräftigen Schwimmbewegungen machen) und natürlich nicht auf die Idee kommen, seine beim Schwimmen hinderliche Kleidung auszuziehen, um so etwas schneller ans ferne Ufer zu schwimmen. Die folgende Tabelle liefert hierzu einige Fakten. Je höher die Auskühlungsrate, um so schneller erfolgt die Unterkühlung.

Einfluß der Bewegung auf die Auskühlungsrate

	ohne Kleidung	mit Kleidung
in Ruhe	1,23	0,29
bei Schwimm-bewegungen	1,81	0,61

Die Folgen der Unterkühlung bestehen zunächst in einer allmählichen Schwächung des Körpers. Erst setzt ein Kräfteschwund ein, beginnend bei jenen Körperteilen, die dem Wasser und der naßkalten Luft völlig schutzlos ausgesetzt sind, wie zum Beispiel die Hände. Der Kräfteschwund geht dann über in eine Bewegungsunfähigkeit, begleitet von Krämpfen. Parallel dazu beginnt eine zunehmende Orientierungslosigkeit und Gleichgültigkeit. Letzteres ist auf dem Wasser besonders problematisch, da der Gekenterte das Interesse daran verliert, gerettet zu werden oder selbst aktiv zu seiner Rettung beizutragen.

Zum Glück habe ich bislang nur Kajakfahrer kennengelernt, die lediglich nach einer Kenterung den Kräfteschwund am eigenen Leib erlebten. So berichtet Reimar M. in der Zeitschrift »Seekajak« von einer Kenterung in der

dänischen Südsee. Es geschah Ende August, bei Windstärke 5 und ca. 15 Grad Lufttemperatur. Reimar trug einen Neopren-Overall und eine Paddeljacke. Nach einer Kenterung konnte er in sein im Heckbereich abgeschottetes Seekajak klettern, aber nicht mehr Strecke paddeln, da das Boot zu buglastig war. Als nach einer Stunde ein Motorsegler zu Hilfe kam, wurde Reimar seine Kraftlosigkeit bewußt.
Er schreibt hierzu: »Ich kann kaum zufassen und bin überhaupt nicht in der Lage mittels einer Leiter die schlingernde Bordwand hochzuklettern. Auch nicht, als der Skipper mich packt und fest mitzieht. Stellt euch das mal vor: bei milden 15 Grad, nach nur einer Stunde, die ich halb im Wasser gesessen habe, mit Neopren! Erst als eine weitere Person aus dem Ruderhaus kommt und mit an meiner Jacke zerrt, komme ich hoch. Da aber liegt das Boot so quer in den Wellen, daß ich vor lauter Schlingern fast wieder über Bord gehe und mich die anderen wie einen Betrunkenen packen müssen und in das Ruderhaus schubsen ...«

Behandlung bei Unterkühlung

Angst vor dem »Afterdrop«

Kentern in eiskaltem Wasser (Bild rechts) ist lebensgefährlich. Es gilt, bei der Bergung und Versorgung Unterkühlter jede unnötige Bewegung zu vermeiden muß. Je größer der Unterkühlungsgrad ist, desto problematischer wird die Bewegung. Wenn zum Beispiel der Körper bei einer Kerntemperatur von 30° C gewissermaßen auf Sparflamme arbeitet, um die Durchblutung von Herz, Lunge und Gehirn aufrechtzuerhalten, genügen schon geringe Bewegungen, um das noch warme Blut aus dem Rumpf des Körpers in die unterkühlten Extremitäten abfließen und im Austausch kaltes Blut in den Kern einfließen zu lassen. Diese als »Afterdrop« bezeichnete Vermischung des Blutes kann zum endgültigen Zusammenbruch des Kreislaufs führen.
Weiterhin ist der Unterkühlte wegen des Windchills an einen windgeschützten Platz zu bringen. Notfalls muß man an geeigneter Stelle ein Zelt aufbauen.

In den verschiedenen Stadien der Unterkühlung ist wie folgt vorzugehen:

1. Grad: Der Unterkühlte ist voll ansprechbar.
Entkleide ihn unter Vermeidung unnötiger Bewegungen. Trockne ihn vorsichtig ab. Lege ihn in einen Schlafsack. Hülle ihn zusätzlich in eine Rettungsdecke ein, wenn möglich mit 1 oder 2 Helfern. Versorge ihn mit warmem Tee. Lagere den Körper waagerecht in Seitenlage. Der Kopf sollte etwas tiefer liegen. Absolut kein Alkohol!

2. Grad: Der Unterkühlte ist apathisch und wirkt steif.
Bergung und Transport nur liegend. Man darf ihn nicht mehr entkleiden. Behandele ihn ansonsten wie einen Unterkühlten 1. Grades. Lasse ihn zusätzlich heißen Wasserdampf einatmen. Arme und Beine liegen angewinkelt.

3. Grad: Der Unterkühlte ist steif und ohne Bewußtsein.
Behandlung wie beim 2. Grad. Keinen Tee einflößen. Nur ärztliche bzw. klinische Hilfe kann das Überleben sichern. Fällt der Kreislauf aus, ist das Opfer unverzüglich zu reanimieren.

Ertrinken

Vitalfunktionen im Schongang

Beim Ertrinken wird die Sauerstoffversorgung des Körpers unterbrochen. Das Gehirn reagiert auf eine Unterbrechung besonders empfindlich. Bereits nach vier bis fünf Minuten können irreversible Schäden auftreten. Da der Atmungsprozeß vom Gehirn gesteuert wird, versagt zuerst die Atmung. Das Herz hingegen wird nicht vom Gehirn gesteuert. Es ist mehr oder weniger autonom und kann daher noch pulsieren, wenn die Atmung bereits ausgesetzt hat.
In der ersten Phase des Ertrinkens schluckt der Betroffene viel Wasser. Dies löst einen Reflex aus, der verhindert, daß Wasser in die Luftröhre gelangt. Trotz Bewußtlosigkeit findet sich kein Wasser in der Lunge. Man nennt dies auch »trockenes Ertrinken«. Wenn dieser Reflex nachläßt oder ganz versagt, dringt Wasser in die Lunge. Das sogenannte »nasse Ertrinken« wird selten registriert.
Ein anderer Reflex kann durch kaltes Wasser ausgelöst werden. Er verlangsamt den Herzschlag und damit die Blutzirkulation. Die Vitalfunktionen des Körpers werden sozusagen im »Schongang« betrieben. Die Atmung ist flach; der Puls kaum noch zu finden. Personen in diesem Zustand wurden noch über 30 Minuten später erfolgreich wiederbelebt. Die Wiederbelebung muß also immer versucht werden, solange der Atemstillstand nicht länger als eine Stunde andauert. Selbstverständlich wird dort, wo es möglich ist, der Notarzt benachrichtigt.

Wiederbelebung

Den Ernstfall proben!

Die beiden Bilder rechts zeigen eine Kenterung auf der Ötztaler Ache, die zum Glück glimpflich verlaufen ist. Das ist aber nicht immer so. Obwohl dieses Thema gerne ausgeklammert wird: Jeder hat die Pflicht, sich mit den Methoden der Wiederbelebung an einem Ertrunkenen oder Unterkühlten zu befassen. Man muß sich doch einmal prüfend fragen, ob man wirklich weiß, was im Ernstfall zu tun ist. Nach meiner Erfahrung wird dieses Thema, aus welchen Gründen auch immer, nicht gerne angesprochen. Der

Tod durch Ertrinken oder Unterkühlung ist bei schneller und sachgemäßer Hilfe durchaus vermeidbar. Bei geborgenen Bewußtlosen sollte man folgende Punkte routinemäßig durchgehen:

- Atmung kontrollieren:
  - Halte den Augapfel an den Mund des Verunglückten.
- Pulskontrolle:
  - Lege zwei Finger neben den Kehlkopf an die Halsschlagader.
- Atemwege kontrollieren:
  - Erbrochenes, Zahnersatz usw. muß unbedingt aus der Mundhöhle entfernt werden.
- Wiederbelebung vorbereiten:
  - Löse gegebenenfalls den Helm.
  - Öffne den Kragen der Paddeljacke.
  - Öffne die Schwimmweste.
  - Drücke den Kopf in die Überstreckung.
- Beatmung (Abbildung oben):
  - Drücke die Nase des Verunglückten zu.
  - Beatme ihn mit vier schnellen Atemstößen.
  - Achte darauf, daß sich die Brust hebt.
  - Kontrolliere den Puls 10 bis 15 Sekunden lang.
  - Ist kein Puls feststellbar, folgt die Herzmassage.
- Herzmassage (Abbildung unten):
  - Ertaste das Brustbein.
  - Lege die Hände übereinander und halte die Arme gestreckt.
  - Drücke den Brustkorb kurz um 5 cm zusammen.
  - Entspanne Dich für eine halbe Sekunde.
  - Wiederhole Drücken und Entspannen zehnmal.
  - Danach erfolgt wieder zweimal die Mund-zu-Mund-Beatmung und so weiter.

Beim Wiederbelebten wird zuerst der Puls zu fühlen sein. Dann wird er selbständig atmen und schließlich das Bewußtsein wiedererlangen. Auf jeden Fall muß der Verunglückte zur weiteren Versorgung in ein Krankenhaus. Auch wenn er sich subjektiv wohl fühlt.

Nur wenn wir alle Techniken und Handgriffe der Wiederbelebung problemlos und sicher beherrschen, können wir sie auch kompetent anwenden. Es werden Kurse angeboten, in denen wir unter fachkundiger Anleitung die Methoden erlernen oder von Zeit zu Zeit auffrischen können.

Beatmung

Herzmassage

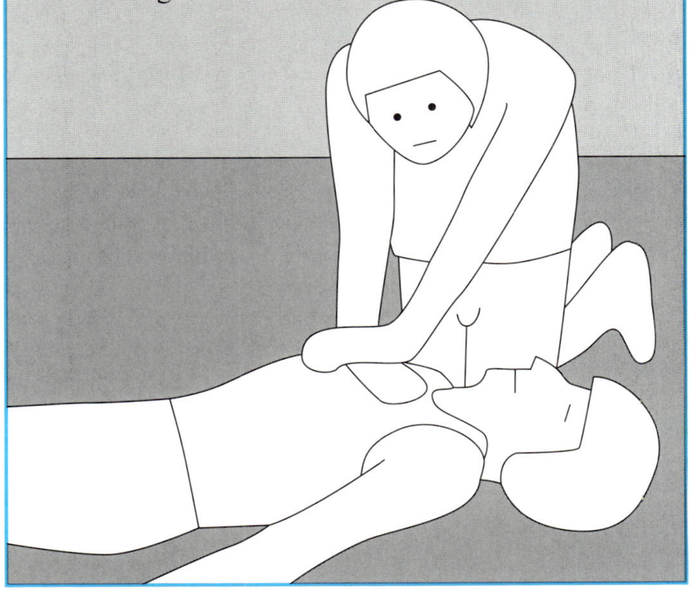

Natur und Recht

Von Stefan Andreas Schmidt

Geschäft Stromerzeugung

Kanuten in der Zange zwischen vielen Interessen

Kajakfahren ist für den eingefleischten Paddler wohl die schönste Nebensache der Welt. Dabei wird diese sportliche Aktivität von vielen Rahmenbedingungen mehr und mehr eingeengt. Entwicklungen in den industriellen Gesellschaften sind dabei der Grund. Immer mehr Menschen leben in den Städten. Die Folge: in ihrer zunehmenden Freizeit suchen sie ein Freizeiterlebnis in der Natur. Das gestiegene Umweltbewußtsein und die kritische Einstellung gegenüber kalorischer und atomarer Stromgewinnung läßt eine breite Bevölkerungsschicht der Werbung des Energieerzeugers blind vertrauen und setzt auf die Wasserkraft als Verstromungsalternative. Tatsache ist eine alpenweite Verbauung von 90 Prozent der Fließgewässer und eine extensive Nutzung der außeralpinen Fließgewässer, die bei einem weiteren Ausbau einem geringfügigen Energiegewinn, der keinesfalls die Haupterzeugungsarten von Elektrizität (Atom, Öl und Kohle) auch nicht in nennenswerten Anteilen ersetzen kann, sondern nur den Rest an weitgehend beeinträchtigten Fließgewässern endgültig vernichtet. Die letzten Auwälder sind bedroht.

Dabei ist die Aue (Bild rechts), ein aus dem Mittelhochdeutschen stammender Begriff, der Wasserwald bedeutet, der Landschaftstyp, der einen der vielfältigsten Lebensräume für Pflanzen und Tiere bietet. Dieser Lebensraum wird durch die vielfältigen Eingriffe der unterschiedlichsten Interessengruppen, wie der traditionellen Wasserwirtschaft, der Landwirtschaft, der Erschließung neuer Siedlungsräume für Wohngebiete und Industrieflächen, des Baues von Wasser- und anderen Verkehrswegen, zunehmend von der Vernichtung bedroht. In dem Bemühen, diese Restgebiete für vom Aussterben bedrohte Pflanzen- und Tierarten zu erhalten, versuchen Naturschützer zunehmend den Erholung und (Natur-)Erlebnisse suchenden Menschen aus diesen Räumen auszusperren. Neueste Ergebnisse sind dabei die behördlichen Versuche, Flüsse teilweise oder ganz für Kanuten zu sperren. An anderen Bächen ist eher eine Mischung zwischen naturschützerischen und sozialen Konflikten der Nutzer und der Anlieger auszumachen. Bei Flüssen wie der Isar scheint der Kanute das Opferlamm zu sein, das mit einer Aussperrung geschlachtet werden soll. Ungeregelt bleiben die Scharen der Sonnenanbeter der naheliegenden Millionenstadt München, die die Vogelbrutgebiete in den Auen zu Tausenden überrennen, oder die gröhlenden Horden der Vergnügungsflöße, die im Sommer den berühmten bayerischen Alpenstrom zwischen Wolfratshausen und München mit Blasmusik verstärkt hinabschippern.

Kanuten und Rafter

Vom Fließgewässer zur nassen Achterbahn

In vielen Alpenregionen findet ein Verdrängungswettbewerb zwischen traditionellem Kanusport und neuen Wassersportanimationen statt. Wird in der Sprachregelung undifferenziert von Wildwasserfahrern gesprochen, werden Rafter und Kanuten in einen Topf geworfen. Bei Unfällen im Gummibootbereich, die sich in letzter Zeit auffallend häufen, gerät der Kanusport so unversehens in das falsche Licht einer Risikosportart für Lebensmüde.

Doch nicht nur in der Presse werden die Kanuten leicht von den aufblasbaren Gummibussen überfahren. Über 600 000 zahlende Schlauchbootgäste führen zwischenzeitlich in traditionellen Kajakrevieren zu einem Verdrängungswettbewerb. Einerseits wirtschaftliche Größe, andererseits eine Masse, die gelenkt werden muß, soll in einem ungeregelten Drüber und Drunter nicht der erwartete Gewinn der Raftunternehmer auf der Strecke bleiben, ist manche Wildwasserstrecke fest in der kommerziellen Hand der Raftunternehmen. An Ein- und Ausbootstellen wird abkassiert. Manch traditionelle Ausbootstelle wie an der Haiminger Innbrücke ist inzwischen für Kanuten gesperrt. Am Brunner Wehr auf der Ötz wird beim Umtragen für die Wiesenbegehung abkassiert. Bislang war dies nicht lukrativ. Massen an Gummibooten machen aber daraus ein Geschäft.

Das Raften hat das Bild an den Flüssen völlig und offensichtlich auch nachhaltig verändert. Nicht mehr der knickrige Kanute, der in Gasthäusern nur selten bis überhaupt nicht sein Geld ließ, prägt das Bild der fließenden Welle. Der sensationsgeile Tourist, auf der Suche nach einigen Stunden Nervenkitzel, besetzt als neue Spezies die fließende Welle. Finanzstark und dominant verdrängt er andere. Die Reaktion der verdrängten Paddler – Resignation. Anstatt sich in den Verbänden zu organisieren und gegen die Vertreibung aus den angestammten Paradiesen lautstark und mächtig zu protestieren, wird nach einem seit Jahrzehnten gegenüber der krakenhaften Energiewirtschaft eingeübten Muster verfahren.

Staudämme und Ausleitungen

Die trockenen Flüsse

Die Verbauung der Flüsse durch mächtige Staudämme und gewaltige Ausleitungsprojekte wurde in der Vergangenheit genauso wortlos hingenommen, wie die Dominanz der Vergnügungswirtschaft der Rafter auf den Fließgewässern zur Zeit toleriert wird. Überkommene Verhaltensweisen dieses Verdrängungswettbewerbes werden unreflektiert reproduziert. Der Kanute weicht aus, zum nächsten Bach oder Fluß. Dabei gerät er in die Zange.

Die Energiewirtschaft verbaut ihm seit Ende des letzten Jahrhunderts einen Fluß um den anderen, wohlgestützt durch immer wieder neue gesellschaftliche Kreise, die einmal in der Maske der Fortschrittsfeinde, dann aber wieder als Technikfreunde erscheinen. Waren es die Förderer der Technisierung, die die »Weiße Kohle« als die Lösung der energiewirtschaftlichen Probleme propagierten, sollte die Verstromung des Wassers nach dem Ersten Weltkrieg den auch energiewirtschaftlichen Verlierern wieder auf die Beine helfen. Im Deutschen Reich diente die Ausbeutung des fließenden Wassers den Zielen der Kriegswirtschaft. Festgeschrieben wurden sie in den Reichsenergiegesetzen aus dem Jahre 1935. Weitgehend unverändert besteht der rechtliche Rahmen zur Verstromung des Wassers bis auf den heutigen Tag in Deutschland und Österreich und leistet seit fast sechzig Jahren einer unreflektierten Landschaftszerstörung Vorschub.

Nach dem Zweiten Weltkrieg war es wieder die Energieknappheit, die den Flüssen das Wasser abgrub. Selbst Völkerrechtsverletzungen, wie am Rißbach im Karwendelgebirge, wurden in Kauf genommen.

Nicht nur die Flößer als Nutzer der Fließgewässer protestierten gegen die Verbauung. Bürgerliche Ästheten verdammten ebenso die Landschaftseingriffe. Das Erscheinen einer Sammlung früher Aufsätze des Berliner Professors für Musikgeschichte, Ernst Rudorff, unter dem programmatischen Titel »Heimatschutz«, in denen er die Pläne zum Verbau des Laufenburger Laufens am Hochrhein als ein Ansinnen anprangerte, das »getrost ein Verbrechen an der Menschheit genannt werden dürfte«, lenkte den Bürgerprotest in organisierte Bahnen. 1904 bildete das freiberufliche und verbeamtete Bürgertum den Bund Heimatschutz. Ziel dieser ersten Bürgerbewegung gegen die hemmungslose Ausbeutung der Natur war es, »den kapitalistischen Egoismus einzubinden in umfassende volkswirtschaftliche Notwendigkeiten, zu denen auch die Erhaltung der historischen und natürlichen Schönheiten als Bestandteil des allgemeinen Reichtums eines Landes« gehören würde. So war der Naturschutz von seinen Wurzeln her wie auch später während seiner gesamten Weiterentwicklung immer wieder auch ein Kampf um die Erhaltung der Fließgewässer und ihrer beeindruckenden Dynamik.

In der Zeit nach dem Ersten Weltkrieg gesellten sich Teile der zwischenzeitlich zu einer politischen Teilhabe gelangten Arbeiterbewegung, wie der heute noch gegen die Flußvernichtungen ankämpfende Touristenverband »Die Naturfreunde«, hinzu.

Das Dritte Reich fand in dem Reichslandschaftsanwalt Alwin Seifert einen institutionalisierten Widerpart zu den durch die Kriegswirtschaft diktierten Ausbauplänen der Energiewirtschaft. Verbauungen, wie die des Mains, ließen sich jedoch damals nicht verhindern. In einzelnen Projekten aber, wie der geplanten Aufstauung der Partnachklamm bei Garmisch-Partenkirchen, konnte erfolgreich widersprochen werden. Konnte damals im Dritten Reich die Ableitung des Rißbaches wie auch eine nachhaltige Sperrung des Wasserabflusses des Achensees in den Walchen verhindert werden, wurden in der anschließenden Besatzungszeit völkerrechtswidrig diese Projekte in Nacht- und Nebelaktionen verwirklicht.

Die Zeit nach dem Ende des 2. Weltkrieges war auch und gerade im Landschaftsschutz von einer Protestbewegung breiter Bevölkerungsschichten geprägt. Die Zerstörungen des Krieges und die wiedergewonnenen demokratischen Rechte belebten das politische Leben. Im gesamten alpinen Raum erhoben sich Stimmen und Bewegungen gegen die Zerstörungen der Fließgewässer und ihrer Aue. Sie konnten die Zerstörung der Spöl im Engadin ebensowenig wie die der Isar (Sylvensteinspeicher), des bayerischen Lechs oder der Drau verhindern. Doch auch Erfolge wie die Bewahrung des weltberühmten Rheinfalls bei Schaffhausen vor einer Überstauung oder den verhinderten Untergang der Ammerschlucht in einem geplanten Stausee konnten die Natur- und Heimatschützer für sich verbuchen.

Nur kurz gab die Atomkraft Hoffnung auf einen Energieträger, der die Flüsse vor der Zerstörung bewahren könnte. Der Energieschock von 1973 in Verbindung mit einer immer intensiveren Diskussion über Atomenergie, ließ die Österreichische Republik nicht nur auf die Inbetriebnahme ihres ersten und einzigen Atomkraftwerkes Zwentendorf verzichten. Sie entwickelte gleichzeitig einen ersten Dekadenplan zur energiewirtschaftlichen Ausbeutung der Fließgewässer der Alpenrepublik und ließ diesen Plan bislang dreimal weiterschreiben. Wasserkraft wurde als die saubere und alternative Energieform verkauft. Ein Prädikat, das einfach nicht stimmt.

Wasserkraft verändert nachhaltig die Landschaft und die dort angesiedelten Lebewesen und ihre Lebensgemeinschaften. Sie hinterläßt keine direkten Wirkungen durch Emissionen. Die indirekten kalorischen Wirkungen sehen für die Wasserkraft verheerend aus. Berechnungen zeigen, daß oftmals die durch Baufahrzeuge, Maschinen und andere zum Bau notwendigen Energiequellen ausgestoßenen Abgase die Abgasmengen übersteigen, die bei kalorischer Erzeugung der durch Wasserkraft bereitgestellten Energiemengen entstehen würden. Die Mär der sauberen Luft bei Wasserkraft wird durch diese negative Energiebilanz Lügen gestraft. Politisch ist dieses Märchen aber weiterhin opportun.

Wirklich erstaunliche Koalitionen sind in diesem Bereich anzutreffen. Während die Partei der Grünen weiterhin auf Energieerzeugung durch Wasserkraft setzt, beschließt die Bayerische Staatsregierung ein Sonderprogramm für die Förderung von Kleinkraftwerken. Eine Chance zur Zerstörung bayerischer Klein- und Kleinstgewässer mit der Gewißheit, hierdurch eine Energieerzeugung zu schaffen, die nicht einmal in der Lage wäre, sämtliche in deutschen Haushalten befindlichen Elektrorasierer zu betreiben.

Kraftwerke in Zahlen

Fließgewässer in Megawatt

Dabei sollten der Kanute und die Kanutin sich einige wenige Zahlen merken, mit denen er und sie in der Diskussion um Energie und die scheinbar unausweichliche Notwendigkeit Wasserkraft als sogenannte umweltfreundliche Energie einzusetzen, leicht gegenhalten können. Grundsätzlich sollte zwischen elektrischer Energie und Gesamtenergieaufkommen und -verbrauch sauber unterschieden werden. So deckte 1990 Wasserkraft 1,1 Prozent des Primärenergieverbrauchs, in den alten Bundesländern waren es 1,2 Prozent, in den neuen 0,6 Prozent. In Westdeutschland gab es Ende 1990 in der öffentlichen Stromversorgung über 600 Wasserkraftwerke mit einer Gesamtkapazität von 6330 Megawatt (MW) Leistung. Das waren 7 Prozent der insgesamt installierten Kraftwerksleistung. Standard eines heute installierten Kernkraftwerks sind 1300 MW installierte Leistung. Acht weitere Wasserkraftwerke mit zusammengerechnet 90 MW Leistung waren im Bau. Darüber hinaus gibt es mehr als 3200 Privatanlagen, die nur sporadisch ihre Strom-Überschüsse in das öffentliche Netz einspeisen *(Informationen zur politischen Bildung 234 1/92)*. Im Streit um das Kohlekraftwerk Franken III teilten die Bayernwerke mit, daß allein ohne die Leistungskapazität dieses Kraftwerkes in Bayern im Winter 1998/99 mit einer Überkapazität von 2200 MW Strom zu rechnen sei *(Natur und Umwelt 1/92)*.
Dabei könnte bei einem rationelleren und technisch schon möglichen Umgang mit der eingesetzten Energie längst mehr Strom erzeugt werden. Anders formuliert: Der jetzige und erwartete Bedarf könnte mit weniger Energieerzeugern gedeckt werden. Während moderne konventionelle kalorische Kraftwerke (Gas-, Kohle-, Ölbetrieben) einen Wirkungsgrad von 37 Prozent besitzen, kann ein Kombikraftwerk, auch Gas- und Dampfkraftwerk (GuD-Kraftwerke) genannt, einen Wirkungsgrad von 50 Prozent und mehr erreichen. Sie produzieren aus der gleichen Brennstoffmenge jährlich 25 Prozent mehr Strom. Dabei ergibt sich ein Einsparpotential von 200 Mrd. kWh Strom. In Relation zur erzeugten Energie aus Wasserkraft von 44 Mrd. kWh bedeutet dies, daß alleine durch den Einsatz von GuD-Kraftwerken fast fünfmal soviel Strom zu gewinnen wäre wie bei der fließgewässervernichtenden Wasserkraft. Dies alles bei einem technisch bereits ausgeschöpften Nutzpotential von 80 Prozent in Deutschland. Rechnet man weitere technische Einsparmöglichkeiten durch entsprechende Übertragungswege wie Supraleiter oder Hohlleiterröhren hinzu, können je nach Entfernung etwa 15 bis 40 Prozent Energie eingespart werden. Bessere Wärmedämmung, rationellerer Energieeinsatz durch effektivere Motoren, Kraft-Wärme-Kopplungen und viele andere intelligente Möglichkeiten würden weitere Sparpotentiale schaffen.
Der Anteil des Stromes aus Wasserkraft an der erzeugten elektrischen Energie in der Bundesrepublik Deutschland beträgt zur Zeit 4,5 Prozent. Bei einem höheren Anteil ist, wie die Erfahrungen in anderen Ländern (Österreich, Schweiz) zeigen, die Versorgungssicherheit belastet. Ein weiterer Verbau der Flüsse ist nicht nur ein Verbrechen an lebenden und künftigen Generationen. Energiepolitisch wäre ein forcierter Rückbau zerstörter Fließgewässer mit der Hoffnung auf eine allmähliche Renaturierung und Erholung der geschädigten Fließgewässerlandschaft ohne weiteres verantwortbar.
Wasserkraft besitzt Anfang der neunziger Jahre die absolute Dominanz bei den sogenannten regenerierbaren Energien. Sie kann als Energieart bei der Stromerzeugung auf eine fast hundertjährige Entwicklungsgeschichte zurückblicken. Im Bereich der Grundlast spielt sie eine abnehmende Rolle. Bei der vermeidbaren Spitzenlast (durch ein entsprechendes Spitzenlastmanagement) nimmt sie eine Top-Rolle ein. Zwischenzeitlich fällt beim Bau neuer Wasserkraftwerke die Gesamtenergiebilanz dermaßen schlecht aus, daß die bei der Erstellung aufgewandte Energie die jemals zu erzeugende Energie übertrifft, wie dies bei dem Projekt Grimsel West vorausgerechnet wird *(CIPRA Info 3/1993)*. Daß Wasserkraft zur Zeit bei den sogenannten regenerierbaren Energien mit einem Anteil von 1,1 Prozent oder 6330 MW an erster Stelle liegt, ist nicht zuletzt auf die halbherzige bis aktiv ablehnende Förderung tatsächlich regenerierbarer Energien zurückzuführen. Weder die Wasserstofftechnologie mit der kostenlosen Energiequelle Sonne noch die Möglichkeiten nachwachsender Rohstoffe

wurden ernsthaft vorangetrieben. 1973 drehte die OPEC die Ölhähne zu, schraubte die Preise nach oben und Deutschland ging an vier Sonntagen zu Fuß. Ein einig Volk von Kraftfahrern war Anlaß genug, vielfältige wissenschaftlich abgesicherte Daten über die Menge wie auch die Möglichkeiten des Einsparens von Energie zu erforschen. 25 Prozent Energieeinsparung rechnete Mitte der siebziger Jahre bereits der Energiefachmann Meyer-Abich vor *(Energiesparen, die neue Energiequelle, München 1979)*. Geschehen ist in der Relation zu den damaligen Kenntnissen wenig. Dabei erhöht die rasante Entwicklung der Informationstechnologie aber auch der Baustoffe und der oben beschriebenen Technologien dieses Einsparpotential heute beträchtlich. (Bild links: die aufgestaute Lahn.)

Die Lichter gehen aus

Wer hat Angst vor der Energieversorgung?

Die prognostizierten Energieszenarien stellen sich in der Rückschau als übertriebener Versuch der Energiewirtschaft heraus, durch Panikmache ihre Ausbaupläne für alle Energieträger durchzusetzen. Dabei geht die Schere der technischen Einsparmöglichkeiten und der tatsächlichen Einsparungen immer noch weit auseinander. Ein Beispiel dafür ist die unkontrollierte und ungehemmte Expansion des Verkehrs. So fahren gegenüber 1972 heute auch nur unbedeutend mehr Menschen mit dem Auto. Trotzdem sind doppelt so viele Autos auf der Straße. Die Lösung: in jedem sitzt meist nur noch einer. Folge eines Egoismus, der auf andere nicht warten will und sozial aber auch mit der Umwelt offensichtlich keine Kompromisse schließt.

Wasserkraft besitzt nur einen marginalen Energieanteil. Dieser variiert auch noch von Bundesland zu Bundesland und von Staat zu Staat. Die Staaten setzen regelmäßig in die Installation sogenannter harter Energien wie Atomkraft oder kalorische Kraftwerke, unternehmen keine ernsthaften Anstrengungen, das Energieproblem des Verkehrs in den Griff zu bekommen oder durch Energieeinsparmaßnahmen der Energieverschwendung und damit auch den Folgeproblemen wie Klimakatastrophe oder Artenvernichtung entgegenzuwirken. Im Gegenteil. Gerade die Regionen, die ihre Fließgewässerlandschaften durch Wasserkraft weitgehend zerstört haben, preisen ihren überflüssigen Strom gleich Ladenhütern an. Dabei wird Energie auf jede nur denkbare Art und Weise vernichtet. Die Bayerische Wasserkraft (BaWaG) hämmert regelmäßig in Großanzeigen den Verbrauchern ihres Versorgungsgebietes ein, durch entsprechende Geräte, wie Elektroheizungen, Energie zu vernichten. Dabei ist die Energieausbeute bei Elektroenergie erschreckend gering. So werden von der eingebrachten Energie ganze 16 Prozent zum Heizen verwendet.

Wasserkraft ersetzt Atomenergie?

Die grüne EVU-Saga

Wasserkraft als Gegenpol zur Atomkraft? Ein Märchen. Beide Energiearten werden längst miteinander gekoppelt, zum Nutzen der Aktionäre und zum Schaden der Umwelt. In keinem anderen Alpenstaat sind Fließgewässer so erfolgreich vernichtet worden, wie in der Schweiz. 95 Prozent der Flüsse und Bäche sind nur noch auf der Landkarte blau. In der Realität sind sie mitten im niederschlagsreichen Mitteleuropa die meisten Tage trocken wie ein Wüstenwadi, manchmal räkeln sich müde Wasserlachen zwischen Steinen. Dafür wollen Schweizer Stromerzeuger die Natur restlos auf den Kopf stellen. Fünf Alpentäler sollen im Atomstrom ertrinken. Wo sich zwischen Ödland ein kleines Gerinne bewegt, soll nach dem Willen von Elektrowatt, Kraftwerke Oberhasli, Mixoser Kraftwerke, Elektrizitätswerke Zürich und Brusiokraftwerke die Alpgebiete meterhoch überstaut werden. Billiger französischer Atomstrom soll Wasser in hochgelegene Schweizer Talgründe pumpen. Der ökologische Treppenwitz: Nach dem Bau dieser Landschaftsgiganten wird kein Strom mehr gewonnen. Der Zugewinn ist bei einer Konzessionsdauer von 80 Jahren eine wirtschaftliche Rendite nach 20 Jahren durch den Preisunterschied zwischen Spitzenlaststrom und Grundstrom zu er-

warten *(TAZ 27.10.89: Frischknecht, Jörg, Wandert in der Schweiz, solange es sie noch gibt, 1988, Zürich).* Zu sogenanntem Spitzenstrom »veredelt«, wird der Strom in das Netz zurückgegeben.
Der Gewinn zwischen importierter Energie und abgegebener ist enorm. Die Stromspitzen, gewitzt von Schweizer Konzernen zur Profitsteigerung benutzt, könnten vermieden werden. Ein Spitzenlaststrommanagement, bei dem abschaltbare Verbraucher für eine kurze Zeitspanne in Stoßzeiten weggeschaltet werden, würde diese großflächige Naturzerstörung vermeiden. Keine Theorie. Praktisch führt dies die Gemeinde Rottweil bereits vor.

Das unheimliche Wasser

Denken die Verantwortlichen jetzt um?

Regelmäßig waren es die Katastrophen, die unsere Politiker in der Angst um Wählerstimmen in Bewegung setzten. So schien dies auch Ende 1993 durch die vorweihnachtlichen Hochwasserereignisse in Bayern, an Saar, Mosel und Rhein der Fall zu sein. Auch wenn ein verantwortlicher Wasserwirtschaftler des Bayerischen Landesamtes für Wasserwirtschaft am 21. Dezember im fünften Hörfunkprogramm des Bayerischen Rundfunks von Überschwemmungen sprach, die allein auf meteorologische Ursachen zurückzuführen seien, wurde zwei Tage später bereits von politischer Seite dieser Ansicht widersprochen. Ähnlich der sich aufbauenden Hochwasserwelle äußerten sich zuerst Umweltverbände und Wissenschaftler in der Weise, daß Bodenversiegelung, Vernichtung der Auenlandschaften, die Kanalisierung der Fließgewässer und das Waldsterben einen schlagartigen Abfluß der Wassermassen zur Folge hätten und nicht wie bei natürlichen Verhältnissen üblich, ein langsamer Abbau der Wassermassen erfolgt. Dem schlossen sich die Landespolitiker der betroffenen Länder wie die Umweltministerin von Rheinland-Pfalz, Claudia Martini, und der saarländische Umweltminister Jo Leinen an. Zuletzt erfaßte die Einsicht Bundesumweltminister Klaus Töpfer, der in Bonn etwas länger auf die weihnachtliche Flutwelle wartete. Diese hätte fast den als hochwassersicher geltenden Plenarsaal überflutet. Welche Symbolik für die Naturferne unserer Politiker. In enger Beziehung zur und mit der Natur lebend, bauten frühere Herrscher ihre wichtigen Bauwerke stets hochwassersicher auf Anhöhen. Der Technikwahn und Glaube an die Allmacht des Menschen gegenüber einer zu zähmenden Natur ließ simple Grundregeln außer acht. Interessant auch, daß nur die Umweltminister sich zu der Notwendigkeit eines Rückbaues der kanalisierten oder trockengelegten Flüsse und Bäche äußerten. Die für die Wasserwirtschaft zuständigen Innenminister vermieden es geflissentlich, etwas zu sagen, auch von den Böden versiegelnden Verkehrsministern und Landwirtschaftsministern war nichts zu hören.
Sind die Schäden beseitigt, die Hochwasserereignisse als Jahrhunderthochwasser zu den Akten gelegt, einige kosmetische Aktionen angeleiert und der Dreck von den Straßen gekehrt, muß befürchtet werden, daß weiterhin munter der Rest verbaut wird, die Flüsse genüßlich vernichtet werden und das Ganze als Errungenschaft der Technik beweihräuchert wird.
Schließlich war dieses Hochwasser nicht das erste in diesem Jahrhundert. Die physikalischen Gesetze, nach denen sich die Hochwasser aufbauen, sind schon seit dem Altertum bekannt. Die Hinweise seitens der Naturschützer sind bereits seit dem ersten großen Wasserkraftwerk, Ende des vergangenen Jahrhunderts in Laufen am Hochrhein errichtet, den Verantwortlichen zugegangen und gebetsmühlengleich wiederholt worden.

Im Kanu unterwegs

Der Paddler – ein Umweltfrevler?

Der Kanute dringt in eine Umwelt ein, deren natürlicher Bestandteil er keineswegs ist. Somit ist er zuerst einmal ein Störfaktor. Wie stark und mit welchen Auswirkungen er stört, hängt wesentlich von seinem eigenen Verhalten ab. Will er nicht das zerstören, was er liebt, sollten Sie und er einige Grundregeln beachten. Dabei ist die Schädigung der Naturräume, in denen Kanuten unterwegs sind, nicht nur vom augenblicklichen Verhalten bei einer Kanufahrt ab-

hängig, sie gelten auch für die An- und Abreise, den Aufenthalt in der besuchten Region und letztendlich auch von der gesamten Lebenseinstellung und -art.
Nachfolgend sind einige Überlegungen aufgelistet, wie der Kajakfahrer mit seiner Umgebung immer mehr eins werden kann und nicht als Fremdkörper erduldet werden muß. Belastungen durch den Paddelsport können durch die Trittbelastung der Ufer am Ein- und Ausstieg, wie auch an Umtragestellen entstehen. Das im Hauptstromstrich dahingleitende Boot wirkt hingegen kaum auf den Grund und damit auf die Lebewesen im Gewässer ein. In Massen auftretende Paddler können jedoch brütende Tiere beunruhigen und dadurch den Bruterfolg gefährden. Verantwortungsvolle Kanuten meiden die Uferbereiche (Bild unten). Bei Paddeltouren während des Winters können bei Niedrigwasserständen in abseits des Hauptstromstrichs gelegenen Laichplätzen durch die mechanische Einwirkung des Bootskörpers oder des Paddels der Laich beschädigt werden. Verkrautete Oberflächengewässer, Wasserpflanzen wie Seerosen können bei häufiger Befahrung nachhaltig geschädigt werden. Um die letzten naturnahen Flußlandschaften als Lebensraum für eine vielfältige, oft schon selten gewordene Tier- und Pflanzenwelt zu erhalten, ist ein rücksichtsvolles Verhalten der Sportlerinnen und Sportler erforderlich. Handeln mit Einsicht bedingt aber die Kenntnis der Zusammenhänge dieses Lebensraumes. Dann kann auch morgen noch in einer naturnahen Landschaft gepaddelt und Belastungen von Pflanzen und Tieren vermieden werden.
Einzelne vernünftige Kanuten mögen kaum einen Schaden anrichten. Ernsthafte Umweltbelastungen bereiten vor allem hohe Befahrensfrequenzen. Kommerzielle Bootsverleiher, insbesondere aber das Raftinggeschäft schaffen die Probleme. Diese »Wochenendpaddler« sind nur selten mit den erforderlichen Verhaltensweisen in der Natur vertraut. Falls doch, dann fehlt es oft an der Einsicht, ihr Verhalten zu ändern. Die Natur wird zum Konsumartikel degradiert.

Mechanische Einwirkungen

Die Gewässersohle

Der Kanute kann auf engen und flachen Fließgewässern unterwegs sein. Nur wenige Zentimeter beträgt der Tiefgang eines Einerkajaks. Felsen und Steine können modernem Bootsmaterial kaum etwas anhaben. Die »letzten Probleme«, Flüsse mit höchsten Schwierigkeitsgraden werden erschlossen. Neue ökologische Probleme entstehen.
Schrappt das Boot bei zu niedrigem herbstlichen oder winterlichen Wasserstand über Flußsohle oder wühlt das Paddel im Bachgrund, können Schäden an der Pflanzen- und Tierwelt der aquatischen Bereiche entstehen. Die Fluß- oder Bachsohlen unserer Gewässer sind keine sterilen Kies- oder Sandablagerungen, sondern sind ein mehrere Dezimeter mächtiger Lebensraum für Insektenlarven, Strudelwürmer, Schnecken, Egel und zahlreiche andere Kleintiere (der Fachmann redet vom Benthos). Obwohl diese Schädigungen gegenüber Schäden, die der Schwellbetrieb der Wasserkraftwerke, die Herbizide und Insektizide aus der Land- und Forstwirtschaft, die Artenvernichtung im hochkomplexen Lebensgefüge des Benthos durch was-

serbauliche Eingriffe nur punktuell bis überhaupt nicht zu registrieren sind, sollte jeder Kanute sich verantwortungs- und rücksichtsvoll in seinem Sportraum bewegen. Die Summe der kleinen Einwirkungen addiert sich zur Zerstörung dessen, was wir besonders lieben. So manches Rädchen, an dem wir im weitverzweigten System drehen, kann das gesamte Räderwerk der Natur aus dem Gleichgewicht bringen.

Der Boden lebt

Aquatische Lebewelt

Das Lückensystem der kiesigen bis sandigen Sedimente des Flußbettes ist von Primärkonsumenten wie Flohkrebs, Eintagsfliegenlarven und Köcherfliegenlarven besiedelt. Durch Aufwirbelung von Schlamm und Feinsand können die Tiere ersticken oder mechanisch beschädigt werden. Die Flußperlmuschel als besonderer Bioindikator der Qualität eines Fließgewässers ist auf ein intaktes, differenziertes Bachbett angewiesen. Sie gibt es nur noch in wenigen Bächen der Oberpfalz und Frankens.
Ausreichende Wasserführung als Folge von Regenfällen und/oder der Schneeschmelze (Bild oben) reduzieren die Gefahr der mechanischen Beschädigung der aquatischen Lebewelt in Fließgewässern erheblich. Deshalb gilt: Immer auf einen ausreichenden Wasserstand unter dem Boot achten und in der Hauptströmung bzw. Hauptrinne bleiben.

Uferzonen und Flachwassergebiete

Nach Möglichkeit meiden

Beim Ein- und Aussetzen wie auch beim Umtragen der Boote besteht die Gefahr, die Ufervegetation durch Trittbelastung zu schädigen. Uferstarts führen häufig zu Beschädigungen der Ufer mit anschließender Erosion.
In Röhrichtbeständen, Flachwassergebieten mit Schwimmblattpflanzen und überwachsenen Uferzonen, aber auch auf scheinbar kahlen Kiesinseln richten viele Tiere ihre Kinderstuben ein. Es sind Brut- und Aufzuchtgebiete etlicher bedrohter Tierarten, besonders von Wasservögeln. Speziell von April bis Juni sind daher Flachwasser- und Schilfzonen weiträumig zu meiden. Dies gilt für alle Naturnutzer, auch für Angler und Erholungsuchende. Verantwortungsbewußte Kanuten bleiben im Hauptstromstrich des Gewässers.

Der Kanute und die Vogelwelt

Tabuzonen

Bereits die bloße Anwesenheit des Menschen kann erhebliche Auswirkungen auf die Tierwelt haben. Viele ökologisch sensible Arten flüchten, häufig noch bevor sie bemerkt werden. Rasten und Anlanden an natürlichen Uferbereichen sollte vermieden werden, besonders dann, wenn auffälliges Vogelverhalten zu beobachten ist! Vogelschutzbereiche sind für Kanuten ohnehin absolute Tabuzonen.
Der Flußregenpfeifer (Vogel des Jahres 1993) läuft unbemerkt von seinem Nest auf der nahezu blanken Kies- oder Sandbank weg. Der Flußuferläufer (Rote Liste) schleicht sich heimlich von seinem Gelege unter einem Krautbüschel davon. Wenn den Embryonen zu lange der »Thermostat« des Vogelkörpers fehlt, sterben sie ab. Eisvögel

wagen es selten, ihre Brutröhre anzufliegen, wenn Menschen weniger als 50 bis 100 Meter entfernt sind. Junge führende Regenpfeifer und Uferläufer warnen anhaltend, und ein Elternvogel fliegt unter Umständen sogar zum Störenfried hin *(Zintl, Lenggries 93, unveröffentlichtes Manuskript).*
Auch der Fischotter (bislang nur im Nationalpark Bayerischer Wald zu Hause) ist besonders störanfällig. Sein Bau befindet sich im Gewässerufer.
Die Mauserzeit zahlreicher Wasservogelarten liegt im Sommer. In dieser Zeit sind Enten vorübergehend flugunfähig und deshalb gegen Störungen ganz besonders empfindlich. Größere Ansammlungen von Wasservögeln auf der freien Wasserfläche sind möglichst großräumig zu umfahren.

Gewässerausbau

Erhalten vor Verändern

Die Verbauung, Begradigung, Verschmutzung der Fließgewässer, ebenso aber auch die Trockenlegung der Aue, das Vordringen der Land- und Forstwirtschaft in die Bereiche der aquatischen und terrestrischen Aue sind die Ursachen für den Verlust an Lebensraum, an Nahrung und Nistplätzen, Bruthöhlen und Deckungen. Viele Tiere sind in die wenigen verbliebenen natürlichen Uferbereiche zurückgedrängt worden. Dringt der Mensch als Erholungsuchender, Angler oder Kanute in diese Bereiche ein, bedroht er eine Tierwelt in ihrem letzten Rückzugsgebiet und stört ihren Lebensrhythmus.
Naturnaher Wasserbau, der neben dem Schutz von Leben und Eigentum auch die Erhaltung des vorhandenen Arteninventars anstrebt, muß deshalb bei allen Maßnahmen und in allen Räumen dafür sorgen, daß die lokal oder regional typischen Lebensräume erhalten werden. Wo sie bereits zerstört wurden, sind sie neu zu begründen. Nur so können Fließgewässer als naturnahe Lebensräume für die große Artenvielfalt der Pflanzen und Tiere der Aue, als ökologische Ausgleichsräume in der menschlichen Kulturlandschaft, als Erholungsraum, als Freizeitraum in einer Natur, die den Namen verdient, sinnvoll bewahrt werden *(Naturfreundejugend '94, Prospekt unter Mitarbeit des Autors).*

20 grüne Kanuregeln

Schauen Sie beim Kajakfahren, daß ...

- die Größe des Gewässers im richtigen Verhältnis zur Gruppengröße steht,
- Sie sich bereits zu Hause umfassend über das Gewässer, bestehende (Befahrungs-)Regelungen und Gefahren, Ein- und Aussetzstellen und Rastplätze informieren,
- die Anfahrtstrecke im angemessenen Verhältnis zur Befahrungslänge steht,
- Sie Gewässer nicht abhaken, sondern genießen,
- Sie Alternativen außerhalb des Kajaksports planen, wenn die vorgesehene Fahrt nicht realisierbar ist, anstelle hektisch eine Alternativbefahrung zu improvisieren,
- Sie Fahrtgemeinschaften bilden,
- Sie auf umweltschonende Art die Fahrzeuge umsetzen, mit öffentlichen Verkehrsmitteln, Fahrrad oder zu Fuß,
- Sie Sitten, Gebräuche und Moral der (oftmals konservativen) Bevölkerung respektieren (Umziehen),
- Sie jedes Gebiet, unabhängig davon, ob es als solches ausgewiesen ist, als Naturschutzgebiet behandeln,
- Sie nur bestehende Ein- und Ausstiegsstellen benutzen,
- Sie nur an geeigneten Stellen rasten,
- Sie Ihr Sportgerät beherrschen, damit Kenterungen überflüssig werden,
- Sie Verbote und Sperrzeiten einhalten,
- Sie nur bei Pegelständen fahren, die eine Grundberührung ausschließen,
- Sie empfindliche Ufervegetation meiden und deutlich Abstand von natürlichen Ufern halten,
- Sie nur an Stellen rasten, die die Natur nicht belasten,
- Sie durch ausreichenden Abstand unnötige Störungen von Tieren vermeiden,
- Sie bei Lehrgängen auf ausreichenden zeitlichen Abstand achten,
- Sie die allgemeinen Umweltschutzregeln einhalten (Abfallvermeidung, Hygiene, Lärmvermeidung etc.),
- Sie sich prinzipiell ökologisch vorbildlich verhalten und andere Paddler auf ihr falsches Verhalten und die zu erwartenden Konsequenzen (Sperrungen) ansprechen.

500

Wettkampf

Kanurennsport

Reiz der Schnelligkeit

Rennen auf stehenden Gewässern, in abgesteckten Bahnen, über festgelegte Distanzen sind die ältesten Leistungssportdisziplinen des Kanusports.
Der Reiz der Schnelligkeit, schneller zu sein als der Gegner, ist dabei das Hauptmotiv der Kanurennsportler. Dieses Ziel wird erreicht durch ständige Überprüfung und Verbesserung der eigenen Technik und durch maximierte körperliche Kondition. Anders als bei den weiter unten genannten Wettkampfdisziplinen steht nicht die Schulung komplexer Bewegungsfertigkeiten im Vordergrund, sondern alles gilt der Optimierung des möglichst schnellen Vorwärtspaddelns.
Der Kanurennsport wird, jedenfalls im Kajakbereich, von Paddlern und Paddlerinnen gleichermaßen ausgeübt. Dies gilt auch für die anderen Disziplinen des Wettkampfsports Kanu. So sind der Kajak-Einer (K1), der Kajak-Zweier (K2) und der Kajak-Vierer (K4) bei Weltmeisterschaften und Olympischen Spielen vertreten. Der Wettkampfgedanke, der dem Kanurennsport zugrunde liegt, ist Sportlern und Zuschauern unmittelbar einsichtig, da mehrere Fahrer gleichzeitig starten und auf die Strecke gehen (Bild links).
Wer sich für den Kanurennsport entscheidet, wird sich auf jeden Fall einem Verein anschließen. Das teure und empfindliche Bootsmaterial wird vom Kanuverein gestellt und finanziert. Lediglich Paddel und Sportkleidung werden selbst gekauft.

Kanumarathon

Ausdauer gefragt

Der Kanumarathon wird seit einigen Jahren als neue Wettkampf-Disziplin angeboten. Er hat sich aus den Wandersport-Kanu-Rallyes entwickelt. Die Wettkampfstrecken reichen von 20 bis 120 Kilometer. Meist liegen sie aber bei der »klassischen« Marathondistanz von etwa 42 Kilometer. Es wird in den für den Kanurennsport üblichen Booten gefahren. Die Abmessungen der Boote unterliegen den gleichen Vorschriften. Weil der Kanumarathon eine immer größere Resonanz findet, werden inzwischen auch schon internationale Wettkämpfe ausgetragen. Insbesondere ehemalige Hochleistungssportler verfügen über die notwendige Ausdauer für den Marathon.

Wildwasserrennsport

Kampf gegen Wasser und Zeit

Kanuwandersportler trugen zunächst ebenso wie Kanurennsportler zum Entstehen dieser Wettkampfdisziplin bei. Die Idee des Kanurennsports wurde auf das Wildwasserfahren übertragen. Die heutigen Talfahrten der Wildwasserrennsportler imponieren durch den unerbittlichen und harten Kampf gegen Wasser und Zeit (Bild unten). Alle zwei Jahre werden in dieser Disziplin Weltmeisterschaften ausgetragen. Die Streckenlänge beträgt etwa 20 Minuten. Tendenz: kürzere Strecken bis hin zum Wildwassersprint.

Kanuslalom

Präzise Fahrmanöver

Das Simulieren verschiedener Wildwassersituationen unter gefahrlosen und wiederholbaren Bedingungen war Ausgangsidee für den Kanuslalom. Die Schulung der Technik sowie das schnelle Erkennen von Schwierigkeiten und das Reagieren auf wechselnde Situationen stehen im Vordergrund.

Im Kanuslalom sieht der Zuschauer die präzisesten Fahrmanöver und den exaktesten Umgang mit den Strömungsformen und dem Sportgerät.
Die Strecke wird durch über dem Wasser aufgehängte Tore vorgegeben (Bild unten, Eiskanal Augsburg). Ziel ist es, diese Tore so schnell und so fehlerfrei wie möglich zu befahren. Damit wird die verblockte Flußsituation simuliert. Wildwasserslalom ist Programmbestandteil bei Olympischen Spielen.

Kanupolo

Zweikampf, Trick und Taktik

Grundvoraussetzungen für dieses dynamische Spiel: Zwei Mannschaften mit je sechs Spielern, zwei Tore, ein Ball (Bild unten). Der Ball darf mit Boot, Paddel oder Körper gespielt werden. Der Torschuß wird meist per Hand angesetzt. Die Mannschaftssportart Kanupolo gewinnt zunehmend an Bedeutung. Die spielerischen Elemente sprechen jüngere Fahrer und Fahrerinnen besonders an. Bereits vor einem halben Jahrhundert verzeichnete Kanupolo einen Boom mit Tausenden von Zuschauern. Heutzutage wird Kanupolo auf dem Großfeld (offene Wasserfläche) oder Kleinfeld (Freibad und Hallenbad) gespielt.
Zweikampf, Tricks, taktisches Verhalten, ständig wechselnde Situationen und der unmittelbar erkennbare Torerfolg faszinieren Polokanuten und Zuschauer gleichermaßen.

Kanurodeo

Akrobatischer Spieltrieb

Immer mehr Paddler leben ihren Spieltrieb auf dem Wildwasser aus. Was auf dem Wildbach dem versierten Fahrer unfreiwillig passiert, Kerzen und Pirouetten, haben sie sich als sportliche Disziplin auserkoren. Rodeo ist die akrobatischste und jüngste Form des Wildwassersports.
Die Rodeofahrer beherrschen alle Techniken perfekt. Die »Kerze« vorwärts und rückwärts ebenso wie »Bumerang« oder »Salto« mit und ohne Drehung. Meist spielt man in der Welle oder Walze Kanurodeo, manchmal auch in Brandungswellen.
Jeder, der sich selbst schon einmal im Kajak paddelnd fortbewegt hat, erkennt, wieviel Training und technisches Können hinter den spielerisch dargebotenen Pirouetten und Salti stehen. Wer die beherrscht, darf sicher sein, auch auf Wildwasser eine gute Figur abzugeben. Inzwischen werden auch beim Rodeo internationale Wettkämpfe ausgerichtet.

Detailliertes Inhaltsverzeichnis

Prijon

Adressen

Verband Deutscher Kanuschulung

Wissenswertes:

Kanuschulen oder Veranstalter, die das VDKS-Logo führen, müssen einige Bedingungen erfüllen:

1. Die Kurslehrer sind vom VDKS ausgebildet.
2. Die Schule erfüllt rechtliche Auflagen, die die persönliche Sicherheit der Teilnehmer gewährleisten – für eine VDKS-Schule Pflicht.
3. Schulungen finden nur in Gruppen bis maximal 6 Personen statt.

Das VDKS-Bundeslehramt bietet die einzige bundeseinheitliche Ausbildung für Lehrer im Kajak-, Kanadier- und Raftingbereich. 12 Kanuprofis sind ganzjährig im Kanusport tätig und sitzen an den Topquellen bei Schulung, Rodeo, Expeditionen und Herstellung. Aus diesem Pool schöpfen sie die innovativen Konzepte für den Lehrplan und geben den Standard für die VDKS-Schulen vor. Kanuschulen mit dem geschützten Logo gewährleisten Qualität.
Eine Liste mit VDKS-Schulen und Infomaterial erhalten Sie mit einem frankierten und adressierten Rückumschlag bei folgender Anschrift.

Anschrift:

Verband Deutscher Kanuschulung VDKS
Habsburger Straße 121
79104 Freiburg
Tel.: 07 61 / 27 30 20
Fax: 07 61 / 2 20 79

DKV Deutscher Kanuverband

Wissenswertes:

Der DKV betreibt ein Service-Unternehmen, das eine große Auswahl von Infomaterial bereithält. Das Angebot reicht von kostenlosen Broschüren über Sicherheit im Kanusport, über ein weltweit einmaliges System von Flußführern bis hin zum Versand von Kanuliteratur.
Für das umfangreiche Angebot fordern Sie das komplette Verlagsprogramm an.

Außerdem erscheint im DKV-Verlag monatlich die Zeitschrift *Kanu-Sport* mit vielen Infos aus der Paddelwelt.

Anschrift:

DKV Deutscher Kanu-Verband
Bertaallee 8
47055 Duisburg
Tel.: 02 03 / 99 75 00
Fax: 02 03 / 7 59 60

Klepper-Faltbootwerft

Wissenswertes:

Der Name Klepper ist auch heute noch ein Synonym für sorgfältige Arbeit und zuverlässige Kajaks.
Im Klepper-Katalog erfahren Sie alles über die Welt des Faltboots.

Anschrift:

Klepper-Faltbootwerft
Klepperstraße 18 - IV
83026 Rosenheim
Tel.: 0 80 31 / 21 67 - 0
Fax: 0 80 31 / 21 67 - 77

Prijon Kajaks

Wissenswertes:

Toni Prijon ist der weltweit führende Hersteller von Kajaks. In seinem Katalog finden Sie alles, was sie rund ums Kanufahren brauchen und wissen müssen.
Gegen einen frankierten und adressierten Rückumschlag erhalten Sie auch ein Heft mit Testhändler-Adressen in Deutschland, Österreich und der Schweiz, die die Firmen Prijon und Eskimo gemeinsam zusammengestellt haben.

Anschrift:

Prijon GmbH
Inlände 6
83022 Rosenheim
Tel.: 0 80 31 / 1 70 17
Fax: 0 80 31 / 1 53 74

Literaturverzeichnis

Baur, Hahn, Holz
Grundlagen des Kanusports, Stuttgart 1977

Machatschek
Richtig Wildwasserfahren, München 1993

Dowd
Sea Kayaking, Vancouver 1988

Hutchinson
Sea Kayaking, Chester 1990

Foster
Sea Kayaking, Brighton 1991

Obstoj, Knap, Suchotzki
Kajak und Canadier, Reinbek 1978

Nealy
Lustige Kajakschule, Oberschleißheim 1991

Rowe
Wildwasserkajak, Stuttgart 1990

Deppe, Gerlach, Knap
Kanuslalom, München 1979

Stritzky, de Pree
Paddel-Handbuch, München 1991

MacGregor
Tausend Meilen im »Rob Roy« Canoe 1865, Duisburg 1988